हिन्दी उपन्यास : नया पाठ

हिन्दी उपन्यास : नया पाठ

हेमन्त कुकरेती

वाणी प्रकाशन

वाणी प्रकाशन
4695, 21-ए, दरियागंज, नयी दिल्ली 110 002
फ़ोन : +91 11 23273167 फ़ैक्स : +91 11 23275710
शाखाएँ
अशोक राजपथ, पटना 800 004, बिहार
कॉफ़ी हाउस कैम्पस, महात्मा गांधी मार्ग, इलाहाबाद 211 001, उत्तर प्रदेश
महात्मा गांधी अन्तरराष्ट्रीय हिन्दी विश्वविद्यालय, वर्धा 442 001, महाराष्ट्र
सुल्तानिया रोड, मोतिया पार्क, भोपाल 462 001, मध्य प्रदेश
www.vaniprakashan.com
marketing@vaniprakashan.in
sales@vaniprakashan.in

HINDI UPANYAS : NAYA PATH
by Hemant Kukreti

ISBN : 978-93-5229-025-3
Criticism

प्रथम संस्करण 2015
आवृत्ति 2020

मूल्य : ₹ 395

सिटी प्रेस, दिल्ली-110 095 में मुद्रित

वाणी प्रकाशन का लोगो मक़बूल फ़िदा हुसेन की कूची से

अनुक्रम

हिन्दी उपन्यास का विकास 7

लाला श्रीनिवासदास : परीक्षा गुरु (1882) 29
प्रामाणिक मनुष्य की विश्वसनीय पहचान

जैनेन्द्र : परख (1929) 40
स्त्री-पीड़ा की परख

प्रेमचन्द : गोदान (1936) 56
कमज़ोर की आजादी के मायने

अज्ञेय : शेखर एक जीवनी (1941 एवं 1944) 72
आधुनिक व्यक्ति का गैर रोमांटिक दर्शन

हजारी प्रसाद द्विवेदी : बाणभट्ट की आत्मकथा (1946) 77
अतीत के बहाने वर्तमान का इतिहास

धर्मवीर भारती : सूरज का सातवाँ घोड़ा (1952) 85
इंसानी इच्छाओं के बेकाबू घोड़े

फणीश्वरनाथ रेणु : मैला आँचल (1954) 114
सपने, छल और सच्चाइयाँ

यशपाल : झूठा-सच (1) 1958 (2) 1960 124
वतन और देश का मतलब

श्रीलाल शुक्ल : रागदरबारी (1968) 132
समकालीन विद्रूपताओं की पैरोडी

मन्नू भंडारी : आपका बंटी (1971) 147
सामान्य वस्तु और असाधारण कथा

जगदीशचन्द्र : धरती धन न अपना (1972) 156
जातिगत दंश और महाकाव्यात्मक संघर्ष

कृष्णा सोबती : जिन्दगीनामा (1979) 163
जिन्दादिल कौम का जिन्दगीनामा
मंज़ूर एहतेशाम : सूखा बरगद (1986) 172
संस्कृति की सूखती हुई जड़ें

हिन्दी उपन्यास का विकास

उपन्यास हिन्दी साहित्य की नवीनतम विधा है। जिसका उद्भव और विकास आधुनिककाल में हुआ। हिन्दी में आधुनिक उपन्यास यूरोपीय साहित्य के प्रभाव से आया है। 'हितोपदेश', 'पंचतंत्र', 'कथा-सरित्सागर', 'बृहतकथा', 'वैताल पंचविंशाति', 'स्वप्नवासवदत्ता', 'दशकुमारचरित' तथा 'कादम्बरी' आदि कथापरक संस्कृत रचनाओं में औपन्यासिकता मिलती है। लेकिन इन रचनाओं में आधुनिक उपन्यासों के सारे गुण और पहचान के चिन्ह नहीं हैं। फिर भी कुछ इतिहासकार बाणभट्ट की 'कादम्बरी' को भारत का पहला उपन्यास मानते हैं। मराठी साहित्य में उपन्यास शब्द का पयार्यवाची शब्द 'कादम्बरी' आज भी चलन में है लेकिन 'कादम्बरी' में अलौकिकता और अलंकारिकता की अतिशयता के कारण उसे आधुनिक उपन्यास के अर्थ में ग्रहण करना मुश्किल है। 'दशकुमारचरित' में आधुनिक उपन्यास की काफी विशेषताएँ हैं, लेकिन परस्पर असम्बद्ध और अलग-अलग बिखरी कथाओं को मूल कथावस्तु के कमजोर सूत्रों से जोड़ने की असफल कोशिश की गयी है। इस लिए यह मानने में कोई हिचक नहीं होनी चाहिए कि आधुनिक हिन्दी साहित्य की अन्य विधाओं की तरह उपन्यास का विकास भी अंग्रेजी साहित्य के प्रभाव और सम्पर्क से हुआ है। भारत में अंग्रेजी सम्पर्क में बांग्लाभाषी सबसे पहले आये, इसलिए बंगाल में उपन्यासों की रचना हिन्दी से पहले शुरु हुई, हिन्दी उपन्यास पर बांग्ला उपन्यासों का प्रभाव पड़ा।

हिन्दी गद्य साहित्य की अन्य विधाओं की तरह उपन्यासों का उदय आधुनिक हिन्दी साहित्य के प्रारम्भ में भारतेन्दु-काल में हुआ। यह ठीक है कि आधुनिक उपन्यास का विकास यूरोप में हुआ, भारत में नहीं, लेकिन हिन्दी में उपन्यासों का विकास पाश्चात्य उपन्यास साहित्य के अनुकरण पर नहीं हुआ। हिन्दी में उपन्यासों के पहले बांग्ला साहित्य में यह विधा काफी विकसित हो चुकी थी। बांग्ला उपन्यासों के असर और प्रेरणा से हिन्दी उपन्यासों का उदय हुआ। प्रारम्भिक काल में बांग्ला उपन्यासों का हिन्दी में अनुवाद भी काफी हुए थे। इस तरह आधुनिक हिन्दी उपन्यास-परम्परा सुबन्धु, दंडी और बाण की संस्कृत परम्परा का विकास न होकर

अंग्रेजी और बांग्ला की मिश्रित उपन्यास-परम्परा का विकास है।

हिन्दी उपन्यास-परम्परा में प्रेमचन्द प्रस्थान बिन्दु हैं। प्रेमचन्द पूर्व हिन्दी में एक तरफ नीतिपरक उपदेशात्मक, धार्मिक-सामाजिक आचरण पर बल देनेवाले सुधारवादी उपन्यास लिखे गये और दूसरी धारा सतही मनोरंजन-प्रधान तिलस्मी और ऐयारी के उपन्यासों की थी जिनका जनजीवन से कोई सम्बन्ध नहीं था। प्रेमचन्द ने इस विधा को समय और समाज की जीवनगत सच्चाईयों से जोड़कर मौलिक, प्रौढ़ और कलात्मक वास्तविक हिन्दी उपन्यास को प्रस्तावित किया। यह उपन्यास-लेखन के सन्दर्भ में युगांतरकारी कदम था। प्रेमचन्द के अन्तिम दिनों में उपन्यास-साहित्य में यथातथ्यवाद, व्यक्तिवाद, यथार्थवाद मनोविश्लेषणवाद, अस्तित्वाद और प्रकृतिवाद आदि नई प्रवृत्तियाँ, जन्मीं जो विषयवस्तु के धरातल पर प्रेमचन्दोत्तर उपन्यास को प्रेमचन्द-युग के साहित्य से अलगाती हैं। हिन्दी-उपन्यासों के विकास को तीन भागों—पूर्व प्रेमचन्द युग, प्रेमचन्द-युग और प्रेमचन्दोत्तर युग में बाँटकर उसका विश्लेषण किया जा सकता है।

पूर्व-प्रेमचन्द-युग में हिन्दी साहित्य के आधुनिक काल के पहले नागरिक भारतेन्दु ने एक उपन्यास लिखना शुरु किया लेकिन वह अधूरा रह गया। भारतेन्दु युग में हिन्दी का सबसे पहला मौलिक उपन्यास श्रीनिवासदास का 'परीक्षागुरु' माना जाता है। इसमें दिल्ली के एक सेठ-पुत्र की कहानी है। वह कुसंगति में पड़ जाता है और आखिर में उसका एक सज्जन मित्र द्वारा उद्धार होता है। इस उपदेशात्मक उपन्यास की भूमिका में लेखक ने माना किया है कि इसके लिखने में उसे 'संस्कृत के महाभारतादि, फारसी के गुलिस्तां आदि, अंग्रेजी के लॉर्ड बेकन, गोल्डसिमथ और विलियम कूपर आदि तथा स्त्री-बोध के वर्तमान रिसालों से विशेष सहायता मिली है।' यह एक सुधारात्मक और कथ्यरूप के धरातल पर मामूली उपन्यास है। फिर भी इसका ऐतिहासिक महत्त्व है।

इस काल में सामाजिक, पौराणिक, ऐतिहासिक एवं तिलस्मी तथा ऐयारीपूर्ण कई उन्यास लिखे गये। रत्नचन्द का 'नूतन चरित', बालकृष्ण भट्ट का 'नूतन ब्रह्मचारी' तथा 'सौ अजान और एक सुजान', राधाकृष्णदास का 'निःसहाय हिन्दू', देवीप्रसाद शर्मा का 'विधवा विपत्ति', 'किशोरीलाल गोस्वामी का 'लवंग लता' और 'कुसुम कुमारी', बालमुकुन्द गुप्त का 'कामिनी' आदि सामाजिक उपन्यास उल्लेखनीय हैं। कलात्मक दृष्टि से यह साधारण उपन्यास हैं।

किशोरीलाल गोस्वामी, ब्रजनन्दन सहाय, बलदेव प्रसाद मिश्र तथा कृष्णप्रकाश सिंह अखोरी आदि लेखकों ने ऐतिहासिक उपन्यास लिखे जिनमें पुष्ट ऐतिहासिक तथ्य नहीं हैं। इन पर तिलस्मी उपन्यासों का प्रभाव है। ब्रजनन्दन सहाय के 'लाल चीन' तथा मिश्रबन्धुओं के 'वीरमणि' ऐतिहासिकता तथा कलात्मक नज़रिये से उल्लेखनीय उपन्यास हैं। 'लाल चीन' में गयासुद्दीन बलबन के एक गुलाम की कहानी है और

'वीरमणि' में अलाउद्दीन-खिलजी की चित्तौड़ पर चढ़ाई की काल्पनिक पृष्ठभूमि दी गयी है।

एक धारा प्रेमाख्यानक उपन्यासों की भी है। किशोरीलाल गोस्वामी, जगन्नाथ मिश्र और काशीप्रसाद आदि उपन्यासकारों ने ऐसे उपन्यास लिखे जिनमें परम्परित घरेलू किस्म के प्रेम का वर्णन है। उनमें जीवन के किसी मार्मिक पहलू का उद्घाटन नहीं किया गया है। इन उपन्यासों के साथ इस दौर में बांग्ला और अंग्रेजी उपन्यासों का अनुवाद कार्य भी चलता रहा। भारतेन्दु ने स्वयं एक उपन्यास 'पूर्ण प्रकाश और चन्द्रमा' का अनुवाद किया। प्रतापनारायण मिश्र और राधाचरण गोस्वामी ने बांग्ला के कई उपन्यासों का हिन्दी में अनुवाद किया। गदाधरसिंह ने 'बंग-विजेता' और 'दुर्गेशनन्दिनी', कार्तिकप्रसाद खत्री ने 'इला', 'प्रमिला', 'जया' और 'मधुमालती' तथा रामकृष्ण वर्मा ने 'चित्तौड़ चातकी' आदि कई उपन्यासों का अनुवाद किया। बांग्ला उपन्यासकारों बंकिमचन्द्र, शरतचन्द्र, राखालदास तथा रवींद्रनाथ ठाकुर की कृतियों का अनुवाद हुआ, वहीं उर्दू, मराठी, गुजराती तथा अंग्रेजी भाषा के अनेक उपन्यासों का भी हिन्दी अनुवाद किया गया। प्रेमचन्द से पहले मौलिक उपन्यासों की अपेक्षा अनूदित उपन्यासों की संख्या ज्यादा रही है।

देवकीनंदन खत्री, गोपालराम गहमरी और किशोरीलाल गोस्वामी का नाम इस काल में मौलिक उपन्यास लेखकों में उल्लेखनीय है। खत्री तथा गहमरी के तिलस्मी और ऐयारी उपन्यास खासे लोकप्रिय हुए। गहमरी ने पाँच दर्जन से अधिक जासूसी उपन्यास लिखे। यह अंग्रेजी के जासूसी उपन्यासों के आधार पर लिखे गये हैं। इनकी तर्ज पर देवीप्रसाद वर्मा, जगन्नाथप्रसाद चतुर्वेदी आदि लेखकों ने कई जासूसी उपन्यास लिखे। खत्री की उपन्यास– श्रृंखला 'चन्द्रकांता संतति' इतनी लोकप्रिय हुई कि अनेक हिन्दी न जानने वाले अहिन्दी भाषियों को केवल इन उपन्यासों को पढ़ने के लिए हिन्दी सीखनी पड़ी। गहमरी और खत्री के उपन्यासों ने हिन्दी, उर्दू, हिन्दुस्तानी भाषा विषयक बहसों को भी जन्म दिया। भले ही खत्री के उपन्यासों का कलात्मक महत्त्व न हो, किन्तु उनका ऐतिहासिक महत्त्व निर्विवाद है। प्रेमचन्द स्वयं इन जासूसी और तिलस्मी उपन्यासकारों से कथा-प्रवाह में गति एवं रोचकता बनाए रखने का हुनर सीखा। इस तथ्य को प्रेमचन्द ने स्वीकार किया है।

औपन्यासिक विकास की दृष्टि से द्विवेदी युग कोई विशेष महत्त्व नहीं रखता। इस काल में ज्यादातर भारतीय एवं अंग्रेजी भाषाओं के उपन्यासों का हिन्दी में अनुवाद हुआ। उस समय में लिखे गये मौलिक उपन्यासों की संख्या है। उपन्यास कला की दृष्टि से भी इस दौर के उपन्यास बेहद कमजोर हैं। अयोध्यासिंह उपाध्याय 'हरिऔध', लज्जाराम मेहता तथा ब्रजनंदन सहाय ने मौलिक उपन्यास लिखे। प्रेमचन्द के उदय से पहले भारतेन्दु और द्विवेदी के काल के उपन्यासों को प्रेमचन्द युग की पृष्ठभूमि कहा जा सकता है। मनन द्विवेदी के उपन्यास 'रामलाल' में ग्रामीण

जीवन का चित्रण है। आगे चलकर प्रेमचन्द ने इस भावबोध को विकसित करते हुए हिन्दी उपन्यास को कलात्मक ऊँचाईयाँ प्रदान की हैं।

प्रेमचन्द तथा इन जासूसी उपन्यास लेखकों के बीच की कड़ी के रूप में अयोध्यासिंह उपाध्याय 'हरिऔध', लज्जाराम मेहता सरीखे उपन्यासकारों का नाम लिया जा सकता है। 'हरिऔध' ने 'ठेठ हिन्दी का ठाठ' तथा 'अधखिला फूल' उपन्यास लिखे जिनमें खड़ी बोली की जवाबदानी तथा मुहावरों का ठाठ है। मेहता के 'आदर्श हिन्दू' और 'हिन्दू गृहस्थ' सुधारवादी सामाजिक उपन्यास हैं। साहित्येतिहास की दृष्टि से जिनका केवल अकादमिक महत्त्व है।

पूर्व प्रेमचन्द युग में सामाजिक, ऐतिहासिक, तिलस्मी तथा प्रेम-विषयक उपन्यास लिखे गये। इनमें व्यक्ति-मन की गहन व्याख्या नहीं है। इन उपन्यासों का प्रेम रीतिबद्ध और घनघोर शृंगारिक है। सामाजिक उपन्यासों में नैतिक मूल्यों का बखान, समाज सुधार, भारतीय संस्कृति की प्रशंसा तथा पश्चिमी सभ्यता की निन्दा की गयी है। इन उपन्यासों में कथात्मक कलात्मकता नहीं है। तीसरी धारा के तिलस्मी उपन्यासों में सतही मनोरंजन है। जीवन से कटे हुए इन उपन्यासों में अस्वाभाविकता और अतिकल्पना है। ऐतिहासिक उपन्यासों में इतिहास के अलावा सब कुछ है। प्रेमचन्द-पूर्व के उपन्यासों का केवल ऐतिहासिक महत्त्व है। इन उपन्यासों में वर्णनात्मक, आत्मकथात्मक, तथा सम्भाषण, तीन प्रकार की शैलियों का प्रयोग किया गया है। भाषा के भी तीन रूप अपनाये गये हैं—संस्कृत-मिश्रित, हिन्दी-उर्दू-मिश्रित तथा सरल भाषा। कह सकते हैं कि इस काल में उपन्यासों में जीवन की आलोचना और गम्भीर दृष्टि का अभाव है। प्रेमचन्द के उपन्यासों में पहली बार निम्न और मध्यवर्गीय मामूली आदमी और भारतीय किसान की आवाज मुखर हुई है। हिन्दी उपन्यास मनोरंजन केन्द्रित छिछले प्रेम और ऐर यारी के तिलिस्म को तोड़कर बाहर आने लगा।

प्रेमचन्द युग— कथा, साहित्य के नज़रिये से उर्वर काल है। प्रेमचन्द की सार्थक उपस्थिति से उपन्यास का खालीपन भरने लगा। पहली बार वास्तविक अर्थों में औपन्यासिक प्रतिभा-सम्पन्न बड़ा रचनाकार सामने आया। प्रेमचन्द सरीखा मौलिक रचनाकार विरल हैं। प्रेमचन्द के उपन्यासों में जीवन की विकराल समस्याएँ महाकाव्यात्मक औपन्यासिक शिल्प में व्यक्त हुई हैं। उनके उपन्यासों में आजादी के राष्ट्रीय आन्दोलन के साथ-साथ उनके समय और समाज के सुन्दर-असुन्दर सभी पहलू मौजूद हैं।

जीवन के सक्रिय, जीवंत दृश्य रचने वाले प्रेमचन्द ने कथोपकथन, शैली, वातावरण तथा उद्देश्य इत्यादि शास्त्रीय दृष्टि से महत्त्वपूर्ण तत्त्वों को इस तरह मिश्रित किया है कि उनके यहाँ किसी एक का विश्लेषण करते हुए दूसरा तत्त्व अपने आप केन्द्र में आ जाता है। प्रेमचन्द की उपन्यास-कला पर टिप्पणी करते हुए आचार्य

हजारी प्रसाद द्विवेदी कहते हैं—प्रेमचन्द शताब्दियों से पददलित, अपमानित और उपेक्षित कृषकों की आवाज थे, पर्दे में कैद, पद-पद पर लांछित और असहाय नारी-जाति की महिमा के जबरदस्त वकील थे, गरीबों और बेकारों के महत्त्व के प्रचारक थे। अगर आप उत्तर भारत की समस्त जनता के आचार-विचार, भाषा-भाव, रहन-सहन, आशा-आकांक्षा, दुःख-सुख और सूझ-बूझ जानना चाहते हैं तो प्रेमचन्द से उत्तम परिचायक आपको नहीं मिल सकता। झोपड़ियों से लेकर महलों, खोमचे से लेकर बैंकों, गाँव से लेकर सभाओं तक आपको इतने कौशलपूर्वक और प्रामाणिक भाव से कोई नहीं ले जा सकता।' इस कथन का विस्तार करते हुए कह सकते हैं कि सार्वकालिक और सार्वदेशिक सीमाओं को तोड़ते हुए प्रत्येक देशकाल की सताई हुई जनता की पुकार प्रेमचन्द के यहाँ सुनी जा सकती है। इस मायने में वे सार्वभौमिक और सार्वकालिक महत्त्व के कथाकार हैं।

प्रेमचन्द के उपन्यासों के केन्द्र-बिन्दु राजनीति और समाज हैं। इन्हीं के आसपास जीवन की समस्याएँ घूमती हैं। 'प्रेमा' और 'वरदान' उन दिनों के उपन्यास हैं जब प्रेमचन्द उर्दू में नवाबराय के नाम से लिखते थे। 'सेवासदन' प्रेमचन्द का कलात्मक दृष्टि से पहला प्रौढ़ उपन्यास है। इसमें मध्यवर्ग की विडम्बनाओं के चित्र हैं। 'प्रेमाश्रम' में किसानों की त्रासदियों को प्रेमचन्द आदर्शवादी लहजे में कहते हैं। उनका दीर्घकाय उपन्यास 'रंगभूमि' है। इसमें शासक वर्ग के अत्याचारों का बयान दर्ज हैं। राजनीतिक उपन्यास 'कर्मभूमि' में साम्राज्यवादी ताकतों के सामने सामान्य जनता को प्रेमचन्द खड़ा करते हैं। 'प्रतिज्ञा' में उनका सुधारवादी लेखक विधवा-विवाह की समस्या उठाता है। 'गबन' में प्रेमचन्द जेवरों की लालसा के दुष्परिणामों को उजागर करते हैं। उनका 'कायाकल्प' उनकी परम्परा और मानसिक बनावट के विपरीत योगाभ्यास, पुनर्जन्मवाद आदि विषयों से सम्बद्ध उपन्यास है। यह उनका सबसे हल्का उपन्यास है। 'कायाकल्प' में आकस्मिक रूप से प्रेमचन्द पुनरुत्थानवादी होने लगते हैं। यह तत्कालीन सामाजिक-राजनीतिक दबावों का परिणाम हो सकता है कि प्रेमचन्द की वैचारिक आस्था 'शिफ्ट' हो रही थी लेकिन यह उपन्यास कलात्मक दृष्टि से भी बेहद कमजोर है। 'निर्मला' में अनमेल विवाह के दुष्परिणाम और विमाता की समस्याओं का चित्रण है।

'गोदान' में किसान एवं मजदूर के शोषण की करुण कथा है। 'गोदान' प्रेमचन्द का ही नहीं, बल्कि हिन्दी-साहित्य का सर्वश्रेष्ठ उपन्यास है। 'गोदान' और 'निर्मला' को छोड़कर बाकी उपन्यासों में प्रेमचन्द आदर्शोन्मुख यथार्थवादी रहे हैं, वे समस्या को उठाकर गाँधीवादी ढंग से उसका कोई-न-कोई समाधान भी प्रस्तुत कर देते हैं, किन्तु 'निर्मला' और 'गोदान' में वे एकदम यथार्थवादी हो जाते हैं। यहाँ तक पहुँचते-पहुँचते गांधीवाद से उनकी आस्था उठ गयी थी। यानि 'गोदान' में आकर प्रेमचन्द गाँधीवादी हृदय-परिवर्तन को छोड़कर ठेठ यथार्थवादी बन जाते हैं। इन

उपन्यासों में केवल समस्याएँ हैं, समाधान नहीं है। 'गोदान' और 'निर्मला' में यथार्थ का इतना दबाव है कि उपन्यास लगभग अनिर्णित अन्त में खत्म होते हैं। समस्याओं के हल पाठक को ढूँढ़ने के लिए छोड़ देते हैं। 'गोदान' का होरी अभाव तथा गरीबी में पला और मर गया। 'गोदान' सहित कई उपन्यासों में प्रेमचन्द ने कई यादगार चरित्रों की रचना की है। इस मायने में वे माहिर खिलाड़ी हैं। पात्रों के इतने बारीक ब्यौरे कहीं और नहीं मिलते हैं। कथ्यरूप के धरातल पर भी उन्होंने परम्परा या खुद को नहीं दोहराया है। वे हर बार नया करते रहे हैं। हिन्दी के कुछ आलोचकों ने प्रेमचन्द की विषय-व्यापकता और चरित्र-चित्रण की सूक्ष्मता की प्रशंसा करते हुए भी उन्हें उत्कृष्ट कलाकार न कहकर मीडियोकर कथाकार कहा है। उनके आलोचकों का आरोप है कि प्रेमचन्द में नया और मौलिक रचने वाली प्रतिभा कम है। यह पूर्वग्रह के सिवाय और कुछ नहीं है।

प्रेमचन्द की विराट प्रतिभा के सामने प्रेमचन्द-युग में अनेक प्रतिभाओं का उदय हुआ, जैसे—जयशंकर प्रसाद—'कंकाल', 'तितली' तथा 'इरावती', शिवपूजन सहाय—'देहाती दुनिया', चतुरसेन शास्त्री—'परख', 'हृदय की प्यास', तथा 'अमर अभिलाषा', विश्वंभरनाथ कौशिक—'माँ' तथा 'भिखारिणी', बेचन शर्मा 'उग्र'—'दिल्ली का दलाल' तथा 'चन्द-हसीनों के खतूत' प्रतापनारायण श्रीवास्तव— 'विदा' तथा 'विकास' वृंदावनलाल वर्मा—'विराटा की पद्मिनी', 'गढ़ कुण्डार', 'मृगनयनी' तथा 'महारानी लक्ष्मीबाई' आदि, जैनेन्द्र कुमार—'परख', 'सनीता' तथा 'कल्याणी' इलाचन्द्र जोशी—'पर्दे की रानी', 'प्रेम और छाया' तथा 'संन्यासी' इत्यादि के अलावा भगवतीप्रसाद वाजपेयी, रिषभचरण जैन, जी.पी. श्रीवास्तव, सुदर्शन, निराला आदि अन्य उल्लेखनीय उपन्यासकार इस युग में हुए हैं।

विश्वंभरनाथ कौशिक और सुदर्शन प्रेमचन्द के पीछे-पीछे चलते रहे हैं। इनके 'माँ' और 'भिखारिणी' सामाजिक उपन्यास है। ये दोनों उपन्यास साधारण स्तर के हैं। प्रसाद अपनी कविता में सौन्दर्यवादी और नाटकों में आदर्शवादी हैं किन्तु उपन्यासों में उनकी यथार्थवादी छवि उजागर होती है। 'कंकाल' उनकी महत्त्वपूर्ण रचना है। इसमें उन्होंने नए भावबोध से युक्त स्त्री-पुरुष प्रेम की समस्या का उद्घाटन किया है। 'इरावती' प्रसाद का एक अधूरा ऐतिहासिक उपन्यास है। प्रसाद का 'तितली' एक बेहद मामूली उपन्यास है जो उनकी बड़ी प्रतिभा से मेल नहीं खाता है।

जिस प्रकार उत्तर-छायावादी युग में कविता की नई प्रवृत्तियाँ जन्मीं, उसी प्रकार **प्रेमचन्दोत्तर युग** में उपन्यास में भी मनोविश्लेषणवाद, अस्तित्ववाद, यथातथ्यवाद, घोर नग्न-यथार्थवाद, अवचेतनवाद, प्रतीकवाद इत्यादि वैचारिक अवधारणाएँ उपन्यास की कथावस्तु में शामिल हुईं। प्रेमचन्द के बाद के उपन्यास प्रेमचन्दयुगीन उपन्यास से उपन्यास-कला की दृष्टि के बेहतर हैं। कथ्य के धरातल पर भी इनमें पर्याप्त वैविध्य

है। प्रेमचन्द के 'गोदान', प्रसाद के 'कंकाल', उग्र के 'दिल्ली का दलाल' इलाचन्द्र जोशी का 'प्रेत और छाया' जैसी अलग-अलग कथ्यरूपगत सघनता से-समृद्ध औपन्यासिक रचनाएँ काफी बाद में इसी दौर में सामने आती हैं। प्रेमचन्दकालीन उपन्यासों के विकारा को सामाजिक, मनोविश्लेषण, साम्यवादी, ऐतिहासिक आंचलिक एवं अस्तित्ववादी इत्यादि उपधाराओं के आधार पर देखने पर कई दिलचस्प तथ्य सामने आते हैं–

सामाजिक उपन्यास–प्रसाद और कौशिक के अलावा सामाजिक मुद्दों को कथा-प्रसंग बनाने वाले उपन्यासकारों में 'उग्र', चतुरसेन शास्त्री, उपेन्द्रनाथ 'अश्क' आदि प्रमुख हैं। इनके उपन्यासों में आये सामाजिक सन्दर्भ प्रेमचन्द से अलग हैं। 'उग्र' के यहाँ अतियथार्थवाद और सुधारवाद का द्वैत है। उन पर घासलेटी साहित्यकार का लेबल चिपका है। वे मानते हैं कि स्थाई सामाजिक सुधार के लिए उसकी कमियाँ और कामनाएँ छिपाने की बजाए यथातथ्य रूप में उजागर करनी चाहिए। अतियथार्थवादी 'उग्र' ने वर्जित विषयों पर बैलोस भाषा में लिखा है। 'बुधुआ की बेटी' उनकी सबसे अच्छी औपन्यासिक कृति है। चतुरसेन शास्त्री ने अपने उपन्यासों में यह रेखांकित किया है कि वासना मनुष्य को कहाँ तक गिरा देती है। उन पर पुरुत्थानमूलक सुधारवाद का गहरा प्रभाव है। 'हृदय की प्यास' में उन्होंने विधवाश्रमों में छिपकर किये जाने वाले शोषण का चित्रण किया है। इस नग्न यथार्थ को उभारने के लिए 'उग्र' ने कई उलझे और बिखरे हुए कथा-प्रसंगों की योजना की है। 'अश्क' का 'सितारों के खेल' रोमानी आस्वाद का उपन्यास है। उनका 'गिरती दीवारें' निम्नमध्यवर्ग के जीवन का यथार्थ चलचित्र है। इसमें उग्र ने केन्द्रीय चरित्र चेतन के माध्यम से सामाजिक रूढ़ियों के कारण स्त्री-पुरुष-सम्बन्धें की असफलता और दाम्पत्य जीवन की विसंगतियों को उजागर किया है। 'उग्र' के 'गरम राख' के नायक जगमोहन के माध्यम से जीवन की मजबूरियों का चित्रण हुआ है। 'बड़ी-बड़ी आँखें' में भी लगभग ऐसी ही समस्याएँ व्यक्त हुई हैं। उपेंद्रनाथ 'अश्क' के 'पत्थर अल पत्थर' उपन्यास में कश्मीर की कठिन आर्थिक और सामाजिक स्थितियों का चित्रण किया गया है।

सामाजिक उपन्यास-लेखकों में भगवतीचरण वर्मा, भगवती प्रसाद वाजपेयी, अमृतलाल नागर, उदयशंकर भट्ट, सियारामशरण गुप्त, विश्वंभर नाथ कौशिक, सेठ गोविंददास तथा विष्णु प्रभाकर आदि उल्लेखनीय उपन्यासकार हैं।

भगवतीचरण वर्मा की औपन्यासिक रचनाएँ 'चित्रलेखा', 'पतन', 'तीन वर्ष', 'टेढे-मेढ़े रास्ते', 'आखिरी दाँव', 'भूले बिसरे चित्र', 'रेखा', 'सीधी सच्ची बातें' तथा 'सबहिं नचावत राम गोसाईं' इत्यादि हैं। मानवीय जीवन के नाटकीय प्रसंगों में पाप-पुण्य के सन्दर्भ रेखांकित करने वाले भगवतीचरण वर्मा का 'चित्रलेखा' उपन्यास कला की दृष्टि से बेहतरीन उपन्यास है। अनातोले फ्रांस की 'थाया' से प्रभावित यह उनकी प्रतिष्ठादायी कृति है। राजनीतिक पृष्ठभूमि पर आधरित उनका 'टेढ़े-मेढ़े

रास्ते' संयुक्त परिवारों के विघटन की त्रासद गाथा है। 'चित्रलेखा' के साथ यह भगवतीचरण वर्मा का बेहतर उपन्यास है। वर्मा के 'आखिरी दाँव' में आर्थिक अभावों और अर्थ की अतिशयता से उत्पन्न नैतिक और मानवीय मूल्यों के क्षरण का चित्रण है। यह मशीनी समय अर्थ-केन्द्रित है। इसमें पैसे ने मनुष्य को अर्थप्रेत बनाकर समाज की संरचना को बिगाड़ दिया है। 'सबहिं नचावत राम गोसाईं' में भी इसी समस्या को अलग कोण से उभारा है। 'भूले-बिसरे चित्र' वर्मा का एक बड़ा उपन्यास है। मध्यवर्गीय परिवार की चार पीढ़ियों की कहानी कहते हुए उपन्यासकार आधी सदी के लगातार परिवर्तित होते राजनीतिक समीकरणों और सामाजिक मूल्यों की व्याख्या करता है।

भगवतीप्रसाद वाजपेयी ने लगभग चालीस उपन्यास लिखे हैं। 'चलते-चलते', 'निमंत्रण', 'यथार्थ के आगे', 'टूटा टी-सेट', 'विश्वास का बल', 'सपना बिक गया' तथा 'सूनी हार' इत्यादि उनके उल्लेखनीय उपन्यास हैं। वाजपेयी ने अपने उपन्यासों में सामाजिक मान्यताओं और व्यक्ति स्वतंत्रता का द्वन्द्व दिखाया है। उन्होंने दरअसल रूढ़ परम्पराओं और पुराने मूल्यों के प्रति मानवीय संघर्ष का चित्रण किया है।

सामाजिक उपन्यासकारों में अमृतलाल नागर का सर्वोच्च स्थान है। वे अद्‌भुत किस्सागो हैं। शून्य में ही कहानी ढूँढ़ने की कला में माहिर अमृतलाल नागर कहानी लिखते नहीं कहते हैं। उनके यहाँ व्यक्ति और समाज परस्पर सम्बद्ध इकाई हैं। 'बूँद और समुद्र' उनका बेहतरीन उपन्यास है। इसमें बूँद और समुद्र क्रमशः व्यष्टि और समष्टि के प्रतीक हैं।

साामजिक उपन्यासों की परम्परा को उदयशंकर भट्‌ट ने विकसित किया है। 'सागर, लहरें और मनुष्य', 'डॉ. शेफाली', 'शेष-अशेष' तथा 'लोक-परलोक' उनके चर्चित उपन्यास हैं। 'सागर, लहरें और मनुष्य' में मछुआ जाति की मुश्किलों से भरी जिन्दगी का चित्रण है। 'डॉ. शेफाली' में अविवाहित और अकेली औरत की संत्रस्त जिन्दगी के विषाद और आस्तित्विक सवाल उठाये गये हैं। 'शेष-अशेष' में संन्यासी के जीवन के अनछुए पहलू उभरते हैं। सामाजिक उपन्यासधारा में सियारामशरण गुप्त के 'गोद', 'अन्तिम आकांक्षा' और 'नारी', रामेश्वर शुक्ल 'अंचल' के 'उल्का और मरुद्वीप' तथा प्रसिद्ध नाटककार सेठ गोविन्ददास का 'इन्दुमति' विशेष उल्लेखनीय उपन्यास हैं। 'इन्दुमति' में 1916 से 1947 तक का स्वतन्त्रता-प्राप्ति का इतिहास इन्दुमती के माध्यम से प्रस्तुत किया गया है। इस प्रयोगशील उपन्यास में समाज और व्यक्ति के जटिल द्वन्द्वग्रस्त सम्बन्धों की पड़ताल की गयी है। 'इन्दुमती' जटिल मनोवैज्ञानिक दीर्घकाय उपन्यास है। आचार्य चतुरसेन के 'धर्मपुत्र', 'खग्रास' और 'गोली' उल्लेखनीय सामाजिक उपन्यास हैं। 'धर्मपुत्र' हिन्दू-मुस्लिम एकता की समस्या पर आधारित एक लोकप्रिय उपन्यास है। 'गोली' उपन्यास भारतीय सामंतों के अन्तःपुरों में शोषित होनेवाली दासियों की करुण कथा है।

वैज्ञानिक खोजों पर आधारित 'खग्रास' अपने ढंग का एक विशिष्ट उपन्यास है। विष्णु प्रभाकर के उपन्यास–'निशिकान्त' और 'तट के बन्ध' में राजनीतिक सन्दर्भों में मध्यवर्गीय समाज का मनोवैज्ञानिक चित्रण किया गया है।

मनोविश्लेषणात्मक उपन्यास–मनोविश्लेषणवादी उपन्यास व्यक्ति के अन्दरुनी वैयक्तिक और सामाजिक संघर्षों का बयान हैं। मनोविश्लेषणवादी उपन्यासकार व्यक्ति की मानसिक दुनिया में उमड़ने-घुमड़ने वाली हलचलों और लड़ाईयों का रचनात्मक विवरण प्रस्तुत करता है। व्यक्ति के चेतन, अवचेतन तथा उपचेतन की परतें उधेड़ने वाली इस उपन्यासधारा पर फ्रायड, एडलर, युँग, स्टेकेल एवं एलिस हेवलाक के मनोविश्लेषणवादी सिद्धान्तों तथा मान्यताओं ने गहरा असर डाला है। मनोविश्लेषणवादी उपन्यासकार स्वप्न-विश्लेषण, प्रत्यावलोकन, विश्लेषण, सम्मोह-विश्लेषण, शब्द-सह-स्मृति-परीक्षा और इतिवृत्तात्म आदि की जाँच-पड़ताल करते हैं। इस धारा के प्रमुख उपन्यासकारों–जैनेन्द्र, अज्ञेय, इलाचन्द्र जोशी, भगवतीचरण वर्मा, डॉ. देवराज इत्यादि के उपन्यासों में इसे देखा जा सकता है।

इलाचन्द्र जोशी के 'मुक्तिपथ' और 'सुबह के भूलें' इस धारा के श्रेष्ठ उपन्यास हैं। उनके अन्य उपन्यास फ्रायड की मनोविश्लेषणवादी सिद्धान्तों पर आधारित नीरस केस हिस्ट्री हैं। सिद्धान्तों को उपन्यास का कथानक बनाने के सिलसिले में इलाचन्द्र जोशी मानसिक धरातल पर बीमार पात्रों की परिकल्पना करते हैं। उनका मनोविश्लेषण वैयक्तिक अवधारणा और व्यक्ति-विशेष का विवरण बन जाता है। जिसके अनुसार व्यक्ति का आचरण और व्यवहार अतृप्त और दमित काम-संवेदनाओं से संचालित होता है। अपने अहं की क्षतिपूर्ति के लिए व्यक्ति काम-केन्द्रित फंतासियों से घिर जाता है। इलाचन्द्र जोशी के 'प्रेत और छाया', 'संन्यासी' और 'पर्दों की रानी' जैसे उपन्यासों में व्यक्ति की दमित वासना, काम-कुण्ठाओं की कथायें हैं। उनके 'मुक्तिपथ' में वासना से घृणा करने वाले और अपरिग्रही राजीव अर्धमानव बन जाता है। इस उपन्यास के पात्र और घटनायें बेहद उलपफी हुई हैं।

भगवतीचरण वर्मा भी फ्रायडियन मनोविश्लेषणववाद से प्रभावित हैं। उनके 'चित्रलेखा' और 'टेढ़े-मेढ़े रास्ते' अच्छे उपन्यास हैं। उनके यहाँ पाप-पुण्य की भावुकतावादी समस्याएँ विश्लेषित की गयी हैं। राजनीतिक उपन्यास 'टेढ़े-मेढ़े राते' में लेखक ने सभी राजनीतिक मतों को खामिज करते हुए यह निष्कर्ष प्रस्तावित किया है कि आधुनिक व्यक्ति का समस्याओं से छुटकारा सम्भव नहीं है। यह जटिल उपन्यास है जबकि उनका 'आखिरी दाँव', फिल्मी किस्म का साधारण उपन्यास है।

इस धारा के विशिष्ट उपन्यासकार अज्ञेय पर फ्रायड, टी.एस. इलियट और डी. एच लारेंस का संश्लिष्ट प्रभाव है। उनके 'शेखरः एक जीवनी' और 'नदी के द्वीप' उपन्यासों में जटिल यौन-प्रवृत्तियों का सूक्ष्म और गम्भीर चित्रण किया गया है। 'शेखरः एक जीवनी'; (दो भागों में) अज्ञेय ने शेखर की मनःस्थितियों का मनोवैज्ञानिक

विश्लेषण किया है। यही उपन्यास का कथानक है। उपन्यास में बौद्धिकता का अतिरेक और रोचकता की कमी है। 'शेखरः एक जीवनी' की अभिव्यक्ति शैली अपने ढंग की है। अज्ञेय के अन्य उपन्यास 'नदी के द्वीप' में स्त्री-पुरुष के यौन सम्बन्धों का चित्रण है। इसकी कथा व्यवस्थित तथा प्रतीकात्मक भाषा है। अज्ञेय के 'अपने-अपने अजनबी' पर अस्तित्ववादी दर्शन का गहरा प्रभाव है। इसमें मृत्यु की विभीषिका से त्रस्त दो नारी पात्रों की मनोदशाओं का निरूपण किया गया है।

जैनेन्द्र प्रेमचन्द के बाद हिन्दी के महत्त्वपूर्ण उपन्यासकार हैं। प्रेमचन्द गाँव के चित्रण में माहिर हैं तो जैनेन्द्र ने नगरीय समस्याओं को शब्द दिए हैं। जैनेन्द्र के व्यक्ति-केन्द्रित उपन्यासों में नागरिक जीवन की मनोवैज्ञानिक समस्याओं का चित्रण है। उनके उपन्यासों में जैन-दर्शन का आत्मपीड़न भी मौजूद है। जैनेन्द्र हिन्दी के शरतचन्द्र हैं। उन्होंने अपने उपन्यासों 'परख', 'सुनीता', 'त्यागपत्र' और 'कल्याणी' में स्त्री-पुरुष सम्बन्धों की मनोवैज्ञानिक पड़ताल की है। उनके यहाँ पहली बार नारी सशक्तिकरण की पक्षधरता और पुरुषवादी वर्चस्व के खिलाफ सवाल उठाए गये हैं। व्यक्ति के अन्तर्मन की उधेड़बुन का बेहतरीन चित्रण जैनेन्द्र ने किया है। अतिदार्शनिकता के कारण उनके यहाँ उलझाव पैदा हो गया है। फिर भी जैनेंद्र के उपन्यासों में जो प्रश्नाकुलता है वह विरल है। 'परख' का कथानक सरल दिखाते हुए भी जटिल है। दोनों प्रमुख पात्र अपने मन की करने की बजाय परिस्थितियों के सहारे खुद को छोड़ देते हैं। यहाँ पर जैनेन्द्र उपन्यास के अन्त को आदर्शवादी रखते हैं। इस सिलसिले में वे प्रेम और विवाह से जुड़ी समस्याओं को आधुनिक नज़रिये से विश्लेषित करने की कोशिश करते हैं। दरअसल यहाँ पर कट्टो के बहाने जैनेन्द्र अशरीरी लेकिन उदात्त प्रेम को रख देते हैं।

'पथ की खोज', 'बाहर-भीतर', 'टेढ़े और पत्थर' तथा 'अजय की डायरी' इत्यादि उपन्यासों में डॉ. देवराज शिक्षित मध्यवर्ग के करुण यथार्थ का मनोवैज्ञानिक चित्रण करते हैं। इस धारा के परवर्ती महत्त्वपूर्ण उपन्यासों में धर्मवीर भारती के 'गुनाहों का देवता' और 'सूरज का सातवाँ घोड़ा', प्रभाकर माचवे के तीन छोटे उपन्यास—'परन्तु', 'द्वाभा' तथा 'साँचा', नरेश मेहता का 'डूबते मस्तूल', डॉ. रघुवंश का 'तंतुजाल', भारतभूषण अग्रवाल का 'लौटती लहरों की बांसुरी' सर्वेश्वरदयाल सक्सेना का 'सोया हुआ जल' और निर्मल वर्मा का 'वे दिन' उल्लेखनीय हैं।

साम्यवादी उपन्यास—राहुल सांकृत्यायन के 'सिंह-सेनापति', 'वोल्गा से गंगा' तथा यशपाल के 'दादा कामरेड', 'देशद्रोही', 'पार्टी कामरेड' आदि साम्यवादी धारा के उपन्यास हैं। 'दिव्या' यशपाल का ऐतिहासिक उपन्यास है। यशपाल के उपन्यासों में उनके समय और समाज की समस्याएँ और उनके मार्क्सवादी समाधान अभिव्यक्त हुए हैं। वे समाज को खोखले करने वाली रूढ़ियों को उनके यथार्थ में उभारते हैं। यशपाल के यहाँ राजनीतिक रोमान मिलता है। 1947 अखंड देश के खंडित होने

का वर्ष भी है। आजादी के साथ बंटवारे का दंश भी भारतीय जनमानस को झेलना पड़ा। नासमझ बर्बर साम्प्रदायिक दंगों से उखड़े-बिखरे लोग और देश का दर्द यशपाल ने 'झूठा सच' में प्रस्तुत किया। उपन्यास का पहला खंड 'वतन और देश' और दूसरा खंड 'देश का भविष्य' में बंटा 'झूठा सच' आजादी से पहले और उसके बाद के सामाजिक राजनीतिक यथार्थ की बेलौस मीमांसा करता है। नागार्जुन इस धारा के अन्य महत्त्वपूर्ण उपन्यासकार हैं। 'रतिनाथ की चाची', 'बलचनमा', 'बाबा बटेसरनाथ', 'वरुण के बेटे' तथा 'दुःख मोचन' उनके उल्लेखनीय उपन्यास हैं। आंचलिक उपन्यास 'बलचनमा' में मध्यवर्गीय किसानों की त्रासद कहानी है। 'बाबा बटेसरनाथ' में बरगद के पेड़ के माध्यम से जमींदारों के शोषणात्मक हथकंडों का उल्लेख किया गया है। 'वरुण के बेटे' में मछुओं के अभावग्रस्त लेकिन साहसिक जीवन की कहानी है। 'दुःख मोचन' में नागार्जुन ने गरीब गाँववालों की प्रगतिशील सोच को उपन्यास का विषय बनाया है। रांगेय राघव के 'घरौंदा', 'सीधा सादा रास्ता', 'विषाद मठ', 'हुजूर' और 'कब तक पुकारूँ', आंचलिक तथा 'मुर्दों का टीला' ऐतिहासिक उपन्यास हैं। वैचारिक धरातल पर यह साम्यवादी रचनाएँ हैं। रांगेय राघव के साम्यवादी उपन्यासों में वर्ग-वैषम्य और आर्थिक शोषण का चित्रण मुख्य विषय हैं। भैरवप्रसाद गुप्त के 'मशाल', 'गंगा मैया' और 'सत्ती मैया का चौरा' नामक उपन्यासों में भी मार्क्सवादी वर्ग-संघर्ष का चित्रण है। अमृत राय के उपन्यासों–'बीज', 'नागफनी का देश' और 'हाथी के दांत' में वैज्ञानिक सोच और साम्यवादी चेतना है। लक्ष्मीनारायण लाल के उपन्यासों में 'धरती की आँखें' और 'रूपाजीवा' विशेष उल्लेखनीय हैं। पहली रचना में सामन्ती व्यवस्था के विरुद्ध नई पीढ़ी का संघर्ष-चित्रण है। 'रूपाजीवा' में पूँजीपति व्यापारियों की मुनाफाखोरी और मतलबपरस्ती का चित्रण है। राजेन्द्र यादव के उपन्यासों 'प्रेत बोलते हैं'; (संशोधित संस्करण में शीर्षक है–'सारा आकाश'), 'उखड़े हुए लोग', 'कुलटा', 'शह और मात' इत्यादि में साम्यवादी विचारधारा का असर है। राजेन्द्र यादव बाद में व्यक्तिवादी किस्म के प्रगतिशील होते चले गए। यह वैचारिक विस्तार था या रोमानी प्रगतिशीलता की नियति; बहरहाल इसकी प्रतिश्रुति यह हुई कि राजेन्द्र यादव बाद में केवल बोलते रहे; उनका रचनात्मक लेखन पिछड़ता गया। वे इस धारा के क्लैसिक किस्म के लगभग आखिरी कथाकार थे।

ऐतिहासिक उपन्यास–हिन्दी में ऐतिहासिक उपन्यास संख्या में कम हैं लेकिन उनका निर्विवाद महत्व है। प्रेमचन्द से पहले इतिहास पर आधारित उपन्यासों में दरअसल ऐतिहासिक तथ्य हैं ही नहीं! प्रेमचन्द के बाद वास्तविक ऐतिहासिक उपन्यास लिखे गये हैं। वृन्दावनलाल वर्मा, निराला, राहुल सांकृत्यायन, हजारीप्रसाद द्विवेदी और आचार्य चतुरसेन शास्त्री उल्लेखनीय ऐतिहासिक उपन्यासकार हैं। 'वैशाली की नगरवधू' चतुरसेन शास्त्री का चर्चित ऐतिहासिक उपन्यास है। उनका

दृष्टिकोण राष्ट्रवादी था। कई आलोचक उन्हें दक्षिणपंथी उपन्यासकार कहते हैं। आचार्य शास्त्री अकेले उपन्यासकार हैं जिनके यहाँ केवल 'इतिहास-रस' मिलता है। 'रक्त की प्यास', 'मंदिर की नर्तकी', 'सोमनाथ', 'अमर सिंह', 'आलमगीर', 'वयं रक्षामः', 'सोना और खून' तथा 'सहयाद्रि की चट्टानें' इत्यादि ऐतिहासिक उपन्यासों में जीवन्त बिम्बों के माध्यम से आचार्य चतुरसेन शास्त्री तत्कालीन नागर सभ्यता की अंदरूनी असलियत को उजागर कर देते हैं। 'वैशाली की नगर वधू' में बौद्धकालीन समाज और संस्कृति की हक़ीकत का बयान मिलता है। चतुरसेन शास्त्री के यहाँ कई जगह अतीत की अतिकल्पना मिलती है। उनके 'सोमनाथ' में सोमनाथ मंदिर पर गजनवी के आक्रमण का वर्णन है। उनके 'वयं रक्षामः' में प्राग्वैदिक नर, नाग, देव, दैत्य, दानव आदि के जीवन संघर्षों का चित्रण है। 'आलमगीर' भी उनका ऐतिहासिक उपन्यास है। उनके अन्य उपन्यास भी विभिन्न युगों की सभ्यता, संस्कृति, वेशभूषा, कार्य-व्यापार इत्यादि की दृश्यात्मक अभिव्यक्ति करते हैं।

ऐतिहासिक उपन्यासों की परम्परा में वृन्दावनलाल वर्मा एक महत्त्वपूर्ण उपस्थिति हैं। उनके 'गढ़ कुंडार', 'विराटा की पद्मिनी', 'झाँसी की रानी लक्ष्मीबाई' और 'मृगनयनी' ऐसे ऐतिहासिक उपन्यास हैं जिनमें बुंदेलखण्ड के ऐतिहासिक प्रसंगों की जीवित प्रस्तुति है। प्रभाकर माचवे ने ठीक रेखांकित किया है कि 'उनके यहाँ राहुल सांकृत्यायन की तरह का मत का सोद्देश्य प्रचार नहीं मिलता। उनकी सबसे अच्छी विशेषता यह है कि वे अपनी भूमि से निकट का ही विषय चुनते हैं उससे बाहर नहीं जाते'। सीमित कथाक्षेत्र होने के बावजूद उनके यहाँ क्षेत्र-विशेष का अतीत पुनर्जीवित हो जाता है। उनके ऐतिहासिक उपन्यास आंचलिक उपन्यासों का आस्वाद भी देते हैं। इन्हें ऐतिहासिक आंचलिक उपन्यास भी कह सकते हैं। वृंदावनलाल वर्मा के 'कचनार', 'अचल मेरा कोई', 'सेना', 'टूटे काँटे', 'अमर बेल', 'माधव जी सिंधिया' और 'अहिल्याबाई' इत्यादि उपन्यासों में भारत के अतीत की सजीव उपस्थिति है। उनके 'भुवन विक्रम' में वैदिक युग के इतिहास को चित्रित किया गया है। 'कचनार' में राजा भोज के शासन और जीवन का चित्रण है। भगवतीशरण उपाध्याय के ऐतिहासिक उपन्यासों में इतिहास की विश्वसनीय प्रस्तुति मिलती है। रांगेय राघव भी इतिहास के घटाटोप से यथार्थ को प्रस्तुत करते हैं। अमृतलाल नागर के 'शतरंज के मोहरे' और 'सुहाग के नुपूर' ऐतिहासिक उपन्यास हैं। 'शंतरंज के मोहरे' में अवध के नवाबी ठाठ-बाठ का क्षरण दिखाया गया है। 'सुहाग के नुपूर' में कथ्यरूप का सन्तुलन मौजूद है।

आचार्य हजारी प्रसाद द्विवेदी के उपन्यासों में इतिहास-कल्पना, धर्म-दर्शन, संस्कृति एवं निजंधरी कथाओं का संश्लेषण है। वे मिथकों को मामूली बिम्ब नहीं रहने देते बल्कि उनमें गहरे प्रतीकार्थ भर देते हैं। उनके यहाँ पुराने जीवन-सन्दर्भ वर्तमान जीवंत प्रसंगों का अर्थ देते हैं। आशावादी भविष्य के प्रति उनकी आस्था

उनकी 'बाण भट्ट की आत्मकथा', 'चारुचन्द्रलेख', 'पुनर्नवा' और 'अनामदास का पोथा' इत्यादि औपन्यासिक कृतियों में उजागर होती है। 'बाणभट्ट की आत्मकथा' की कथावस्तु बाण की 'कादम्बरी' तथा 'हर्ष चरित' से ली गयी है। इतिहास, संस्कृति, राजनीति और समाज की अपनी गहरी समझ को इसमें शामिल कर आचार्य हजारीप्रसाद द्विवेदी ने बाण के माध्यम से 'बाणभट्ट की आत्मकथा' में हर्षवर्धन युगीन सामाजिक, धार्मिक, दार्शनिक, सांस्कृतिक एवं कलात्मक परिवेश को उसके समग्र रूप में उपस्थित किया है। तत्कालीन इतिहास और संस्कृति में नए अर्थ करते हुए तथा उसमें कल्पना-मिथक और निजंधरी कथाओं का रचनात्मक उपयोग करते हुए वे अपने वर्तमान में चतुर्दिक व्याप्त जड़ता पर प्रबल प्रहार करते हैं। इस सिलसिले में उम्मीदों और सुखद सपनों से भरा भविष्य व्यंजित होता है। बराह के मिथक का सार्थक उपयोग करते हुए आचार्य द्विवेदी ने बाणभट्ट, विरतिवज्र, सुचरिता, महामाया, भट्टनी और निपुणिका के माध्यम से कठिन जीवन के जटिल प्रश्नों का समाधन करने की कोशिश की है। 'बाणभट्ट की आत्मकथा' के शिल्प विधान पर बाण की अलंकृत शैली का सायास असर है।

'चारुचन्द्रलेख' का रचनाकाल भारत पर चीन-आक्रमण के आसपास होने के कारण परोक्ष रूप से इस रचना पर उसका प्रभाव देखा जा सकता है। इसमें लेखक ने भारत के प्राचीन इतिहास से सम्बद्ध राजा सातवाहन तथा चन्द्रलेख के जीवन-प्रसंगों में मिथकों, बिम्बों, प्रचलित दंतकथाओं एवं प्रतीकों के उपयोग से दरअसल अपने समय के जीवन की व्याख्या की है। आचार्य द्विवेदी की इतिहास-दृष्टि इसलिए प्रासंगिक है कि वे इतिहास को वर्तमान सन्दर्भ देते हैं। 'बाणभट्ट की आत्मकथा' के बाद, 'पुनर्नवा' में इतिहास, लोककथा, बिम्बों-प्रतीकों, मिथकों और निजंधरी कथाओं का घालमेल कर आचार्य द्विवेदी जादुई यथार्थ की रचना करते हैं। इसमें उन्होंने शूद्रक के 'मृच्छकटिक' नाटक के चरित्रों को लोककथा के पात्रों में बदलते हुए मिथकों के सहारे उन्हें वर्तमान जीवन-सन्दर्भों से जोड़ दिया है। आचार्य द्विवेदी का विचार था अगर निरंतर व्यवस्थाओं का संस्कार और परिमार्जन नहीं होता रहेगा तो एक दिन व्यवस्था तो टूटेगी ही अपने साथ-साथ धर्म को भी तोड़ देगी। पुरानी खोखली हो चुकी निरर्थक मान्यताओं में देशकालगत परिस्थितियों के अनुसार वांछित बदलाव, संशोधन और परिमार्जन से ही देश और समाज नित्य नूतन बना रहता है। यही 'पुनर्नवा' शीर्षक की सार्थकता है।

आचार्य द्विवेदी के 'अनामदास का पोथा' के कथासूत्र छान्दोग्य और वृहदारण्यक उपनिषदों में हैं। इसमें लेखक समाज और जीवन में भोग एवं योग में सन्तुलन साधने पर बल देता है। काम, चारों पुरुषार्थों में महत्त्वपूर्ण तत्व है। आचार्य द्विवेदी के उपन्यासों में गहरा अतीतराग है। लेकिन वे अतीत की आँखों से वर्तमान को देखते हुए भविष्य को प्रस्तावित करते हैं। बेशक आचार्य द्विवेदी जितने महत्त्वपूर्ण

साहित्येतिहासकार हैं उतने ही बड़े ऐतिहासिक उपन्यासकार भी हैं।

राहुल सांकृत्यायन के 'सिंह सेनापति', 'जय यौधेय', 'मधुर स्वप्न' और 'विस्मृत यात्री' महत्त्वपूर्ण ऐतिहासिक उपन्यास हैं। 'सिंह सेनापति' में लिच्छवी-गणतंत्र की राजनीतिक व्यवस्था तथा सामाजिक दशा का वर्णन है। 'जय यौधेय' में यौधेय गणतंत्र की राजनीतिक उठापटक, बाहुबलियों की महत्त्वकांक्षा, आर्थिक तंत्र की अंदरुनी हकीकत तथा जटिल सामाजिक व्यवस्था का वर्णन है। राहुल सांकृत्यायन के उपन्यासों में बौद्धकालीन परिवेश विन्यस्त हुआ है। यशपाल के उपन्यास 'दिव्या' का परिपार्श्व भी बौद्धयुगीन है। इसमें तत्कालीन वर्ण-व्यवस्था और उससे उत्पन्न वर्ग-संघर्ष का चित्रण है। इसकी कथा-प्रस्तुति पर मार्क्सवाद का स्पष्ट प्रभाव है। यशपाल का 'अमिता' भी एक ऐतिहासिक उपन्यास है। जिसमें अशोक की कलिंग विजय की महागाथा कही गयी है। रांगेय राघव के 'मुर्दों का टीला', 'प्रतिदान', 'अँधेरे के जुगनू' और 'राह न रुकी' ऐतिहासिक उपन्यास हैं। इनमें लेखक की मार्क्सवादी विचारधारा रेखांकित की जा सकती है। शिव प्रसाद 'रुद्र' का 'बहती गंगा' महत्त्वपूर्ण ऐतिहासिक उपन्यास है। पात्रों के उत्कृष्ट चरित्राकंन के कारण इस रचना को याद किया जाता है। इसके अतिरिक्त यादवेन्द्र शर्मा का 'संन्यासी और सुन्दरी' के सन्दर्भ में भी यही निष्कर्ष दिया जा जा सकता है। ऐतिहासिक उपन्यासों में इतिहास को देखने, समझने की राष्ट्रवादी और मार्क्सवादी दृष्टियाँ रहीं हैं। राष्ट्रवादी नजरिए से इतिहास की भावुक और अतीत के अतिशयोक्तिपूर्ण गौरवगायन की परम्परा सामने आई जबकि मार्क्सवादी दृष्टि-सम्पन्न ऐतिहासिक उपन्यासों में द्वन्द्वात्मक सिद्धान्त के आधार पर इतिहास की पड़ताल की गयी है।

आंचलिक उपन्यास–आंचलिक उपन्यासों में किसी अँचल, क्षेत्र या प्रदेश विशेष की संस्कृति और सामाजिक दर्शन को उसके सजीव वातावरण में व्यापक रूप में प्रस्तुत किया जाता है। इन उपन्यासों की अपनी शक्तियाँ और अपनी ही परिसीमाएँ हैं। इस दिशा में फणीश्वरनाथ 'रेणु' का 'मैला आंचल' और 'परती परिकथा' विशेष उल्लेखनीय हैं। इनमें मिथिलांचल की संस्कृति का सजीव चित्रण है। रेणु ने अपने निहितार्थ को व्यक्त करने के लिए 'मैला आँचल' में ऐसी वस्तु-संरचना निर्मित की है जिसमें कई कथाएँ मिलकर एक बड़ी कहानी बन जाती है। डॉ. प्रशान्त-कमला, कालीचरण-मंगला, रामदास-रामप्यारिया जैसे पात्रों के युग्म दरअसल प्रच्छन्न कथासूत्र हैं। इनके अलावा तहसीलदार, खिलावन सिंह, जोतखीजी और महन्त सेवादास भी चरित्रों के रूप में कहानियाँ हैं।

रेणु ने कुछ चरित्रों का विकास रोककर केवल अँचल के चरित्र को उभारा है जबकि लेखक के पास चरित्रों को उभारने के पर्याप्त अवसर थे। दरअसल रेणु के लिए व्यक्तियों की कहानियाँ नहीं बल्कि अँचल की महागाथा महत्त्वपूर्ण रही है। पात्रों के आपसी टकराव से जो घटनाएँ और कथा प्रसंग उभरते हैं वह 1945 से

1948 तक फैली निमर्म सच्चाईयों का बयान है।

उदयशंकर भट्ट का 'लोक-परलोक', 'सागर और लहरें', रांगेय राघव का 'काका' और 'कब तक पुकारूँ', देवेन्द्र सत्यार्थी का 'रथ के पहिए', बलभद्र ठाकुर के 'आदित्यनाथ', 'मुक्तावली', 'नेपाल की बेटी', श्यामू संन्यासी का 'उत्थान', नागार्जुन के 'बलचनमा' तथा 'वरुण के बेटे', रामदरश मिश्र का 'पानी के प्राचीर', शैलेश मटियानी का 'होल्दार' और शिवप्रसाद 'रुद्र' का 'बहती गंगा' आदि आंचलिक उपन्यास महत्त्वपूर्ण हैं। आचंलिक उपन्यासों की इस परम्परा में राजेन्द्र अवस्थी का 'सूरज किरण की छाँह', हिमांशु जोशी का 'कगार की आग', हिमांशु श्रीवास्तव का 'नदी फिर बह चली' भी उल्लेखनीय हैं। रामदरश मिश्र का एक अन्य उपन्यास 'जल टूटता हुआ' में आजादी के पहले डेढ़ दशक में पूर्वी उत्तर प्रदेश के गाँवों की आर्थिक दुर्दशा और बदहाल जीवन के विकृत यथार्थ की प्रस्तुति की गयी है। यह ऐसे आंचलिक उपन्यास हैं जिनमें यथार्थ की सघन उपस्थिति है। इसलिए इनमें व्यक्त यथार्थ अंचल-विशेष के साथ-साथ अनेक अर्थ-प्रसंगों में सार्वभौमिक और सार्वकालिक हो जाता है।

आचंलिक उपन्यासों में भैरव प्रसाद गुप्त कृतियां 'शोले', 'मशाल', 'गंगा मैया', 'जंजीरें' और 'नया आदमी', 'सत्ती मैया का चौरा', 'कालिंदी', 'अन्तिम अध्याय' और रमाशंकर का 'किसम किसम के लोग' रूप के धरातल पर उल्लेखनीय हैं।

प्रयोगवादी उपन्यास–कहानी और कविता की तरह उपन्यास में भी प्रयोगवादी प्रवृत्ति का उभार देखा गया। धर्मवीर भारती के 'सूरज का सातवाँ घोड़ा' में भिन्न-भिन्न पात्रों की परस्पर असंबद्ध अलग-अलग कहानियों को एक सूत्रधर या वाचक के द्वारा प्रस्तुत किया गया। भारती ने कथानक में एक नयी कथा तकनीक का इस्तेमाल करते हुए उपन्यास को सात खंडों में बाँटा है। यह बतकही की शैली हैं। माणिक मुल्ला वाचक और दूसरे दोस्तों को दिलचस्प प्रेम कहानियाँ सुनाता है। इन प्रेम कहानियों के पात्र निम्नमध्यवर्गीय लोग हैं। ये बिखरी-बिखरी कहानियाँ उन लोगों के टूटे-बिखरे जीवन का सच प्रस्तुत करती हैं। यह वंचित समाज है लेकिन उनकी भी इच्छाएँ, कामनाएँ, अभाव और मजबूरियाँ हैं। वह भी ऐसे इंसान हैं जो प्रेम करना चाहते हैं। यहाँ पर धर्मवीर भारती प्रेम जैसे आसान विषय के बहाने गरीब लोगों के कठिन जीवन को व्यक्त करते हैं। ऊपर से यह हँसी मजाक लगता है लेकिन उन लोगों के कठिन जीवन में हँसी और खुशी के मौके कितने कम हैं; इसे लेखक जाहिर करता है। आगे चलकर मनोहरश्याम जोशी ने धर्मवीर भारती द्वारा प्रस्तावित इस प्रयोगशीलता को परिष्कृत करते हुए जादुई यथार्थवादी उपन्यास लिखे हैं। शिवप्रसाद सिंह, गिरधरगोपाल, सर्वेश्वरदयाल सक्सेना, नरेश मेहता तथा शिवप्रसाद 'रुद्र' आदि ने प्रयोगवादी शिल्प-विधान और कथ्य का विस्तार किया है। 'रुद्र' ने 'बहती गंगा' में सत्रह कहानियों के माध्यम से काशी के पिछले दो सौ सालों

के अतीत की झाँकी प्रस्तुत की है। गिरधरगोपाल ने 'चाँदनी के खंडहर' में केवल चौबीस घण्टों के कथाक्रम को उपन्यास का कथानक बनाया है। 'ग्यारह सपनों का देश' उपन्यास अनेक लेखकों के द्वारा लिखा गया है। सर्वेश्वर दयाल सक्सेना के 'सोया हुआ जल' में एक सराय में ठहरे हुए यात्रियों की रात की जिन्दगी की दिलचस्प प्रस्तावना है। नरेश मेहता का 'डूबते मस्तूल' एक प्रयोगशील एब्सर्ड या असंगत उपन्यास है। जीवन के विसंगत यथार्थ की यथावत प्रस्तुति इसे अतियथार्थवादी उपन्यास बनाती है।

अस्तित्ववादी उपन्यास—अस्तित्ववाद एक आधुनिक बोध था। जिसे सबसे पहले हिन्दी में अज्ञेय के कथा-साहित्य में देखा गया। औद्योगीकरण के कारण मनुष्य मशीन बनता गया है। उसे प्राकृतिक स्रोतों से काटकर बौद्धिकता की अतिशयता ने एक तरफ उसका इंसानीपन छीना दूसरे उसके सामने बचे रहने और अपहचाने रह जाने के सवाल खड़े हो गये। अस्मिता का संकट और अस्तित्वगत मुश्किलें अन्य विधाओं के साथ उपन्यास का विषय बनी हैं। मोहन राकेश के 'अँधेरे बन्द कमरे' तथा 'आने वाला कल' आधुनिक मनुष्य के आस्तित्विक प्रश्नों के कथानक हैं। इनमें धुरीहीन, आस्थाहीन समाज और त्रिशंकु इंसानों का द्वन्द्व है। निर्मल वर्मा का 'वे दिन' आधुनिक मानवीय अस्तित्वबोध की संवेदना से सम्पन्न उपन्यास है। राजकमल चौधरी के उपन्यास 'मछली मरी हुई' में समलैंगिक यौन सम्बन्धों में लिप्त स्त्रियों की कहानी है। यह अपनी कथा और शैली की दृष्टि से एक चौकाने वाला उपन्यास है। श्रीकांत वर्मा का 'दूसरी बार', महेंद्र भल्ला का 'एक पति के नोट्स', कमलेश्वर का 'डाक बंगला' और 'एक सड़क सत्तावन गलियाँ', गंगा प्रसाद विमल का 'अपने से अलग' मनुष्य के अस्तित्व को सामाजिक और पारिवारिक सन्दर्भों में परिभाषित करने वाले उपन्यास हैं। यह उपन्यास कई जगह सॉर्त्र और कामू के किताबी सिद्धान्तों से आक्रांत लगते हैं। वहाँ आधुनिक मनुष्य की मुश्किलें नहीं आधुनिकतावाद हावी हो जाता है। फिर भी मानवीय अस्तित्वबोध की अभिव्यक्ति के नजरिये से मोहन राकेश का 'अँधेरे बन्द कमरे' तथा राजकमल चौधरी का 'मछली मरी हुई' बेहतरीन उपन्यास हैं। गंगाप्रसाद विमल का 'अपने से अलग' अपने चुस्त गद्य के कारण पठनीय उपन्यास है। अविवाहिता अध्यापिका के जीवन पर आधारित मोहन चोपड़ा का 'नीड़ के आगे' उल्लेखनीय रचना है। नरेश मेहता के 'यह पथ बंधु था' तथा 'नदी यशस्वी है' का रूप-गठन आश्चर्यजनक रूप से बेहद नए हैं। लेकिन विषय उतने ही पुराने हैं। लेखक अपनी मानसिक बुनावट या कंडीशनिंग से मुक्त नहीं हो पाए हैं जबकि 'आपका बंटी' में मन्नू भंडारी परंपरित विषय को भी नया अर्थ-प्रसंग देने में सफल हुई हैं। पति-पत्नी का अलगाव सन्तान पर कितना दुष्प्रभाव डालता है इसे मन्नू भण्डारी मामूली जीवन प्रसंगों के बहाने उजागर कर देती हैं। संतान के लिए पिता के क्या मायने होते हैं इसे लेखिका भावुकतावादी हुए बिना

व्यक्त कर देती हैं।

'सत्तर पार के शिखर'; पानू खोलिया, 'रामकली'; शैलेश मटियानी और 'चार दिन'; वीरेन्द्र कुमार में आधुनिक समय में वैवाहिक जीवन में उभरती कटुता तथा दाम्पत्य सम्बन्धों में आये हुए बिखराव का कारुणिक वर्णन है। 'आदिम पुरखे'; हंसराज रहबर में प्रागैतिहास काल के नर-नारी के सम्बन्धों का निरूपण है। 'नाग पाश'; रामकुमार भ्रमर में पाखंड एवं निरर्थक सामाजिक रूढ़ियों के कारण अभिशप्त स्त्री के जीवन के संत्रास के तीव्र दंश से अभिशप्त नारी का जीवन-संघर्ष दिखाया गया है। 'मेरे संधि पत्र'; सूर्यबाला में नारी जीवन के स्वतंत्र अस्तित्व को खोजा गया है। 'रात का सफर'; रामदरश मिश्र में समकालीन जीवन की सामाजिक रूढ़ियों का चित्रण है। अज्ञेय ने 'अपने अपने अजनबी' में दो अपरिचित नारी पात्रों में मृत्यु का भय चित्रित किया है। प्रियदर्शी प्रकाश के 'मुक्ति प्रसंग' में मृत्यु की विकरालता के सामने मानव की जीने की अदम्य जिजीविषा को सशक्त रूप से उजागर किया गया है। नयी कहानी आन्दोलन के दौर में अपनी खास पहचान बनाने वाली ऊषा प्रियंवदा 'पचपन खम्भे लाल दीवारें' में अविवाहित और अकेली रह गयी औरत के मानसिक और लैंगिक संघर्ष चित्रित करती हैं। उनका उपन्यास 'रुक न सकोगी राधा' भी स्त्री-केन्द्रित है। रजनी पनिक्कर, मीरा महादेवन और शशिप्रभा शास्त्री, मैत्रेयी पुष्पा, गीतांजलि श्री, अलका सरावगी, प्रभा खेतान महुआ मांझी इत्यादि लेखिकाओं ने स्त्री-विमर्श और उपन्यास लेखन को विकसित करते हुए उसे अर्थ-सम्पन्न बनाया है। स्त्री जीवन के अस्तित्ववादी सवाल इनके यहाँ सघन इंसानी समस्या बनकर उभरे हैं। इस धारा के उपन्यासकारों में कृष्ण बलदेव वैद, आरिगपूडि, शिवानी, मधुकर गंगाधर, कृष्णा सोबती, रामकुमार भ्रमर, गिरिराज किशोर तथा बालशौरि रेड्डी भी महत्त्वपूर्ण हैं।

हिन्दी उपन्यास में पिछली सदी के अन्तिम तीन दशक बेहद हलचल भरी रचनात्मकता के हैं। इस दौर में नई-पुरानी पीढ़ी के उपन्यासकारों की महत्त्वपूर्ण कृतियाँ चर्चित हुई हैं। इन रचनाओं में कई प्रवृत्तियाँ उभरकर आई हैं। व्यक्तिवादी प्रवृत्ति की प्रमुखता उन्मुक्त काम और यौन सम्बन्धों का सनसनीखेज वर्णन करने वाले उपन्यासों में मिलता है। वैवाहिक सम्बन्धों के टूटते हुए धरातल, मध्यवर्गीय संघर्षशील शहरी जीवन का अंकन, महानगरीय जीवनबोध, नारी-शोषण, दलित वर्ग की व्यथा-गाथा, वर्तमान प्रशासन एवं न्याय-तंत्र की बदहाली पर प्रहार, वर्तमान राजनीति पर तीखे व्यंग्य, आंचलिक एवं कस्बाई जीवन का वर्णन, रंगभेद, जातिभेद, लिंगभेद के नीतिशास्त्र का वर्णन तथा प्रवासी भारतीय जीवन की अनदेखी समस्याओं का अंकन आदि अनेक प्रवृत्तियाँ इस दौर के उपन्यासों में रेखांकित की जा सकती हैं। इस सन्दर्भ में उपेन्द्रनाथ अश्क, राजेन्द्र यादव, लक्ष्मीकांत वर्मा, लक्ष्मीनारायण लाल, यशपाल, मन्मथ नाथ गुप्त, डॉ. देवराज गुप्त, फणीश्वरनाथ रेणु, शैलेश

मटियानी, रमेशचन्द्र शाह, हरिसुमन बिष्ट, पंकज बिष्ट, बटरोही, विद्यासागर नौटियाल, प्रदीप पंत, उदयप्रकाश, शिवप्रसाद सिंह, मणिमधुकर, गिरिराज किशोर, मृदुला गर्ग, मंजुल भगत, श्याम व्यास, मृणात पांडेय, बदी उज्जमा, राही मासूम रजा, नरेन्द्र कोहली, हरिशंकर परसाई, सर्वेश्वर दयाल, मेहरुन्निसा परवेज, ममता कालिया, मुद्राराक्षस, प्रभाकर माचवे, विष्णु प्रभाकर, रवीन्द्र कालिया, यादवेन्द्र शर्मा 'चन्द्र', राजी सेठ, शिव सागर मिश्र, हिमांशु श्रीवास्तव, रमाकांत, रामदरश मिश्र, जगदीशचन्द्र, शमशेर सिंह नरूला, ओमप्रकाश, गोविन्द मिश्र, रमेश बक्षी, जगदंबा प्रसाद दीक्षित, कृष्णा अग्निहोत्री, मालती जोशी, मीनाक्षी पुरी, हरिप्रकाश त्यागी, सुरेन्द्र तिवारी, नासिरा शर्मा, सुदर्शन चोपड़ा, विवेकी राय, ज्ञान प्रकाश विवेक, विजय इत्यादि विशेष उल्लेखनीय उपन्यासकार हैं।

शहरी जीवन के उपन्यास–हिन्दी उपन्यास में कहानी और कविता की तरह गाँव बनाम शहर की कशमकश लम्बे समय तक चलती रही। अधिकतर उपन्यास शहरों के नकारात्मक पक्षों को उभारने और गाँव को स्वर्ग साबित करते रहे। यज्ञदत्त शर्मा ने कथित शहरी विकास से उपजे मानवीय संघर्ष को आधार बनाकर जो उपन्यास लिखे हैं उनमें प्रमुख हैं–'इंसान', 'निर्माण पथ', 'महल और मकान' और 'बदलती राहें'। आधुनिक उपन्यासकारों ने आत्मकेन्द्रित होते मनुष्य के संस्कार, समाज और मानवीय स्वभाव का विश्लेषण किया है। यादवेन्द्र शर्मा 'चन्द्र' ने 'पथहीन', 'दिया जला दिया बुझा' और 'गुनाहों की देवी' इत्यादि उपन्यासों में शहरी जीवन के जन अनुभव अभिव्यक्त किए हैं। 'बोरीवली से बोरीबन्दर' उपन्यास में शैलेश मटियानी बम्बई की चमक भरी जिन्दगी के पीछे छिपे अँधेरे पक्षों को उजागर कर देते हैं। जीवन का नाटक दिखाने वाला यह ऐसा नाटकीय उपन्यास है जिसके दृश्य बोलते हैं। लेखक की पर्वतीय पृष्ठभूमि उसे महानगर को देखने वाली अलग दृष्टि सौंपती है।

श्रीलाल शुक्ल का बहुचर्चित उपन्यास 'राग दरबारी' एक कस्बे के बहाने से भारतीय सरकारी तंत्र ओर राजनीतिक व्यवस्था में बहुस्तरीय भ्रष्टाचार की परतों को उधेड़ता है। ऐसा मारक व्यंग्य विरल है। जीवन मानवीय मूल्यों से शून्य हो गया है। आजादी के बाद कथित विकास की असलियत की गाथा कहने वाला 'राग दरबारी' कथ्यरूप के धरातल पर उत्कृष्ट रचना है। यह क्लैसिक का दर्ज़ा हासिल कर चुका है। 'यहाँ से वहाँ', 'अज्ञातवास' तथा 'आदमी का जहर' इत्यादि श्रीलाल शुक्ल के अन्य उपन्यास हैं।

गाँव और कस्बे बदल गये हैं। वहाँ भी जीवन का स्वांग या नाटक, जीवन की सरलता को लील गया है। इन क्षेत्रों में पसरी विसंगत विडंबनाओं को यथार्थ रूप में चित्रित करने वाले उत्कृष्ट उपन्यासकारों की रचनायें हैं–शिवप्रसाद सिंह का 'अलग अलग वैतरणी' राही मासूम रजा का 'आधा गांव' रामदरश मिश्र का 'जल टूटता हुआ' तथा मणि मधुकर के 'सफेद मेमने' और 'नदी फिर बह चली'। इन

उपन्यासकारों ने गाँवों को रोमानी चश्में से नहीं देखा। इस नजरिये से व्यंग्य की प्रखरता से सम्पन्न 'आधा गाँव' प्रौढ़ रचना है। रचना में वर्णित जीवन लेखक का खुद भोगा हुआ है इसलिए प्रामाणिक है। इस उपन्यास का बड़ा कैनवैस और कथा कहने का नए शिल्प भारतीय गाँव का विश्वसनीय चित्र बन गया है। बदीउज्जमा का उपन्यास 'एक चूहे की मौत' में कार्यालयों में चलने वाली टुच्ची राजनीति के हवाले दर्ज हैं। संवेदनशील व्यक्ति कैसे ऐसे जहरीले वातावरण में तिल-तिल करके मरते हैं, इसे लेखक ने प्रयोगशील कथानक से दर्शाया है। परंपरित शिल्प में नई कहानी कैसे कही जा सकती है इसका बेहतरीन उदाहरण यह उपन्यास बनता है। चूहा कामकाजी ईमानदार व्यक्ति का प्रतीकार्थ व्यक्त करता है। दफ़्तरों की दमघोंट यंत्रणा, ऊब, थकान, चिड़चिड़ापन कैसे उसे तोड़कर चूरचूर कर देते हैं, इसे बदीउज्जमा चित्रित करते हैं।

आधुनिक उपन्यासकारों ने आत्मकेन्द्रित होते मनुष्य के संस्कार, समाज और स्वभाव का विश्लेषण किया है। कवि-कथाकार रमेशचन्द्र शाह के 'गोबर गणेश' तथा 'किस्सा गुलाम' उपन्यासों में व्यक्ति के निजत्व को सामाजिक सांस्कृतिक सन्दर्भों में जाँचा-परखा गया है। 'किस्सा-गुलाम' में केन्द्रीय चरित्र कुन्दन की संस्कारगत मानसिक दासता का यथार्थ चित्रण है। विदेश में जाकर विदेशी जातियों का अध्ययन करने वाला कुन्दन विदेशी लड़की से विवाह कर लेता है लेकिन विदेश से लौटकर वैवाहिक सम्बन्ध को तोड़ लेता है। वह दोहरा व्यक्तित्व ओढ़नेवाला चरित्र है। वह एक साथ विद्रोही और प्रतिक्रियात्मक है। कुन्दन ऐसे युवा व्यक्ति का प्रतीक है, जो वैचारिक दृष्टि से शिक्षित होते हुए भी देश, धर्म, जाति, के पुरातन संस्कारों, निरर्थक परम्पराओं और जर्जर रूढ़ियों का गुलाम है। नए-पुराने के बीच झूलती शहरी और कस्बाई मानसिकता के द्वन्द्व को जाहिर करने वाले कई उपन्यास लिखे हैं।

स्त्री-पुरुष-सम्बन्धों के उपन्यास–प्रत्येक युग के साहित्य में स्त्री-पुरुष के आपसी सम्मोहन, आकर्षण, आसक्ति की कोमल भावनाओं की अभिव्यक्ति हुई है। आधुनिक दौर में तेजी से समाजार्थिक समीकरणों में बदलाव आये हैं। नैतिक और मानवीय मूल्यों के अर्थ भी पहले जैसे नहीं रहे। शिक्षा और आर्थिक आत्मनिर्भरता ने औरत को ताकतवर बनाया है। अब वह पुरुष की कामदासी बनने से इंकार करती है। यह प्रगतिशील परिवर्तन है। अब स्त्री अपनी इच्छाओं-कामनाओं को पुरुष के साथ साथी भाव से बाँटती है। उसका व्यक्तित्व स्वच्छन्द और स्वाधीन हुआ है। इसे उपन्यास ने दर्ज किया है। अब उसमें गोपनीयता और वर्जित कुछ नहीं रह गया है। उपन्यासकार संकेतार्थ, प्रतीकार्थ या ध्वन्यार्थ की बजाय ठेठ अभिधा में स्त्री-पुरुष के रतिभावों और यौन दृश्यों को चित्रित कर रहे हैं। मृदुला गर्ग के 'चितकोबरा' में उन्मुक्त यौन बिम्ब हैं। निर्मल वर्मा के 'वे दिन' में भी इसे देख सकते हैं। श्रीकांत वर्मा के 'दूसरी बार' में स्त्री के सामने पुरुष के अस्तित्व को फिर से परिभाषित किया

गया है। राजकमल चौधरी की 'मरी हुई मछली' में समलैंगिक सम्बन्धों का बेहिचक वर्णन है। महेन्द्र भल्ला ने 'एक पति के नोट्स' और गोविन्द्र मिश्र के 'वह अपना चेहरा' में स्त्री-पुरुष-सम्बन्धों के निजी सन्दर्भ सार्वजनिक किए हैं। यशपाल के 'क्यों फँसे' तथा मनोहर श्याम जोशी के 'कुरु कुरु स्वाहा' और 'कसप' में कामुक फंतासी काफी जगह घेरती है। लगता है यही जिन्दगी का सबसे बड़ा काम है। गिरिराज किशोर के 'यात्राएँ' में नवविवाहित दम्पति के प्रेम न कर पाने से अवसादग्रस्त हो जाते हैं। काम-इच्छाएँ कृष्णा सोबती के कथा-साहित्य का केन्द्रीय विषय हैं। कृष्णा सोबती के 'सूरजमुखी अँधेरे के' में रक्तिका की काम अतृप्तियों की कथा है। बचपन की काम कुंठा उसके मन में विकार भर देती है। दिवाकर के साथ उसका मुक्त यौन-आचरण दिखाता है कि दुनियावी मर्यादाओं का उसके लिए कोई अर्थ नहीं है। कृष्णा सोबती ने आत्मकथा-शिल्प में लिखे 'जिन्दगीनामा' में बड़े कथाफलक और समाजशास्त्र तथा मनोविश्लेषणशास्त्र के माध्यम से अपने निहितार्थ व्यक्त किए हैं। कृष्णा सोबती ने आजादी से पहले की सच्चाइयों और आजादी के तत्काल बाद के यथार्थ को आमने-सामने खड़ा कर दिया है। इससे 'जिन्दगीनामा' की अन्तर्कथा में अद्‌भुत कथात्मक तनाव पैदा हुआ है। इस प्रक्रिया में उन्होंने पंजाब के सांस्कृतिक अतीत को पुनःसृजित करने का काम किया है। पंजाब यहां पर कई जगह एक मेटाफर की तरह उभरता है।

रस रंग के प्रसंग जब विकृत होते हैं तो स्त्री-पुरुष सम्बन्धों में घटित बिखराव का बुरा असर बच्चे के मनोविज्ञान पर पड़ता है। अज्ञेय के 'शेखरः एक जीवनी' में बाल मनोविज्ञान की पड़ताल पहली बार की गयी थी। इसे मन्नू भंडारी ने आगे बढ़ाया। उनका 'आपका बंटी' ऐसे कथ्य को रूप देने वाली सशक्त रचना है। बंटी, माँ-बाप के रहते हुए भी माँ-बाप से रहित होकर असहनीय मानसिक यातना झेलता है। निर्मल वर्मा ने भी 'लाल टीन की छत' में बंटी जैसी एक बालिका के अकेलेपन, दुख एवं दर्द का मार्मिक चित्रण किया है। रमेशचन्द्र शाह ने अपने उपन्यासों 'गोबर गणेश' तथा 'किसान गुलाम में' विनायक और कुन्दन के माध्यम से उनके बचपन का मनोवैज्ञानिक अध्ययन किया है। भीष्म साहनी का 'कड़ियाँ' टूटते हुए सामाजिक सम्बन्धों का उपन्यास है जो स्त्री-पुरुष सम्बन्धों की टूटन को सामाजिक धरातलों पर देखता है।

शैलेश मटियानी के 'छोटे-छोटे पक्षी' में महानगर दिल्ली के जीवन के खोलखेपन झूठी बौद्धिकता, अनैतिकता, झूठ और मक्कारी को प्रस्तुत किया गया है। लक्ष्मीकांत वर्मा के 'टेरीकोटा' में दिल्ली के महानगरीय जीवन के संत्रास, खोखलेपन, टूटन तथा उसके मानसिक, नैतिक एवं चारित्रिक क्षरण का प्रतीकों के माध्यम से यथार्थ चित्र अंकित किया गया है। ममता कालिया ने बंबई महानगर के जीवन का कारुणिक चित्र अपने उपन्यास 'बेघर' में प्रस्तुत किया है। मध्यवर्गीय जीवन को केन्द्र बिन्दु

बनाकर काफी उपन्यास लिखे गये हैं और उनमें भी दफ़्तरी जीवन विसंगतियों, भ्रष्टाचार और उसके टुच्चेपन को ईमानदारी से प्रस्तुत किया गया है। गोविन्द मिश्र के 'वह अपना चेहरा' में स्त्री क्लर्क और पुरुष अफ़सर के भावभीने प्रसंगों का चित्रण है और लगभग यही स्थिति भीष्म साहनी के 'कड़ियाँ' में व्यक्त हुई है। महानगरीय सभ्यता के सन्दर्भ में मंजुल भगत का उपन्यास 'अनारो' एक विशिष्ट कृति है। इसमें स्त्री जीवन का संघर्ष और जीवट चित्रित है। हिन्दी के कुछ उपन्यासों में प्रवासी भारतीय परिवारों के जीवन को विषयवस्तु बनाकर उनका अकेलेपन, ऊब, द्वन्द्व एवं खुले यौन सम्बन्धों का चित्रण है। निर्मल वर्मा, कृष्ण बलदेव वैद तथा उषा प्रियंवदा के यहाँ ऐसे यथार्थ विवरण व्यक्त हुए हैं। उषा प्रियंवदा ने प्रेम-प्रसंगों के चित्रण में पर्याप्त संयम से काम किया है।

यशपाल का 'तेरी मेरी उसकी बात' उनके 'झूठा सच' का पूरक उपन्यास है। इसमें तत्कालीन राजनीति का प्रामाणिक कच्चा-चिट्ठा खोला गया है। यह उपन्यास स्त्री-शोषण के विरुद्ध भी जबरदस्त आवाज मुखर करता है। वर्तमान युग की भ्रष्ट राजनीति पर तीव्र प्रहार करने वाले उपन्यासों में राही मासूम रजा का 'कटरा बी आर्जू' मन्नू भंडारी का 'महाभोज', शांता कुमार का 'मृगतृष्णा' तथा काशीनाथ सिंह का 'अपना मोर्चा' ऐसे अर्थ-सन्दर्भों की अत्यन्त सशक्त उल्लेखनीय रचनायें हैं। हृदयेश मेहरोत्रा ने 'सफेद घोड़ा काला सवार' में भारत की न्याय व्यवस्था और राजनीतिक प्रशासन में व्याप्त छल-कपट एवं भ्रष्ट व्यवस्था पर प्रहार किया है। गिरिराज किशोर के 'यथा प्रस्तावित' में भारतीय प्रशासन तंत्र की गली-सड़ी मानसिकता और भ्रष्ट कार्य प्रणाली पर तीखी चोट की गयी है। बदीउज्जमा के 'छटा तंत्र' में आधुनिक जीवन की विसंगतियों, मूल्यहीनता और भ्रष्टाचार को चित्रित किया गया है। इसमें आधुनिक लोकनीति प्रस्तावित की गयी है। महेंद्र भल्ला के उपन्यास 'दूसरी तरफ' में रंगभेद की समस्या का मार्मिक चित्रण हुआ है।

अमृतलाल नागर के 'नाच्यौ बहुत गोपाल' में शहरी दलित जीवन की मुश्किलों का जीवन चित्रण है। जगदीश चन्द्र के 'धरती धन न अपना' में पंजाब के एक गांव के दलित समाज की समस्याओं पर गम्भीरता और सहानुभूति से विचार किया गया है। ''धरती धन न अपना'' एक सशक्त कथा सूत्र का उपन्यास है। केन्द्रीय चरित्र काली के माध्यम से जगदीश्चन्द ने इस उपन्यास की कहानी को प्रस्तावित किया है। उपन्यास की शुरुआत में ही हम देखते हैं कि काली कानपुर में मजदूर जीवन बिताने के ढाई साल बाद अपने गाँव 'घोड़ेवाला' लौटता है और यह देखकर स्तब्ध रह जाता है कि उसके गाँव में कुछ भी परिवर्तन नहीं हुआ। दरअसल यह यथास्थितिवाद श्रमिक-दलित जीवन की त्रासदी है। वे दूसरों का जीवन तरक्की के रास्ते आगे बढ़ाते हैं जबकि हाशिए पर पड़े काली जैसे लोगों का जीवन हमेशा एक जगह पर ठहरा रहता है। मणिमधुकर के 'सपफेद मेमने' में राजस्थान की पिछड़ी

जातियों की विषादग्रस्त ठिठकी हुई दुनिया का चित्रण है। भारत-पाक विभाजन पर कई रचनाएँ लिखी गयी हैं। भीष्म साहनी का 'तमस' इसी श्रेणी का उपन्यास है। लेखक ने बंटवारे के दौरान साम्प्रदायिक मारकाट के दौरान इस आग को खुद झेला था। विवेक को लीलने वाले उस अंधकार को 'तमस' को देख सकते हैं। इसी प्रकार बलवंत सिंह का 'काले कोस' की विषय-वस्तु भी भारत के बंटवारे से जुड़ी है।

गंगाप्रसाद विमल का उपन्यास 'मृगान्तक' कतई नए विषय पर लिखा गया है। इसमें तंत्र-मंत्र के द्वारा मनुष्य की अमरता की चाह का वर्णन है। राजी सेठ का 'तत्सम', मृणाल पांडेय का 'पंढेर पुराण', स्वदेश दीपक का 'माया पोत', हिमांशु जोशी का 'छाया मत छूना मन' तथा 'कगार की आग', भीष्म साहनी का 'बसंती', शशिप्रभा शास्त्री के 'क्योंकि', 'परछाइयों के पीछे' तथा 'सीढ़ियां' शानी का 'सांप और सीढ़ी', लक्ष्मीकांत वर्मा का 'खाली कुर्सी की आत्मा', प्रभाकर माचवे का 'लक्ष्मीबेन', शैलेश मटियानी का 'राम कली', मुद्राराक्षस का 'भगोड़ा', हंसराज रहबर का 'आदिम पुरखे', रामकुमार भ्रमर का 'नाग पाश', पानू-खोलिया का 'सत्तर पार के शिखर', निर्मल कुमार का 'आरुणी', मालती जोशी का 'पटाक्षेप', प्रियदर्शी प्रकाश का 'मुक्ति प्रसंग' सूर्यबाला का 'मेरे संधि-पत्र', डॉ. राम दरश मिश्र का 'रात का सफर' वीरेन्द्र कुमार का 'चार दिन' और मेहरुन्निसा परवेज के 'कोरजा' तथा 'उसका घर' इत्यादि औपन्यासिक कृतियाँ सिद्ध करती हैं कि हिन्दी उपन्यास में कथ्यरूपगत वैविध्य है। उसमें सामाजिक, ऐतिहासिक, राजनीतिक, सांस्कृतिक, आंचलिक, अस्तित्ववादी, प्रगतिशील, प्रयोगपरक, मनोविश्लेषणात्मक इत्यादि विभिन्न प्रकारों तथा बोध के कारण यह उपन्यास नए सौंदर्यशास्त्र की जरूरत रेखांकित कर रहा है। जटिल जीवन की कठिन समस्याओं को निबन्धात्मक, रिपोर्ताज, जीवनी आत्मकथा, व्यंग्यात्मक, डायरी, संस्मरण, व्याख्यान आदि शैलियों का बेहतरीन रचनात्मक इस्तेमाल उपन्यासकार कर रहे हैं।

लाला श्रीनिवासदास : परीक्षा गुरु (1882)

प्रामाणिक मनुष्य की विश्वसनीय पहचान

आज हिन्दी उपन्यास इतना परिपक्व हो चुका है कि उसे आसानी से विश्वस्तरीय बेहतरीन रचनाशीलता का उदाहरण माना जाता है। इस लम्बी यात्रा को तय करने के सिलसिले में महत्त्वपूर्ण नाम लाला श्रीनिवासदास का है। लाला श्रीनिवासदास ने 1882 में 'परीक्षा गुरु' जैसा हिन्दी का पहला मौलिक उपन्यास लिखा। लेखक स्वयं इस तथ्य से परिचित था और अपने काम का महत्त्व प्रतिपादित करते हुए उन्होंने लिखा है कि "अब तक 'नागरी' और 'उर्दू' भाषा में अच्छी पुस्तकें तैयार हो चुकी हैं। परन्तु 'मेरे जान' इस रीति से कोई नहीं लिखी गयी इसलिए अपनी भाषा में यह 'नई चाल' की पुस्तक होगी।' स्पष्ट है कि लाला श्रीनिवासदास को औपन्यासिक शिल्प की गहरी समझ थी। वे नवीनता के पक्षधर थे। प्रयोगशील रुचि होने के कारण वह जानते थे कि उनका यह रचनात्मक कार्य 'नई चाल' का है। इसके माध्यम से वे हिन्दी में एक नई साहित्य-विधा उपन्यास का सूत्रपात करने जा रहे हैं। यह नई चाल क्या है? इसे स्पष्ट करते हुए उपन्यास के निवेदन में लाला श्रीनिवासदास लिखते हैं–पहले तो पढ़ने वाले इस पुस्तक में सौदागर की दुकान का हाल पढ़ते ही चकरावेंगे, क्योंकि अपनी भाषा में अब तक वार्तारूपी जो पुस्तकें लिखी गयी हैं उनमें अक्सर नायक-नायिका वगैरह का हाल ठेठ से सिलसिलेवार लिखा गया है। जैसे कोई राजा, बादशाह, सेठ, साहूकार का लड़का था। उसके मन में इस बात से रूचि हुई और उसका यह परिणाम निकला, ऐसा सिलसिला कुछ भी मालूम नहीं होता।' लेखक ने वार्ता साहित्य में आजमाई गयी यथाक्रम शैली को तोड़ दिया और केवल रोमांच रहस्य के लिए नहीं बल्कि पाठक की रुचि रचना में आखिर तक बनी रहे, इस नजरिए से कथानक को विन्यस्त किया है। घटनाओं के माध्यम से पात्रों की चारित्रिक रेखाएँ उभारी हैं।

उपन्यास में संवादों का महत्व रेखांकित किया है। लेखक की दृष्टि देखिए–लाला मदनमोहन एक अंग्रेजी सौदागर की दुकान में असबाब देख रहे है। लाला

ब्रजकिशोर, मुंशी चुन्नी लाल और मास्टर शिम्भुदयाल उनके साथ हैं। इनमें मदनमोहन कौन, ब्रजकिशोर कौन, चुन्नीलाल कौन, और शिम्भूदयाल कौन है? इनका स्वभाव कैसा है? परस्पर सम्बन्ध कैसा है? यह बातें पहले से ही नहीं जमाई गयी। हाँ, पढ़ने वाले धैर्य से सब पुस्तकें पढ़ लेंगे तो अपने-अपने मौके पर सब भेद खुलता चला जाएगा और आदि से अन्त तक सब मेल मिल जाएगा किन्तु जो सब इतना धैर्य ना रखेंगे। वह उसका मतलब भी नहीं समझेगें।' लाला श्रीनिवासदास जिस पाठकीय धैर्य की जरूरत पर जोर देते हैं वह साफ तौर पर पाठकीय सक्रियता को रेखांकित करने वाला तथ्य है। पाठक की दिलचस्पी केवल उसका मनोरंजन करने से कायम नहीं रहती है। इसके लिए सजग लेखक को अतिरिक्त प्रयास करने होते है।

लाला श्रीनिवासदास ने 'परीक्षा गुरु' की जो नाटकीय शुरुआत की है और कथानक को अप्रत्याशित नाटकीय मोड़ के माध्यम से आगे बढ़ाया है; वह बिल्कुल नई चीज थी। उस जमाने में पात्रों के प्रति कौतुहल जगाने वाला पात्र-परिचय और उनकी उपस्थिति का जैसा नाटकीय विधान इस उपन्यास में लेखक ने किया है वह अद्‌भुत है। उपन्यास के केन्द्रीय पात्र ब्रजकिशोर के चरित्र के रहस्य को लेखक 168 पृष्ठों तक छुपाए रखता है। पाठकों के साथ-साथ उपन्यास का नायक मदनमोहन, ब्रजकिशोर से रहस्य जानने के लिए लालायित रहता है।

लाला श्रीनिवासदास ने 'परीक्षा गुरु' में एक और क्रान्तिकारी कदम उठाया है। उनसे पहले हिन्दी कथा-साहित्य में जीवन की वास्तविकताओं से रहित अतिकाल्पनिक जासूसी-तिलस्मी, रहस्य कथाओं का वर्चस्व था। उनमें जादुई चमत्कार और अलौकिक वर्णन, कथा को अविश्वसनीय बना देते थे। लेखक ने यहाँ घटनाओं का स्वरूप जादुई रखने की बजाय कहानी कहने की जादुई तरकीब अपनाई। यह किवदन्ती कथाओं की किस्सागोई की तकनीक थी। वहाँ सामान्य कथन को चमत्कृत करने वाले तरीके से ऐसे प्रस्तुत किया जाता था कि पाठक को वह अवास्तविक नहीं लगती थी। यहाँ भी लेखक ने जीवन का यथार्थ व्यक्त करने के लिए यही कथा-कौशल प्रदर्शित किया है। 'रोचक और भयानक बातों में मनोरंजक' को लेखक 'पुरानी चाल' मानता है तथा यथार्थ बातों-दृष्टांतों से मनोविनोद को 'नई चाल' मानते हुए अपना रूख स्पष्ट कर देता है। यथार्थपरकता का यह आग्रह इस रचना को आधुनिक बनाता है। लेखक ने 'परीक्षा गुरु' को 'अनुभव द्वारा उपदेश मिलने की संसार वार्ता' कहा है। स्पष्ट है कि उसका ध्यान इसी लोक पर है। यहाँ लेखक दिल्ली के एक कल्पित रईश का 'जैसे का तैसा' चित्र उतारने पर अपनी दृष्टि केन्द्रित रखता है। यह तथ्य नवीन संवेदना की ओर इशारा करता है। लेखक का नजरिया इतना आधुनिक है कि वह अपने 'तृप्ता संवरण' नाटक के निवेदन में इसलिए क्षमायाचना करता है कि उसकी कथा पौराणिक और श्रृंगारिक है। 'पुरानी चाल' की होने के साथ-साथ उसमें लोकोपकारकत्रतत्त्व नहीं हैं। स्पष्ट है कि 'परीक्षा गुरु' से पहले तीन नाटक लिखने

वाले लाला श्रीनिवासदास का दृष्टिकोण यथार्थवादी और आधुनिक है।

लाला श्रीनिवासदास पर यथार्थ का गहरा दबाव है। इस दबाव को समझने वाले लाला श्रीनिवासदास जैसे लेखक उस दौर में कम ही थे। इस दृष्टि से 'परीक्षा गुरु' का महत्व कई कारणों से उभरकर सामने आता है। लाला श्रीनिवासदास को कोई स्पष्ट औपन्यासिक परम्परा प्राप्त नहीं हुई थी। लाला श्रीनिवासदास एक सफल नाटककार थे। नाटय-शिल्प से टकराकर और सीखकर उपन्यास लेखन में आगे बढ़े। इस नजरिये रो 'परीक्षा गुरु' का 'निवेदन' बड़ा दिलचस्प है। इसमें उन्होंने नाटक और उपन्यास की चाल को अलगाते हुए लिखा है कि दोनों शिल्प के धरातल पर कितने अलग हैं। 'नाटकों में पहले पात्र का नाम और बाद में उसके द्वारा कहा गया संवाद उद्धरण चिन्हों में रहता हैं। वहाँ उपन्यास में कथन के अन्त में भी पात्रों का नाम आ सकता है या पात्र का नाम लिखे बिना के उद्धरण चिन्हों से काम चलाया जा सकता है।' लेखक ने 'परीक्षा गुरु' की शुरुआत में ही इसे स्पष्ट कर दिया है कि वहाँ पात्र जिस शैली में आपसी वार्तालाप करते है, वह गद्य की बिल्कुल नई शैली है। इस शैली ने प्रेमचन्द जैसे परवर्ती जैसे बड़े उपन्यासकार पर भी प्रभाव डाला है। लेखक ने वाचक या लेखकीय कथनों का भी महत्त्व स्पष्ट किया है। यानी उपन्यास ऐसी विधा के तौर पर लाला श्रीनिवासदास को दिखाई दे रहा था जिसमें लेखक की एक प्रत्यक्ष भूमिका हो सकती है। यह उन्हें एक शिल्प सजग गद्यकार साबित करने वाला तथ्य है। इससे हम उनकी आधुनिक दृष्टि से परिचित होते हैं।

लाला श्रीनिवासदास ने एक नाटककार के रूप में जो दीक्षा ग्रहण की उसका भी 'परीक्षा गुरु' में चित्रण किया है। यह उपन्यास कथा संयोजन की दृष्टि से नाटकीय है। संवाद या कथोपकथन भी नाटकीय हैं। इतना ही नहीं उपन्यास के 'प्रकरण' भी नाट्य दृश्यों की तरह संयोजित हैं। लेखक ने पात्र परिचय भी नाटकीय रंग संकेत शैली पर व्यक्त किए हैं– 'लाला मदनगोपाल एक अंग्रेजी सौदागर की दुकान में नई फैशन का अंग्रेजी असवाब देख रहे हैं। लाला ब्रजकिशोर, मुंशी चुन्नीलाल, मास्टर शिम्भुदयाल उनके साथ है।' लेखक के यहाँ नाटकीय करामात दिखाई है। इस तरह पाठक महत्त्वपूर्ण पात्रों से परिचित हो जाता है। लेखक के रंग-संकेत उपन्यास को वर्तमान बना देते है क्योंकि नाटकीय कथानक अतीत में घटित नहीं होता है बल्कि वह अनिवार्य तौर पर वर्तमान काल में ही घटनाओं का संयोजन करता है। इस टैकनीक को सत्तर के दशक में महत्त्वपूर्ण उपन्यासकार ही साध पाए। यही कारण है कि 'परीक्षा गुरु' उपन्यास में उपदेश प्रधान लम्बे-लम्बे संवाद अरूचि पैदा नहीं करते हैं। इस उपन्यास में लेखक ने पात्रों के आत्म-संघर्ष और द्वन्द्ध को उपन्यास में प्रविष्ट कराया है। उपन्यास का वातावरण पात्रों का परस्पर वाद-विवाद लगता है। इसके माध्यम से लेखक ने वैचारिक संघर्ष उत्पन्न करने में सफलता पाई है।

लाला श्रीनिवासदास ने 'परीक्षा गुरु' उपन्यास में व्यक्त किया है कि हर रचना का परोक्ष-अपरोक्ष उद्देश्य होता है, हालाँकि आधुनिक रचनाकार उपदेशपरकता को निरर्थक मानते हैं। उनकी नजर में रचनाकार संदेश या शिक्षा देने वाला उपदेशक या अध्यापक नहीं है। फिर भी हर रचना किसी न किसी संदेश को संप्रेषित करती है। लाला श्रीनिवासदास का 'परीक्षा गुरु' का स्पष्ट उद्देश्य है। लेखक ने अनेक स्थलों पर इस उपन्यास के केन्द्रीय संदेश की ओर इशारा किया है। उस समय का पाठक अधिक शिक्षित और प्रबुद्ध नहीं था। लेखक को बार-बार अपनी रचना का उद्देश्य रेखांकित करना पड़ता था। इस उपन्यास का शीर्षक ही इसके उपदेशमूलक होने की ओर इशारा करता है। लेखक ने युवा-वर्ग को शिक्षा देने के लिए इस उपन्यास की रचना की है। यह उद्देश्य कई जगह नीरस लगते हैं लेकिन उस दौर के हिसाब से इन्हें निरर्थक नहीं कहा जा सकता है। लेखक ने अनुभवों की पाठशाला का महत्व प्रतिपादित किया है।

लाला श्रीनिवासदास यह बताना चाहते हैं कि अधिकत्तर मित्र स्वार्थी और बनावटी होते हैं। अच्छे मित्र की पहचान मुश्किल वक्त में उसकी भूमिका के द्वारा होती है। विपत्ति में साथ न छोड़ने वाला ही सच्चा मित्र होता है। यह उद्देश्यपरकता आगे चलकर प्रेमचन्द के आर्दशमूलक उपन्यासों को देर तक प्रभावित करते रही है। इस उपन्यास में कथा से अधिक उद्देश्य महत्त्वपूर्ण है बल्कि कहना चाहिए कि उद्देश्य की प्रस्तुति के लिए लेखक ने कथानक बुना है। घटनाएँ विन्यस्त की हैं और उसी के अनुरूप पात्रों की रंग-रेखाएँ निर्मित की हैं। उपन्यास के प्रमुख पात्र मदनमोहन के माध्यम से लेखक ने इस रचना का उद्देश्य प्रस्तावित करते हुए लिखा है कि 'लोगों के हित-निर्मित यह वृतान्त संयोजित किया गया है। इसका परिणाम देखकर और लोगों की आँखें खुले।' यहाँ पर लेखक एक चरित्र के माध्यम से उपन्यास के जिस उद्देश्य को रेखांकित कर रहे हैं, वह लम्बे समय तक कथा-साहित्य में लोकप्रिय रहा है।

लाला श्रीनिवासदास ने अपने उद्देश्य की प्रस्तुति के लिए पात्रों का संयोजन सलीके से किया है। नायक मदनमोहन अमीर नवयुवक है। वह पश्चिमी सभ्यता से आक्रांत है। पैसे से ही वह जीवन के ऐश्वर्य विलास को खरीदता है। उसका प्रदर्शन भी करता है। यह ऐसी मानसिकता है जो तत्कालीन उच्च वर्ग में थी और आज वह मध्यमवर्ग तक आ गयी है। यह वर्ग दिखावा पसन्द है। इसके माध्यम से लाला श्रीनिवास दास उस नकली समाज की ओर संकेत करते है जो अन्दर से खोखला है लेकिन पैसे से खरीदी गयी वस्तु की चमक-दमक में फँस जाता है। इस उपन्यास का नायक अपनी आदत के कारण इतना अधिक ऋण ले लेता है कि उसे चुका न सकने के कारण उसे जेल जाने की नौबत आ जाती है। यहाँ उसके सच्चे मित्रों का साथ और उसकी पत्नी सुशीला का त्याग उसे मुश्किल से उबारता है। लाला श्रीनिवासदास यहाँ पर स्त्री चरित्रों में आती हुई दृढ़ता की ओर ध्यान खींचते हैं।

यह उपन्यास बदलती हुई भारतीय स्त्री के चरित्र को रेखांकित करता है।

लाला श्रीनिवासदास का 'परीक्षा गुरु' उपन्यास मध्यवर्गीय चरित्रों को उजागर करता है। 'परीक्षा गुरु' के लेखक का अध्ययन-क्षेत्र काफी व्यापक है। संस्कृत, उर्दू और अंग्रेजी के ग्रंथों के गहन अध्ययन के साथ-साथ अपने समय में प्रकाशित होने वाली साहित्य-आलोचना सहित व्यापार सम्बन्धी पत्र-पत्रिकाओं की जानकारी भी उन्हें है, जिनका उन्होंने बखूबी इस्तेमाल किया है। लेखक ने अपने संचित ज्ञान का प्रदर्शन करने से परहेज नहीं किया है। यह कुछ जगहों पर बोझिल हो गया है। खास करके जहाँ लेखक स्वयं वाचक के रूप में उपस्थित होकर लम्बे विवरण प्रस्तुत करता है और पात्र लम्बे संवाद बोलते हैं। हालाँकि अपने कथा-कौशल का परिचय देते हुए लेखक ने उपन्यास का उद्देश्य प्रस्तुत करने में सफलता पाई है। लेखक ने अपने कथनों को निबन्ध की बजाय छोटे संवादों के शिल्प में प्रस्तुत किया है। वहाँ लाला श्रीनिवासदास की वाक्-चातुर्य पाठकों को प्रभावित करत है– 'उनकी बातचीत में एक बड़ा ऐब यह था कि बीच में दूसरों को बोलने का समय कम देते थे। जिससे उनकी बात फीकी लगती थी– बाबू वैद्यनाथ ने कहा- 'दूसरे पात्र ने उत्तर दिया, क्या करे वह वकील है। अतः उनकी जीविका इन्हीं से है।' दो पात्रों के बीच यह संवाद वकील ब्रजकिशोर की चारित्रिक विशेषताओं को उजागर कर देता है। इस शिल्प को सबसे बेहतरीन ढंग से प्रेमचन्द और धर्मवीर भारती ने आजमाया है।

हिन्दी उपन्यास परम्परा में 'परीक्षा गुरु' उपन्यास का महत्व कथानक की दृष्टि से भी महत्त्वपूर्ण है। उस समय सतही मनोरंजन करने वाली श्रृंगार कथाएँ लोकप्रिय थी। दूसरी तरफ कहानी में कौतूहलता और रोचकता के लिए अतिकाल्पनिक आश्चर्यजनक घटनाओं का प्रयोग किया जाता था। लेखक ने इनकी बजाय सहज नाटकीय कथानक का प्रारूप सामने रखा है। इसलिए उनकी कथावस्तु स्वाभाविक है। लाला श्रीनिवासदास ने कहानी को सत्य घटना की तरह बनाने का हुनर दिखाया है। यहाँ रचनाकार के अनुभव और उसकी बहुआयामी प्रतिभा प्रभावित करती है। लेखक ने 'कहानी क्या मोड़ लेगी' के साथ-साथ 'कहानी में ऐसा क्यों हुआ'–इत्यादि शैलियों से कथानक को बुना है। शुरुआती काम होने के कारण इसमें कच्चापन भी है। कुछ जगह पर कथानक अप्रत्याशित घटनाओं के कारण अस्वाभाविक भी लगता है, फिर भी संक्षिप्त और सरल कथावस्तु में प्रासंगिक कथाएँ कम होने के कारण जटिलताएँ और उलझाव नहीं है। कथा के केन्द्र-बिन्दु लाला मदनमोहन है। उसके अलावा उसे पतन के रास्ते चलने से रोकने वाला सच्चा मित्र ब्रजकिशोर है। बाकी सब पात्र गौण हैं। बुनियादी कथा मदनमोहन से जुड़ी हुई है। लेखक ने तमाम असम्बद्ध कथा प्रसंगों को जोड़ने में सफलता पाई है। उन्होंने कहानी सुनाने के अन्दाज में कहानी को विकसित किया है।

'परीक्षा गुरु' की शिल्पगत बनावट दिलचस्प है। इस उपन्यास में कथानक और

घटनाएँ बेहद कम हैं, फिर भी लेखक ने नाटकीय कौशल का परिचय देते हुए इस रचना को सम्भव किया है। उनका यह हुनर एक कहानी में से दूसरी कहानी निकालने की शैली प्रदर्शित करता है। यह शैली हितोपदेश की याद दिलाती है। वहाँ भी उपदेश केन्द्र में है। लाला श्रीनिवासदास बिल्कुल अन्त में आकर चल रही कथा का रहस्यात्मक अन्त करके पाठक के मन में आगामी कथा की उत्सुकता जगा देते हैं। नीति-विषय एवं उदारवादी दृष्टिकोण के कारण लेखक उस समय के नवयुवकों और देश की हालत पर टिप्पणी करते हैं। इस सिलसिले में उपन्यास के प्रकरण नियोजित हुए हैं। 'प्रबन्ध' नामक प्रकरण में लेखक ब्रजकिशोर के माध्यम से मदन मोहन को यह सीख देता है कि उसे नगर का प्रबन्ध सम्भालने से पहले घर का प्रबन्ध सम्भालना सीखना होगा। इस वाद-विवादमूलक बातचीत का समापन 'सजनता' पर होता है और अगला प्रकरण सज्जनता को केन्द्र में रखकर लेखक बेहद क्षीण कथा-तन्तुओं को आगे बढ़ाता है। सज्जनता से बात मन के सुख-दुख पर पहुँचती है और अगला प्रकरण सुख-दुख पर लिखा जाता है। इसी सिलसिले में लेखक आगामी प्रकरणों तक पहुँचाता है। जब उसे लगता है कि कहानी रास्ता भटक रही है तो वह एक झटके में मूल कथा प्रसंग पर लौट आता है।

लाला श्रीनिवासदास द्वारा प्रतिपादित इस शैली में कई व्यंग्य रचनाएँ लिखी गयी हैं। लेखक ने इस नई प्रविधि को सारी जटिलताएँ तोड़कर आसान बनाया है। लेखक ने देश-दशा पर पैनी नजर रखी है। वह कहता है—'देश की उन्नति-अवन्नति का आधार वहाँ के निवासियों की प्रकृति पर है। सब देशों में सावधान और असावधान मनुष्य रहते हैं परन्तु जिसके बहुत से मनुष्य सावधान और उद्योगी होते हैं, उसकी उन्नति होती जाती है। जिस देश में असावधान और कसमकश विशेष होते है, उसकी अवन्नति होती जाती है। इस तुलनत्मक निष्कर्ष को लेखक भारत पर भी लागू करता है—हिन्दुस्तान में इस समय और देशों की अपेक्षा सच्चे सावधान लोग बहुत कम हैं और जो हैं वे द्रव्य की असंगति से अथवा द्रव्यमानों की अज्ञानता से अथवा नयी-नयी युक्तियों के अनुभव करने की कठिनताओं से निरर्थक है कि वही रहे हैं और उनकी सावधानी वन के फूलों की तरह कुछ उपयोग किए बिना वृथा नष्ट हो जाती है। परन्तु हिन्दुस्तान में कोई सावधान न हो यह बात हरगिज नहीं है।' यहाँ साबित होता है कि लेखक को देश की दशा की सच्ची समझ है। उसी दौर में भारतेन्दु ऐसा ही अनुभव कर रहे थे। उनके यहाँ भी हिन्दुस्तान के हाल पर ऐसी ही चिन्ताएँ दिखाई गयी हैं। लेखक ने कम घटनाओं को अपने कथानक के रूप में विकसित किया है। इसके लिए उसने लोकप्रचलित उद्धहरणों और शास्त्र द्वारा अनुमोदित उद्धहरणों की व्याख्या करते हुए उन्हें मूल कथा से जोड़ते हुए आगे बढ़ाया है। तत्कालीन मनुष्य का जीवन और देश की चिन्ता को लेखक ने इस उपन्यास में प्रस्तुत किया है।

'परीक्षा गुरु' देश के तत्कालीन वर्तमान को दर्ज करने वाला उपन्यास है। इसके केन्द्रीय चरित्र व्यापार से जुड़े हुए चरित्र हैं। व्यापारी वर्ग देशकाल का ध्यान रखता है। यही कारण है कि मदनमोहन, ब्रजकिशोर, बाबू वैजनाथ जैसे चरित्र देश-दशा के अनुरूप 'जीविका करने की रीति और अर्थविधा, को समझाते हैं। इतना ही नहीं, इस उपन्यास में लेखक देश के वर्तमान पर सतर्क नजर रखता है। कह सकते हैं कि इसमें लेखक का समकाल बोलता है। तत्कालीन यथार्थ को व्यक्त करने के लिए लाला श्रीनिवासदास ने ऐसे प्रसंगों की योजना की है जहाँ पात्रों के संवाद या वाचक की नाटकीय उपस्थिति देशकाल वातावरण का चित्रण कर देती है– ''मैं तो अच्छी चीज का ग्राहक हूँ। चीज पसन्द आये पीछे मुझको कीमत की कुछ परवाह नहीं रहती है।–लाला ब्रजकिशोर बोले अंग्रेजों की भी यही चाल है'। मास्टर शिम्भु दयाल ने कहा 'क्या सब बातों में अंग्रेजी नकल करनी जरूरी है। लाला ब्रजकिशोर ने जवाब दिया।' इन पंक्तियों में तत्कालीन समय दर्ज़ हुआ है। अच्छी चीज के लिए बड़ी कीमत चुकाना अंग्रेजों की आदत थी। जिसकी उस समय का अमीर तबका नकल कर रहा था लेकिन सजग लोग इसका विरोध कर रहे थे। उस समय उच्च वर्ग जैसा सोच रहा था और जिस तरह से व्यवहार कर रहा था, इसकी तमाम सूचनाएँ लेखक ने विश्वसनीय बनाकर प्रस्तुत की हैं। अंग्रेज किस तरह से भारत को धर्म, सम्प्रदाय, जाति, भाषा इत्यादि में बाँटकर कमजोर कर रहे थे, इस देशकाल वातावरण को उपन्यास में 'फूँट का काला मुँह' प्रकरण में लेखक ने हिन्दुस्तानी जर्जर मानसिकता और अंग्रेजों द्वारा उसका फायदा उठाने की मनोवृति को चित्रित किया है। यह उपन्यास उस समय के सामाजिक और राजनीतिक, आर्थिक, सांस्कृतिक माहौल का प्रामाणिक चित्रण करता है। कथानक-विकास और देशकाल के यथार्थ की अभिव्यक्ति की जो प्रणाली लाला श्रीनिवासदास ने प्रस्तुत की है उससे काफी लेखक प्रभावित रहे हैं। चरित्र-चित्रण करने की उनकी विधियाँ अनेक उपन्यासकारों पर असर डालती रही हैं। लेखक ने कथानक के अनुसार चरित्र-चित्रण किया है। इस कहानी की केन्द्रीय समस्या खर्च और आमदनी में ताल-मेल न बिठा सकने वाले नवयुवकों की है। इनका प्रतिनिधित्व मदनमोहन करता है। लेखक ने अत्यन्त मनोयोग से उसकी चारित्रिक रेखाएँ उभारी हैं। उसकी बिगड़ी हुई आदतों को सुधारने के लिए लेखक ने एक सजग पात्र ब्रजकिशोर की कल्पना की है। वह नायक का मित्र है। सहनायक होने के कारण उनका चरित्र-चित्रण भी काफी स्थान घेरता है। उपन्यास का कथानक व्यापारिक घरानों की व्यवहारिकता पर टिका है। इस उपन्यास में केवल एक ही स्त्री चरित्र है और वह है मदन मोहन की पत्नी। लेखक ने अपना कथा-कौशल दिखाते हुए अनावश्यक रूप से स्त्री पात्र नहीं रखें हैं जबकि उस दौर में प्रेम केन्द्रित श्रृंगारिक कथाएँ काफी लोकप्रिय थी। लेखक चरित्र-चित्रण करते हुए सावधान रहा है। पहली बार चारित्रिक दृष्टि से केन्द्रीय पात्र की दुर्बलताओं को उजागर करने का

साहस किसी कथाकार ने प्रदर्शित किया है। यह चरित्र-चित्रण की वैज्ञानिक दृष्टि है।

लाला श्रीनिवासदास ने 'परीक्षा गुरु' में अपने पात्रें के चरित्र-चित्रण की व्यावहारिक और वैज्ञानिक वजहें बताई है। उनका मानना है कि 'मनुष्य का जातीय स्वभाव बड़ा प्रबल है। आदत की यह सामर्थ्य है कि यह मनुष्य की इच्छा न होने पर भी अपने अनुसार काम करा लेती है। धोखा दे देकर मन पर अधिकार कर लेती है, जब जैसी बात मंजूर होती है तब वैसी ही युक्ति बुद्धि को सुझाती है।' लेखक इस कथन के आधार पर मदनमोहन का चरित्र गढ़ता है। इस चित्रण को विश्वसनीस बनाने के लिए ब्रजकिशोर का यह वर्णन देखिए—'स्वभाव क्यों नहीं बदल सकता है? मनुष्य के चित से बढ़कर कोई वस्तु कोमल और कठोर नहीं है। वह अपने चित को अभ्यास करके चाहे जितना कम, ज्यादा कर सकता है।' यह पंक्तियाँ केवल मदनमोहन के चरित्र-चित्रण की तरफ इशारा नहीं करती ब्रजकिशोर को ऐसे पात्र के रूप में प्रस्तुत करती हैं जिसका चरित्र एक धैर्यवान सच्चे मित्र का है। मुंशी चुन्नी लाल का चरित्र केवल एक वाक्य में उजागर हो जाता है— 'स्वभाव में चालाकी, ठेठ स्वार्थी।' इसके अलावा इस उपन्यासकार ने चरित्र-चित्रण की कई पद्धतियाँ निर्मित की हैं। जिसमें पात्रों के परस्पर वाद-विवाद और वाचक की टिप्पणियाँ भी शामिल हैं। लेखक ने केवल एक गतिशील पात्र मदनमोहन कल्पित किया है, बाकी सभी पात्र शुरु से लेकर आखिर तक एक समान बने रहते हैं। सभी पात्र सरल हैं। उनमें जैनेन्द्र के पात्रों की तरह मनोग्रंथि नहीं है। यह पात्र एक प्रकार से लेखक के विचारों को व्यक्त करने के ही माध्यम हैं। लेखक ने उन्हें वर्गीय चरित्र बनाया है। मदनमोहन दिशाहीन युवा है। मुंशी चुन्नी लाल और मास्टर शिम्भुदयाल चालाक, स्वार्थ सिद्धि में निपुण, छल-कपट करने वाला और फंसने पर चापलूसी करने वाले चरित्र है। इनमें भी चुन्नी लाल घातक रूप से चालाक व्यक्ति है। इनके अलावा हकीम अहमद हुसैन, बाबू वैजनाथ, पुरुषोत्तमदास एक-दूसरे से ईर्ष्या करने वाले स्वार्थी और चापलूस लोग हैं। इसमें केवल ब्रजकिशोर आदर्श पात्र के रूप में चित्रित हुआ है। लेखक ने पात्रों की चारित्रिक रेखाएँ उनके स्वभाव, आदतों और वर्ग के हिसाब से निर्धारित की हैं। यह पद्धति स्वाभाविक और यथार्थवादी है। पात्रों का क्रिया-व्यापार उनके चरित्र को तय कर देता है।

उपन्यास में लाला श्रीनिवासदास ने पात्रों के आपसी संवाद या कथोपकथन का रचनात्मक प्रयोग किया है। पहला उपन्यास होने के बावजूद इस उपन्यास में लेखक ने दो या दो से अधिक पात्रों के वार्तालाप के सहारे चरित्र-चित्रण करने के साथ-साथ कथानक को भी विकसित किया है। इससे प्राचीन भारतीय कथा रूढ़ियाँ टूटी है। पहले लेखक किसी उद्देश्य की तरह कथा को बाँचता था। लाला श्रीनिवासदास ने इस क्रम को बदल दिया। इससे उपन्यास वर्तमान को दर्ज करने लगा। पहले कहानी केवल अतीत में ही घटित होती थी। उपन्यास में सम्पन्न कार्य वर्तमान काल में

घटित क्रियाव्यापार लगता है। इससे स्वाभाविकता आती है। लेखक ने 'निवेदन और बातचीत' शीर्षक प्रकरणों में यह निर्दिष्ट किया है कि पात्रों के संवाद संक्षिप्त, सरल, सहज, सरस, सतर्क, सार्थक, अवसर के अनुकूल, पात्रों और उनकी रूचियों के अनुकूल होने चाहिए लेकिन 'परीक्षा गुरु' के संवादों में कई जगह आवश्यक फैलाव है। जिससे कथारस बाधित होता है। इसके बावजूद बाकी सभी विशेषताएँ और खास करके वाद-विवाद से कथानक विकसित करने वाले इस उपन्यास में मौजूद हैं। लेखक ने नाटक के रंग-संकेतों का इस्तेमाल करते हुए इसमें और अधिक सजीवता का संचार किया है। यह वार्तालाप, देशकाल, पात्रों के वर्गीय मनोदशाओं के अनुसार है। इसमें लेखक ने दिल्ली में उस समय बोली जाने वाली भाषा की स्थानीय बनावट प्रदर्शित की है। यह जरूर है कि इसमें व्याकरण के नियमों का ध्यान नहीं रखा गया है। पात्रों के संवाद लम्बे हैं। उसमें उपदेशात्मकता है। फिर भी लेखक ने ऐसी भाषा शैली प्रस्तुत की है। जिस पर हिन्दी के उपन्यासकार चले है।

हिन्दी उपन्यास परम्परा में लाला श्रीनिवासदास का 'परीक्षा गुरु' इस मायने में भी महत्त्वपूर्ण है कि लेखक ने अपने समकालीन और बाद में आने वाले लेखकों को यह लेखकीय जुगत भी सिखाई है कि बेहतर भाषा-शैली किस प्रकार अर्जित की जाए। 'निवेदन' में उन्होंने यह बताया है कि 'उपन्यास की भाषा शैली में स्वाभाविकता लाने के लिए उपन्यासकार को क्या प्रयास करने चाहिए'— 'दिल्ली के कल्पित रईस' को जैसा का तैसा दिखाने के लिए संस्कृत अथवा फारसी अरबी के कठिन शब्दों की बनाई हुई भाषा के बदले दिल्ली के रहने वालों की साधारण बोल-चाल पर ज्यादा दृष्टि रखी गयी है। अलबत्ता जहाँ कुछ 'विधा विशेष' आ गया है वहाँ विवश होकर कुछ-कुछ शब्द संस्कृत आदि के लेने पड़े हैं।' यह पंक्तियाँ बताती हैं कि लेखक पंड़िताऊपन से बचते हुए अपने उपन्यास की भाषा को किताबी बनाने के बजाय व्यवहारिक बनाना चाहता है। इसलिए उसके भाषिक स्रोत जनजीवन से तराशे गये है। यह उपयोगितावादी व्यावहारिक नजरिया है। उन्होंने उर्दू, फारसी, संस्कृत, अंग्रेजी के भी जन-प्रचलित ऐसे सरल शब्द रखे हैं जिसकी तत्समता शास्त्रीय है— कोशिश, मुंसीफ, पुष्ट, प्रतिपक्षी, धैर्य, द्रुत, फर्माइश, गफलत गुस्ताखी, फिजूल कमीशन, स्टाम्प, एडीटर इत्यादि शब्दों को उन्होंने आसानी से हिन्दी का बना दिया है। शब्दों के हिन्दीकरण के सिलसिले में उन्होंने 'बेप्रयोजन', 'असरकारक', 'आर्टीकलों' जैसे प्रयोग भी किए हैं। सबसे मुख्य बात यह है कि लेखक ने यह सिखाया है कि भाषा-शैली विषय के अनुरूप होनी चाहिए। उन्होंने ऐसे प्रयोग भी किए है— 'मनुष्य के मन में ईश्वर ने अनेक प्रकार की प्रवृति उत्पन्न की है। जिसमें परोपकार की इच्छाशक्ति और न्यायप्रियता, धर्म प्रवृति में गिनी जाती हैं।' यहाँ 'विधा-विशेष' के कथा प्रसंग होने के कारण लेखक संस्कृत के तत्सम शब्दों का आसान और सहज प्रयोग करता है। इसके अलावा लेखक ने कथा-प्रसंग का ध्यान

रखते हुए अपने भाषा-कौशल का प्रयोग किया है- 'मदनमोहन भी प्रारम्भ में उससे (पत्नी से) बहुत की प्रीति रखता था परन्तु जब से वह चुन्नी लाल और शिंभूदयाल आदि नए मित्रों की संगति में बैठने लगा, लाल रंग की छुटकनी, वेश्याओं के झूठे हावभाव देखकर लोटपोट हो गया!' अय! क्या जोबन खिल रहा है।' वल्लाह! क्या बहार आ रही है', चश्मेबदूर क्या भोली-भोली सूरत है!' अय! परे हटो', 'मैं सदके! मैं कुर्बान! मुझे न छेड़ो! 'खुदा की कसम! मेरी तरफ तिरछी, नजर से न देखो!' बस यह बातें चित्ता में चुभ गयी। किसी बात का अनुभव तो था नहीं। तरूणाई की तरंग, शिंभूदयाल और चुन्नीलाल आदि की संगति, द्रव्य और अधिकार के नशे में ऐसा चूर हुआ कि लोक-परलोक की कुछ खबर न रही।' कुल मिलाकर इस लेखक ने ऐसी भाषा आविष्कृत की है जिसमें किसी भी भाषिक स्रोत से परहेज नहीं किया गया है। लेखक भाषिक आलंकारिकता या चमत्कार-प्रदर्शन से बचते हुए सहज स्वाभाविक भाषा का इस्तेमाल करता है– 'पन्ने सी हरी घास की भूमि पर मोटी सी ओस की बूंदे बिखर रही थी और तरह-तरह की फुलवारी हरी मखमल में रंग-रंगीनें बूंदों की तरह बड़ी बहार दिखा रही थी। यहाँ लेखक की भाषा में काव्य भाषा की शक्ति दिखाई देती है।

प्रेमचन्द ने अपनी भाषा को हिन्दी पट्टी में बोली जाने वाली लोकोक्तियों और मुहावरों से समृद्ध किया है। लाला श्रीनिवासदास ने ही यह रास्ता उन्हें दिखाया था। उन्होंने मुहावरें-लोकोक्ति का इस्तेमाल करते हुए अर्थ-विस्तार किया है। पात्रों का चरित्र-चित्रण करने में उन्होंने मुहावरों का बेहतरीन इस्तेमाल करते हुए भाषा पर अपनी पकड़ साबित की है। चुन्नी लाल के बारे में जब यह कहा जाता है– 'जवानी जमा खर्च करने और कागज के घोड़े दौड़ाने में बड़ा धुरंधर था' शिंभुदयाल, मदनमोहन को 'रस का रसिक' बनाने के साथ स्वयं ही 'फूल के कीड़े की तरह' व्यवहार करने लगा' बाबू वैजनाथ के 'हाथी के दाँत खाने के और दिखाने के और' यह मुहावरे बता देते हैं कि इन पात्रों का चरित्र चालाकी, छल-कपट और दुष्टता से बना है। इस उपन्यास में लाला श्रीनिवासदास ने दिल्ली की स्थानीय रंगत को भाषा में उतारा हों, यह सूत्र बाद में चलकर रेणु, शैलेश मटियानी, कृष्णा सोबती, जगदीशचन्द्र जैसे समर्थ लेखकों ने इस सूत्र का विकास किया है। आचंलिक उपन्यासकारों में भी अपनी भाषिक प्रणाली इसी प्रणाली पर विकसित की है। दिल्ली में उस समय जो खड़ीबोली प्रचलित थी उसका इस्तेमाल करते हुए लेखक ने 'बारह रूपे, परकेज कबूतर, मुझ सै पूछते, वहाँ सै उठा, चीजै, पहलै, इनै, उन्नै, झूठां, इसका मालिक बन बैठे, इस्मै कौन आश्चर्य है। कोई कार्य कराया चाहते (आन-बान) ठसक किसकों नहीं दिखलाना चाहते।'–यह भाषिक प्रयोग बताते हैं कि लेखक ने जन-प्रचलित शब्द और वाक्य सीधे जन-जीवन से उठाए हैं। भाषा की इस निर्मिति के साथ-साथ उन्होंने पात्रों की संवाद-योजना में जहाँ स्वाभाविकता का संचार किया है, वहीं

वातावरण को सजीव बनाते हुए कथोपकथन को यथार्थ रूप में प्रस्तुत करने का प्रयास भी किया है। उपन्यास में इस्तेमाल की गयी काव्य पंक्तियाँ ब्रजभाषा की हैं। जिससे यह पता चलता है कि उस समय कविता की भाषा ब्रजभाषा ही थी। गद्य खड़ी बोली में लिखा जा रहा था। भाषा-शैली के नजरिये से हिन्दी का यह पहला उपन्यास इसलिए महत्त्वपूर्ण है कि इसमें लेखक ने, दूसरे लेखकों से यह अपेक्षा की है कि वे भाषा अनिवार्य तौर पर जनजीवन से अर्जित करेंगे क्योंकि उस भाषा में जीवन धड़कता इसलिए हैं क्योंकि वह प्रत्यक्ष और सजीव भाषा होती है। भाषिक धरातल पर लाला श्रीनिवासदास ने बड़ा रचनात्मक संघर्ष किया है। वह भी इसलिए महत्त्वपूर्ण है कि उसने यह तथ्य साबित किया कि महान रचनाएँ आखिरकार वही होती है जिसमें जनता की भावनाएँ जनता की भाषा में व्यंजित होती है।

'परीक्षा गुरु' एक निश्चित उद्देश्य को लेकर चलने वाला उपदेश-प्रधान उपन्यास है। लेखक हर पक्ष को स्पष्ट कर देना चाहता है। इसीलिए इसमें विवरण अधिक हैं। लेखक का उद्देश्य युवावर्ग को सही रास्ते पर चलने सामाजिक बुराईयों को दूर करने और देश-दशा से परिचित कराने का रहा है। लेखक ने पात्रों की आपसी बहस को तीखी जिरह के रूप में नियोजित किया है। इसमें कई जगह नीरस बौद्धिकता आ गयी है। इस उपन्यास में बाहरी संघर्ष या कार्य-व्यापार कम है। इसके बावजूद लेखक ने आसान भाषा में आस-पास के पात्रों के माध्यम से अपने समय और समाज का प्रामाणिक चित्रण किया है। उपन्यासकार अपने समय का आलोचक होता है या व्याख्याकार की भूमिका निभाता है। लाला श्रीनिवासदास ने दूसरी भमिका का निर्वाह किया है। पूर्व परम्परा के अभाव के बावजूद उन्होंने एक नयी विधा में लिखने का जोखिम उठाया और काफी हद तक सफलता भी पाई है। आज भले ही संरचनात्मक बनावट की दृष्टि से यह उपन्यास सफल दिखाई नहीं देता लेकिन इसने परवर्ती उपन्यासकारों को कथ्य के अनुरूप पात्र चयन, चारित्रिक गठन, संवाद योजना जैसे तत्त्व सिखायें हैं। स्थूल कथानक और सुनिश्चित घटनाक्रम तथा उपदेशात्मकता इत्यादि इसकी कमियाँ नजर आती हैं, बावजूद इसके उपन्यासकारों, कथा आलोचकों और उपन्यास के गम्भीर पाठकों को इससे टकराना ही पड़ता हैं।

जैनेन्द्र : परख (1929)

स्त्री-पीड़ा की परख

जैनेन्द्र ने गद्य की तीन प्रमुख विधाओं—उपन्यास, कहानी और निबन्ध में प्रचुर रचनात्मक लेखन किया। उपन्यास, कहानी, निबन्ध के अतिरिक्त दो नाटक इसका साक्ष्य हैं। प्रेमचन्द के आदर्शोन्मुखी यथार्थवाद के बाद मनोवैज्ञानिक यथार्थवाद की अन्तर्मुखी गठन की जैनेन्द्रीय शैली ने प्रेमचन्दोत्तर गद्य का मुहावरा बदल दिया। प्रेमचन्द द्वारा प्रस्तावित सामाजिक सच्चाईयों को कथा-साहित्य का विषय बनाने वाली धारा की प्रतिपक्षी कथाधारा का प्रतिनिधित्व जैनेन्द्र ने किया। बाद में इनके साथ अज्ञेय और इलाचन्द्र जोशी भी जुड़े। जैनेन्द्र पर प्रेमचन्द द्वारा प्रस्तुत सामाजिक यथार्थवाद, फ्रायडीयन मनोविश्लेषणवाद के साथ गाँधीवाद का भी गहरा असर पड़ा। कहना होगा कि इन दोनों विचारधाराओं के संश्लेषण से जैनेन्द्र का वैचारिक धरातल बनता है। सामाजिक विसंगतियों से जैनेन्द्र गाँधीवादी तरीकों से टकराते हैं। उनका आवेश गाँधीवादी है तो रोमान फ्रायड के अवचेतनवाद से हिचकोले खाता है। दरअसल प्रेमचन्द के बाद हिन्दी उपन्यास की जो व्यक्तिवादी उपन्यासों की धारा अस्तित्त्व में आई; व्यक्ति को महत्त्वपूर्ण मानने वाले इस धारा के कथाकारों पर मनोविश्लेषणवाद का गहरा असर है। इलाचन्द्र जोशी और अज्ञेय के साथ जैनेन्द्र इस धारा के केन्द्रीय रचनाकार हैं। पाठकीय चेतना को झटका देने वाले नये कथा विषय, पात्रों का अटपटा सलूक और कथ्यरूपगत कौशल इत्यादि विशेषताओं के साथ जैनेन्द्र अलग से पहचाने गये।

फ्रायड, एडलर और युंग की मनोविश्लेषण सम्बन्धी मान्यताओं के असर के चलते जैनेन्द्र के उपन्यासों में मनुष्य के आन्तरिक सत्य, दमित मानवीय वासनाएँ, अतृप्ति से उपजी कुंठा-दमन और हीन-ग्रंथियों का सूक्ष्म चित्रण मिलता है। जैनेन्द्र व्यक्ति के सत्य को उसके आंतरिक और बाह्य व्यक्तित्त्व का नियामक मानते हैं। 'परख', 'सुनीता', 'त्यागपत्र', 'कल्याणी' जैसे उपन्यासों में व्यक्ति की पड़ताल

उन्होंने इसी मानक पर की है। गाँधीवादी विचार-प्रणाली जैनेन्द्र के यहाँ है। इसीलिए जैनेन्द्र अहं और दंभ के विसर्जन के लिए पीड़ा और व्यथा को महत्त्व देते हैं। उनके पात्र घनघोर कामगत यातनाएँ झेलते हैं। यह पीड़ा का सघन धरातल है। जैनेन्द्र के पात्र इलाचन्द्र जोशी के पात्रों की तरह मनोग्रंथियों के शिकार होते हैं लेकिन जोशी की अपेक्षा जैनेन्द्र अपने पात्रों का अधिक वैज्ञानिक, तार्किक और सुलझा चित्रण करते हैं।

जैनेन्द्र ने उपन्यास का सौन्दर्यशास्त्र बदल दिया। उपन्यास को कई कथा-रूढ़ियों से मुक्त करने के लिये भी जैनेन्द्र पहचाने गये। उनके आने से बच्चन सिंह मानते हैं कि 'उपन्यास स्वयं में अधिक स्वायत्त हो गया। उनका उपन्यास समाज या व्यक्ति को बदलने का दावा नहीं करता और न ठोस भौतिक पदार्थो से उसका कोई नाता होता है। उसकी नयी भाषिक संरचना, काव्यात्मकता और प्रतीक-विधान, काल-चेतना आदि में जो परिवर्तन आया उसे षट्तत्त्ववादी सिद्धान्तों से नहीं परखा जा सकता है। सब मिलाकर वह एक पैटर्न बनाता है जिसमें परिस्थितिगत व्यक्ति चिन्तनग्रस्त होकर अन्तर्मथन करता है। परम्परित उपन्यासों में व्यक्ति या समूह-समाज से लड़ता है तो जैनेन्द्र के उपन्यासों के व्यक्ति अपने से लड़ते हैं। उसमें स्थूल सामाजिक नैतिक संघर्ष के स्थान पर आत्मस्थ नैतिक संघर्ष और जटिल मानसिकता मिलती हैं।' बच्चन सिंह के अनुसार 'परख', 'सुनीता', 'त्यागपत्र', 'कल्याणी', 'सुखदा', 'विवर्त', 'दशार्क', 'व्यतीत', 'अनामस्वामी', 'जयबर्द्धन', 'अतंतर', 'मुक्तिबोध', 'तपोभूमि' इत्यादि उपन्यासों में जैनेन्द्र के मुख्य उपन्यास तीन हैं– 'परख', 'सुनीता' और 'त्यागपत्र'। शेष उपन्यास उन्हीं के एक्सटेंशन हैं।' यानी यह क्रमागत कथाएँ हैं; दोहराव नहीं हैं। इनमें उनका पहला उपन्यास 'परख; कई वजहों से महत्त्वपूर्ण है। 'उसका प्रेम अशरीरी और प्लेटोनिक है। वह प्रेम सत्यधन से करती है और विवाह बिहारी से। छायावादी कवियों की तरह इसमें भी रहस्य, दर्शन, जिज्ञासा, विस्मय का घोल है। वैवाहिक जीवन में भी शारीरिक सम्बन्ध के विषय में कट्टो के प्रश्न हैं– 'बिहारी बाबू बिहारी बाबू, क्या यह नहीं हो सकता– क्या हम भी दो ऐसे नहीं हो सकते– दूर, फिर भी बिल्कुल पास, अलग, फिर भी अभिन्न; दो, फिर भी एक, एक ही उद्देश्य एक ही जीवन-लक्ष्य में पिरोए हुए? 'कट्टो के साथ यह जैनेन्द्र भी आत्मपृच्छा (सेल्फ क्वेयचनिंग) है। यह प्रश्न पाठकों के सामने भी है, वे सोचे उपन्यासकार का काम जहाँ समाप्त होता है वहाँ से पाठक का शुरु होता है। जैनेन्द्र द्वारा पाठक की समझदारी पर विश्वास करने की बात चन्द्रकान्त वादिवड़ेकर भी करते हैं।

जैनेन्द्र स्त्री-मुक्ति और विवाह को आमने-सामने रखकर देखते हैं। 'सुनीता' का कथानक भी अत्यन्त झीना है और यह यथार्थपरक उपन्यास नहीं है, किन्तु मानसिक स्तर पर वैसी समस्या उठती है। स्थूल रूप से इसमें भी विवाह और प्रेम की समस्या है। इसके साथ घर की एकरसता की समस्या। यह एकरसता किसी आर्थिक-सामाजिक

कारण से नहीं उत्पन्न होती। इसकी उत्पत्ति का मुख्य कारण है बँधा हुआ जीवन। तालाब के जल को जब निकास नहीं मिलता तब उसमें सड़ाँध आ जाती है। विवाह एक सामाजिक व्यवस्था है। जिसका अर्थ खो गया है या फिर उसे वह अर्थ कभी भी नहीं मिला जिसे समाज ने दिया था।'' जिसे सामाजिक सम्बन्ध माना जाता रहा उसके टूटने से कई नैतिक सामाजिक और निजी दिक्कतें और सवाल खड़े हो गये है। सही-गलत और पाप-पुण्य के निष्कर्षात्मक प्रश्न उठने लगे। 'त्यागपत्र' की शुरुआत ही इस प्रश्न से होती है– 'नहीं भाई, पाप-पुण्य की समीक्षा मुझसे नहीं होगी।' आज तो पाप-पुण्य के बीच खिंची हुई पारम्परिक विभाजन रेखा और भी मिट गयी है। जैनेन्द्र सत्-असत् की पूर्वनिधारित कोटियों में विश्वास नहीं करते हैं। उपन्यास वैवाहिक विड़म्बना पर आधारित है। विवाह का सम्बन्ध केवल दो व्यक्तियों से ही, पूरे समाज से है। इस विडंबना का शिकार है मृणाल।' यह विडम्बना प्रश्न उठाती है क्योंकि यह समस्यामूलक है। बच्चन सिंह सही कहते हैं कि 'जैनेन्द्र के सभी उपन्यासों की मूल समस्या घर-बाहर के इर्द-गिर्द घूमती है। 'त्यागपत्र' के बाद वे अपने को दुहराने लगते है। घर-बाहर की समस्या उनकी अपनी भी है। घर के घेरे के बाहर वे स्वयं नहीं जाते। बाहर जाकर भी घर में लौट आते हैं। बाहर के खुलेपन से, जीवन की हलचलों से मुक्त उनके पात्र प्रायः मनोरोगी, आत्महंता और निर्वासित हैं।' जैनेन्द्र के यहाँ स्त्रियाँ आत्मग्रस्त और पुरुष नपुंसक हैं।' असल में जैनेन्द्र के उपन्यासों में नया बनता हुआ स्त्री-समाज है। वह आत्मग्रस्त नहीं, आत्मसजग हैं। पुरुष नपुंसक नहीं, खुद को समझने और अपनी 'डिजायर' को साफ-साफ कहने वाली स्त्रियों के सामने ठिठके हुए चुप हैं। जबकि बच्चन सिंह इसे केवल घर की दुनिया के आसपास जोड़कर देखते हैं बुनावट के धरातल पर बच्चन सिंह जैनेन्द्र के काम को अहमियत देते हैं। उनका मानना है कि जैनेन्द्र के माध्यम से उपन्यास की नयी रूपात्मक आधुनिक प्रविधियों से हिन्दी उपन्यास में कुछ नया अवश्य जुड़ा है। जैनेन्द्र का औपन्यासिक रूप भी नया है और भाषा भी। जैनेन्द्र अपनी रचना-प्रक्रिया में पाठक को भी सम्मिलित करते हैं।' उस समय यह नयी बात थी। इसी कथ्यरूपगत नएपन के कारण जैनेन्द्र प्रेमचन्दोत्तर महत्त्वपूर्ण कथाकार के रूप में प्रतिष्ठित हुए है।

'वूमेन विद दी पॉवर' की अवधारणा हिन्दी उपन्यास में पहली बार जैनेन्द्र ने प्रस्तुत की। उनके स्त्री पात्र ऐंद्रिक आशयों खासकर काम-संवेदना की छिपाती नहीं हैं बल्कि 'सेक्सुलिएटी' को अपने नजरिए से परिभाषित करती हैं। विवाहेत्तर सम्बन्धों से उन्हें परहेज नहीं है। स्वच्छन्द होते हुए भी वे उदात्त हैं। हालाँकि उनकी चारित्रिक बनावट कई जगह जटिल है। वहाँ वे असहज, अपसामान्य और अस्वाभाविक लगती हैं। जैनेन्द्र के यहाँ कुछ आलोचक एक ही चरित्र का विकास, सपाट कथानक, जीवन की सतही समस्याएँ देखते हैं। इसके बावजूद जैनेन्द्र अपने समय की नई स्त्री

को पहचान रहे थे। डॉ. वांदिवडेकर के अनुसार जैनेन्द्र के कथा-साहित्य की एक महत्त्वपूर्ण विशेषता है– स्त्री के अस्तित्त्व की पहचान का आग्रह। उन्होंने नारी मन की तहों को खोलकर रख दिया। आधुनिक आनुभूतिक संवेदना ने मानवीय संस्कारों को नवीनत्व किया। स्त्री-पुरुष सम्बन्धों तथा नैतिक मूल्यों में परम्परागत भाव के स्थान पर नवीन संवेदना का सृजन हुआ। जैनेन्द्र की कथा-चेतना ने भी प्रथानुगामी अनुभव से टकराने के कारण प्रणय, रोमानियत आदि प्रसंगों में संकोच का अनुभव नहीं किया। प्रेम को उन्होंने धर्म माना। शरत्चन्द्र के उपन्यासों में प्रेम की प्रधानता देख उन्हें धर्मग्रंथ की संज्ञा दी। 'हिन्दी के शरत्' कहलाने वाले जैनेन्द्र ने भी प्रेम को मनुष्य की सहज, स्वाभाविक प्रवृति मानकर प्रासंगिकता के साथ अभिव्यक्त किया। युग के तनावों के बीच स्त्री के हृदय के संघर्ष को उसके संवेगों को दर्शाया।' यह संघर्ष आंतरिक है; बाहरी संघर्ष जैनेन्द्र के यहाँ नहीं है।

जैनेन्द्र के पात्र अप्रत्याशित हैं। मनुष्य के जीवन में अतार्किक उनकी मनोदशा अनिश्चित रहती है। अनिश्चितता की बहुत बड़ी भूमिका होती है। मनुष्य-मन का आकलन असम्भव होता है। असल में जैनेन्द्र हिन्दी के पहले उपन्यासकार हैं जो पाठक से भावुकतावादी समझदारी की अपेक्षा करते हैं। इस समझ को तार्किक नहीं कहा जा सकता है। 'कल्याणी' में स्त्री डॉक्टर के मन की विचित्र खींचतान चित्रित की गयी है। स्त्री से पातिव्रत्य की अपेक्षा करना और घर से बाहर नौकरी करते वक्त पुरुष-समाज-सम्पर्क न करने की विधि-निषेध के बीच छटपटाने वाली नारी की पीड़ा बहुत त्रासद होती है। पुरुष, औरत को निजी संपत्ति मानकर मनचाहा इस्तेमाल करता है। स्त्री की मानसिक व्यथा की यह करूण कथा समसामयिक जीवन और नारी वेदना के अनेक सन्दर्भ खोलती है। जैनेन्द्र ने प्रतिनिधि चरित्र नहीं दिए। समाज के व्यापक चित्रण का प्रयास उन्होंने नहीं किया लेकिन उनके व्यक्तियों के चित्र भीतर तक छप जाते हैं। कुछ महत्त्वपूर्ण समस्याओं और मानवीय सम्बन्धों की जड़ तक जाने का वे सफल प्रयास करते हैं। स्वच्छन्द यौन सम्बन्ध, कामगत कुंठा, सामाजिक नियम-कानून, स्त्री जीवन की वर्जनाएँ जैसी पेचीदगियों में बुने जटिल अन्तर्विरोधग्रस्त जैनेन्द्र के उपन्यासों के कथानक गम्भीर पाठक की माँग करते हैं।

जैनेन्द्र ने पाठक की समझदारी पर विश्वास करते हुए अमूर्तन भी रचनात्मक इस्तेमाल किया हैं। 'परख' के प्रथम संस्करण की भूमिका का यह अंश विशेष है– 'मैंने जगह-जगह कहानी के तार की कड़ियाँ तोड़ दी हैं। यहाँ पाठक को थोड़ा कूदना पड़ता है। और मैं समझता हूँ, पाठक के लिए थोड़ा आयास वांछनीय होता है, अच्छा ही लगता है। कहीं एक साधारण भाव को वर्णन से फुला दिया है, कहीं लापरवाही से; कहीं हल्की धीमी कलम से काम किया है, कहीं तीक्ष्ण और भागती से। मैं समझता हूँ, सब कुछ चित्र में खूबी असलियत लाने के जरूरी हो पड़ता है। यह कम-ज्यादे रंग की शोभा रंग-बिरंगेपन में और स्वाद देती है। सभी पात्रों को मैंने

अपने हृदय की सहानुभूति दी है।...दुनिया में कौन है जो बुरा होना चाहता है और कौन है जो बुरा नहीं है, अच्छा ही अच्छा है? न कोई देवता है, न पशु। सब आदमी ही हैं, देवता से कम ही और पशु से ऊपर ही।' इस उद्धरण से यह तथ्य सामने आता है कि जैनेन्द्र की कहानी कहने के पद्धति परम्परागत नहीं है। उनके उपन्यासों की कथा-शृंखला की कड़ियाँ टूटी रहती हैं। यह इसलिए है कि कहानी कहना उनका उद्देश्य नहीं है। यही कारण है कि उनके उपन्यास आकार में अत्यन्त लघु हैं। जैनेन्द्र आदमी को मनुष्य के रूप में देखना चाहते हैं– देवता या दानव के रूढ़ रूपों में नहीं। दूसरे शब्दों में उनके उपन्यासों के पात्र 'टाइप' चरित्र न होकर, 'व्यक्ति' चरित्र हैं। व्यक्ति-चरित्र होने के कारण उनके पात्र असाधारण आचरण करते हैं। 'परख' की कट्टो, 'सुनीता' की सुनीता, 'त्यागपत्र' की मृणाल, 'कल्याणी' की कल्याणी, 'सुखदा' की सुखदा, 'विवर्त' की भुवनमोहनी, तथा इसी प्रकार अन्य उपन्यासों की केन्द्रीय स्त्रियाँ जिस प्रकार का आचरण करती है, वह सामान्य आचरण कतई नहीं हैं। जैनेन्द्र के उपन्यासों का कथा-साँचा प्रेम के त्रिकोण से बना है। स्त्री जिस पुरुष से प्रेम करती है उसके साथ उसका विवाह नहीं होता और जिससे विवाह होता हैं उससे वह प्रेम नहीं करती। प्रेमिका और पत्नी का द्वैत जैनेन्द्र के उपन्यासों की केन्द्रीय समस्या है। यह व्यथा गाथा बनकर उनके उपन्यासों में उभरी हैं।

'त्यागपत्र' को पढ़ने से यह बात स्पष्ट हो जाती है कि जैनेन्द्र का उद्देश्य किसी आदर्श पात्र की रचना करना नहीं है अपितु व्यक्ति के अन्तरंग को कुरेदकर उसकी असाधारणता और जटिलता को उद्घाटित करना है। यही कारण है कि मृणाल अपनी असाधारणता और जटिलता में हिन्दी कथा-साहित्य का एक अनूठा चरित्र बन सकी है और 'त्यागपत्र' एक चुनौती भरा उपन्यास। डॉ. हरदयाल ने सही पहचाना है कि जैनेन्द्र ने मनुष्य मन की जटिलता को समझने की चुनौती का सामना किया। उन्होंने आधुनिक मनोविश्लेषण शास्त्र को ऐसे पचाकर लिखा है कि वह कथा कहने की विशिष्ट शैली बन जाता है। जैनेन्द्र के उपन्यास मनोवैज्ञानिक हैं, क्योंकि उनमें मानव-मन के अपसामान्य क्रियाकलापों की घोषणा की गयी है। उनकी दृष्टि मनुष्य की आंतरिक सूक्ष्मता को पकड़ने पर केन्द्रित है, बाह्य क्रियाकलाप पर नहीं। आधुनिक मनोविश्लेषण शास्त्र की खोजों को कहीं उन्होंने प्रत्यक्ष रूप से ग्रहण किया है, कहीं अप्रत्यक्ष रूप से। अप्रत्यक्ष रूप से ग्रहण का उदाहरण 'जयवर्धन' है। यह उपन्यास डायरी शैली में लिखा गया है। डायरी का लेखक है एक विदेशी पत्रकार सिल्वर शेल्डन हूस्टन। हूस्टन एक सप्ताह के लिए भारत आया है। वह उस एक सप्ताह में यहाँ की राजनीति का अध्ययन करता है। उसे सत्तारूढ़ और विरोधी सभी का विश्वास प्राप्त है। वह राष्ट्राधिप जयवर्धन को समझने के लिए उसकी मानसिक ग्रंथियों का पता लगाना चाहता है। इसके लिए वह जयवर्धन की प्रेमिका इला पर विभिन्न मनोविश्लेषण प्रणलियाँ– मुक्त-आसंग, स्वप्न-विश्लेषण, प्रतिरोध-विश्लेषण

इत्यादि– का प्रयोग करता है। वह समझता है कि इला के अवचेतन को जानकर ही जयवर्धन की मनोग्रंथियों का पता लगाया जा सकता है। इस प्रकार हूस्टन की डायरी विश्लेषण की प्रणालियों से भरी पड़ी है।

जैनेन्द्र पर यह फ्रायड़ का प्रत्यक्ष प्रभाव है। मनोवैज्ञानिक उपन्यासों के लिए अन्य उपयुक्त शैलियों– आत्मकथा, पूर्वदीप्ति इत्यादि का प्रयोग भी जैनेन्द्र ने किया है। उनके उपन्यासों की वस्तु, उनकी चिन्तनपरकता इत्यादि ने उनके पात्रों के समान उनकी भाषा को भी असाधारण भंगिमा प्रदान की है। उनके उपन्यासों की भाषा सोचते हुए आदमी की भाषा है, जिसमें चिन्तक की निजी चिन्तन-प्रणाली प्रतिबिम्बित होती है। जैनेन्द्र के यहाँ द्वन्द्वात्मक मनोविश्लेषण शास्त्र के विधान पर टिप्पणी करते हुए विजयेन्द्र स्नातक कहते हैं कि जैनेन्द्र ने अन्तःसंघर्षो से जूझते अविस्मरणीय पात्र दिए हैं। उपन्यास को समष्टि केन्द्रित बिन्दु से व्यष्टिकेन्द्रित बिन्दु तक ले जाने का प्रयास किया है। जैनेन्द्र घटनाओं के घटाटोप में नहीं फँसे। कथानक के इस सीमित दायरे में पात्रों की संख्या भी सीमित हो गयी। घटनाओं के अभाव और पात्रों की अल्पसंख्या की ओर संकेत करते हुए स्वयं जैनेन्द्र कुमार ने लिखा है– "कहानी सुनाना मेरा उद्देश्य नहीं, अन्तः तीन-चार पात्रों से ही मेरा काम चल गया हैं।" मनोविज्ञान और दर्शन उनके वे सफल उपकरण हैं जिनकी सहजता से वे सामान्य को भी विराट की गरिमा दे देते हैं। घटनाओं की विरलता और दार्शनिक अन्तर्धारा के कारण चरित्र-चित्रण में स्वतः एक दीप्ति एवं असाधारणता आ गयी है। मानव की वृत्तियों का विश्लेषण करते हुए उन्होंने दो वृत्तियों की चर्चा की है। स्पर्धा और समर्पण दोनों परस्पर विरोधी है। स्पर्धा वृत्ति अहम्मन्यता का उन्मेष तथा पोषण करती हैं और किसी को सच्चा सुख लाभ नहीं करने देती। समर्पण वृत्ति 'स्व' को 'पर' पर उत्सर्ग कर देने की प्रवृत्ति है और उसके विस्तार के साथ अहम् वृत्ति का विगलन हो जाता है। जैनेन्द्र के उपन्यासों में 'सुनीता' और 'त्यागपत्र' कई दृष्टि से स्थापित नैतिक मूल्यों के अनुसार ग्राह्य न होने पर जैनेन्द्र ने नैतिकता का शरीर से विच्छेद्ध सम्बन्ध स्वीकार करते हुए उसे नवीन आलोक में देखा है। 'कल्याणी' में स्वतंत्र अस्तित्त्व तथा गार्हस्थिक दायित्व का संघर्ष चित्रित किया गया है। जैनेन्द्र ने प्रचलित विषय और शिल्प को अपर्याप्त सिद्ध किया। शैली की दृष्टि से जैनेन्द्र के उपन्यास मौलिक हैं। उनकी लेखनी की ही शक्ति है कि कथा की कड़ियाँ टूटी रहने पर भी पाठक की प्रतिक्रिया सम्पूर्ण के प्रति होती है और पाठक कथा के अन्तरालों को अपनी कल्पना से भरकर अपने में स्फूर्ति का अनुभव करता है। जैनेन्द्र हिन्दी उपन्यास में नये युग के प्रवर्तक हैं जो लीक छोड़कर चले और जिन्होंने हिन्दी उपन्यास को नयी दिशा में अग्रसर किया। बौद्धिक गहनता और नैतिक सूक्ष्म विश्लेषण में वे हिन्दी श्रेष्ठ उपन्यासकार हैं।

जैनेन्द्र के उपन्यासों में घटना-बहुलता और गम्भीर विवेचन मुख्य है। महत्त्व तो

इस बात का है कि लेखक की रचना ठोस जीवन केन्द्र पर स्थित है या नहीं, जीवन के मर्म को छूती है या नहीं। मनोविज्ञान की नव्यतम स्थापनाओं के अनुसार मनुष्य सभ्यता और संस्कार का आवरण डालकर सदा अपनी वृत्तियों को दबाने की चेष्टा करता है, किन्तु वे कभी अस्तित्त्वहीन नहीं होती। अपने उपन्यासों की तरह कहानियों में भी उन्होंने पूर्वप्रचलित कथा रूढ़ियों को तोड़ा। प्रेमचन्द के कथा साँचे को तोड़ दिया। जैनेन्द्र ने प्रेमचन्द, प्रसाद, यशपाल से अलग जिस कथाधारा को प्रस्तावित किया उसे अज्ञेय, इलाचन्द्र जोशी, प्रभाकर माचवे, अनंत गोपाल शेवड़े, डॉ. देवराज, नरेश मेहता, धर्मवीर भारती जैसे कहानीकारों ने व्यापकता और विस्तार दिया है।

प्रेमचन्द के बाद हिन्दी उपन्यास कुछ समय के लिए रूका हुआ सा दिख रहा था। ऐसे में जैनेन्द्र और यशपाल जैसे दो बड़े कथाकार हिन्दी कथा साहित्य में उभरे और उन्होंने अपने-अपने तरीके से हिन्दी उपन्यास को आगे बढ़ाया। यशपाल ने प्रेमचन्द के आदर्शोमुख यथार्थवाद को वास्तविक यथार्थवाद में बदल दिया। यशपाल के यथार्थवाद के पीछे वैज्ञानिक विचारधारा और सजगता काम कर रही थी। इसीलिए उनका यथार्थवाद आलोचनात्मक यथार्थवाद है। इस यथार्थवादी नजरिये से यशपाल स्त्री-पुरुष सम्बन्धों में आये स्वच्छन्द विचारों की हिमायत करते हैं। जैनेन्द्र भी बुनियादी तौर पर स्त्री-पुरुष सम्बन्धों के लेखक हैं। उनके यहाँ विचारधारा के नाम पर गाँधीवाद और अस्तित्त्ववाद का मिला-जुला प्रभाव है लेकिन जैनेन्द्र स्त्री जीवन के प्रश्नों को उठाते हुए अक्सर भावुकतावादी दार्शनिक बन जाते है। 'परख' जैनेन्द्र का शुरुआती उपन्यास है। यहाँ भी जैनेन्द्र बदलते हुए समय और समाज में औरत की तेजी से बदलती दुनिया, उसके द्वन्द्व, सांसारिक इच्छाए, निजी महत्त्वाकाँक्षाए इत्यादि का रचनात्मक वर्णन करते हैं।

जैनेन्द्र हिन्दी के शायद पहले कथाकार हैं जो ऐसी औरत की परिकल्पना करते हैं जो अपने अस्तित्त्व से जुड़े सभी पहलुओं के बारे में निजी राय रखती है। 'परख' सहित उनके लगभग सभी उपन्यासों के स्त्री चरित्र इसी साँचे में ढले हैं। किसी आलोचक ने कहा है कि जैनेन्द्र स्त्री-पुरुष सम्बन्धों का स्वच्छन्द विश्लेषण करने के नाम पर स्त्री देह का मनमाना चित्रण करते हैं। उनके यहाँ स्त्रियाँ अक्सर एक पुरुष की प्रतीक्षा में खुद को नष्ट कर देती हैं। उन पर आरोप लगाया जाता है कि वे स्त्री जीवन के दूसरे महत्त्वपूर्ण पक्षों को छोड़कर केवल उनकी कामभावनाओं को देखते हैं जबकि उनके समय की स्त्री का जीवन भी कई प्रकार की दूसरी मुश्किलों से भरा था। वह अगर किसी तरीके से शिक्षित हो भी जाती थी तो उसे व्यापक दुनिया से दूर रखा जाता था। उसे अपनी पसन्द के पुरुषों से बात तक करने से रोका जाता था और यह सब उच्च वर्ग की स्त्रियों की दुनिया थी। जबकि स्त्रियों का दूसरा बड़ा वर्ग हर तरीके से पुरुषों का गुलाम था। ऐसे में केवल अभिजात वर्ग की औरतों की गोपनीय दुनिया को उजागर करने से स्त्री जगत में कोई क्रान्ति नहीं होने वाली थी।

फिर सवाल उठता है कि जैनेन्द्र के उपन्यासों को इतनी प्रसिद्धि क्यों मिली? क्या जैनेन्द्र के स्त्री पात्र औरतों की मुक्ति का रास्ता दिखा रहे थे? या वह एक ऐसी भविष्य की औरत की तस्वीर पेश कर रहे थे जिससे सारे विधि-निषेध, परिवार की वर्जनाएँ और पुरुष द्वारा पहना दी गयी जंजीरों को तोड़ना था। जैनेन्द्र इन सब चीजों को संश्लिष्ट तरीके से उभार रहे थे। यह एक आधुनिक सोच थी। उनकी इस समझ को शीषर्कों-उपशीषर्कों या खानों में बाँटकर नहीं देखा जा सकता।

कई बार लगता है कि जैनेन्द्र ने औरतों से सम्बन्धित जो सवाल उठाए हैं उसे उन्होंने वक्त से पहले उठा दिया। आज हम जिस आत्मनिर्भर, ताकतवर औरत की छवि अपने समाज में देखते हैं। कथा साहित्य में सबसे पहले जैनेन्द्र ने उसे प्रदर्शित किया था। उन्होंने यह इशारा किया था कि दबाव और बंदिशें अगर ढीली नहीं की गयी तो एक दिन आयेगा, औरतें अच्छा-बुरा यानी सबकुछ मानने से इंकार कर देगी। यही वजह है कि जैनेन्द्र की अधिकतर स्त्री चरित्र विवाह नामक संस्था को नहीं मानती और मर्यादा इत्यादि से ऊपर उठकर धर्म, जाति, पद और आयु के भेदभाव को भूलकर अपनी पसन्द के पुरुषों के साथ सहजीवन बिताती हैं। इस तरह के सम्बन्धों में साथ कब तक रहना है, पुरुष नहीं स्त्रियाँ तय करती हैं। जाहिर है कि आज भी ऐसा करने वाली बहुत कम औरतें होगी लेकिन होगी जरूर क्योंकि आज कई बड़े शहरों में ही नहीं, छोटे शहरों में भी ऐसी अनेक स्त्रियाँ हैं जो एकल अभिभावक के रूप में बच्चों को पाल रही हैं।

जैनेन्द्र के उपन्यास बताते हैं कि औरत के इस कदम के पीछे पुरुष वर्ग की ज्यादतियाँ थी। उसके अत्याचार स्त्री का दम घोट रहे थे। इसलिए उनके यहाँ स्त्री पात्र विवाह के नाम पर काम-दासी बनने से इनकार करती हैं। वह स्त्री के स्वायत व्यक्तित्त्व, उसकी निजी पहचान को रेखांकित करती हैं। जैनेन्द्र का सबसे बड़ा योगदान यह है कि उन्होंने अपने कथा साहित्य में ऐसे स्त्री चरित्रों को प्रस्तावित किया है जो सारी ताकत को अपनी मुट्ठी में कर लेती हैं। आज हम जिसे स्त्री-सशक्तिकरण कहते हैं उसका पहला अनुभव जैनेन्द्र के 'परख', 'त्यागपत्र' जैसे उपन्यासों में दिखाई देता है। हाँलाकि जैनेन्द्र कई जगह तर्क की बजाय केवल भावुकता से काम लेते हैं क्योंकि ताकत किसे और कैसे मिलेगी इसे समझाए बिना वह प्रत्येक स्त्री को निर्णय लेने में स्वतंत्र शक्तिशाली इकाई के रूप में चित्रित करते हैं। यह दरअसल बांग्ला उपन्यासों का असर है। खासकर उस समय बांग्ला कथा-साहित्य के रोमानी काल्पनिक चरित्र काफी लोकप्रिय हो रहे थे। जैनेन्द्र पर भी इसका असर है। उन्होंने उस आधुनिक स्त्री की तस्वीर पहली बार प्रस्तुत की जिसे हम आज देख रहे हैं। जैनेन्द्र पर प्रेमचन्द, रवीन्द्रनाथ ठाकुर और गाँधी की विचारधारा और सोच का सीधा असर देखा जा सकता है। 'परख' 1930 में छपा। इससे एक साल पहले जैनेन्द्र का पहला कहानी संग्रह 'फाँसी' छप चुका था। जैनेन्द्र ने विपुल

मात्रा में कहानी संग्रह, 15 वैचारिक पुस्तकें, 2 यात्रा-वृतान्त और इसके अलावा उन्होंने चार उपन्यासों और 2 नाटकों का अनुवाद भी किया। उनकी सारी रचनाएँ 12 खंड़ों में प्रकाशित रचनावली में आ चुकी हैं। इससे साबित होता है अनेक साहित्यिक पुरस्कारों से सम्मानित जैनेन्द्र का हिन्दी कथा साहित्य में अमूल्य योगदान है।

जैनेन्द्र ने हिन्दी उपन्यास का स्वभाव बदल दिया। जैनेन्द्र व्यक्ति की आजादी का विचार लेकर आये। उपन्यास के परम्परित स्थापत्य में तोड़फोड़ हुए एक नयी भाषिक प्रणाली लेकर आये। जिसमें काव्य-भाषा की ताकत थी। उसमें गहरी प्रतीकात्मकता और कालबोध था। उनके उपन्यासों ने कथानक, पात्र, संवाद, देशकाल वातावरण इत्यादि पर टिकी तत्ववादी सैद्धांतिक उपन्यास– आलोचना को नाकाफी सिद्ध किया। इसीलिए उनके उपन्यास विषय के धरातल पर ही नहीं, रूपगत धरातल पर भी नया पैटर्न बनाते हैं। जैनेन्द्र समाज से पहले उसकी प्राथमिक इकाई व्यक्ति से शुरुआत करते हैं।

जैनेन्द्र ने अकेले व्यक्ति और विशेषकर स्त्री की समस्याओं, उसकी मानसिक जटिलताओं के साथ-साथ उसकी ताकत को भी पहचाना है। इसके लिए जैनेन्द्र व्यक्ति के जीवन की नाटकीयताओं को उभारते हुए उसके अस्तित्त्व और पहचान से सम्बन्धित मुश्किल प्रश्नों को उठाते हैं। कुछ आलोचक जैनेन्द्र पर ऐसे अस्तित्त्ववादी कथाकार होने का आरोप लगाते हैं जिसके यहाँ अपने समय और समाज की बड़ी लड़ाईयाँ गायब हैं। उनके पात्र अपने प्रतिपक्ष में खड़े लोगों से निर्णयात्मक या सक्रिय मुठभेड़ भी नहीं करते जबकि गहराई से देखें तो यह आरोप पूरी तरह से ठीक नहीं हैं। यहाँ पर जैनेन्द्र के पात्र दूसरे व्यक्तियों, समूह या समाज से लड़ने की बजाय खुद से जूझते हैं। उनके यहाँ साफ-साफ दिखने वाला सामाजिक या नैतिक संघर्ष नहीं है बल्कि वहाँ पर मानसिक और आन्तरिक संघर्ष मिलता है। उनके उपन्यासों के विषय दिल और दिमाग को झकझोरते हैं। उनके पात्र विपरीत परिस्थितियों में चिन्तन और मंथन करते हैं। वह भी एक प्रकार की लड़ाई है लेकिन जैसा कि पहले कहा यह लड़ाई बाहरी तौर पर स्थूल संघर्ष के रूप में दिखाई नहीं देती है। आन्तरिक संघर्ष जटिल होते हैं, इसलिए उनकी प्रस्तुति भी सूक्ष्म होती हैं। इसे 'परख', 'सुनीता', 'त्यागपत्र', 'कल्याणी', 'सुखदा', 'विवृत', दशार्क', 'व्यतीत', 'अनाम स्वामी', 'अनंतर', 'मुक्तिबोध', 'तपोभूमि' इन उपन्यासों में देखा जा सकता है। जैनेन्द्र की रचनात्मक प्रतिभा 'परख', 'सुनीता' और 'त्यागपत्र' में चरम पर पहुँची है।

'परख' जैनेन्द्र का पहला उपन्यास होने के बावजूद अनेक मायनों में एक प्रमुख उपन्यास हैं। इसमें सत्यधर्म, बिहारी और कट्टो के माध्यम से जैनेन्द्र प्रेम के नए रूपों को प्रस्तावित करते हैं। सत्यधर्म गाँव का पढ़ा-लिखा लेकिन सत्यनिष्ठा पर विश्वास

करने वाला युवक है। उसके परिवार में माँ के अलावा एक बहन है जो विवाहित होकर भी पति से अलग रहती है। परिस्थितियों के कारण सत्यधर्म कट्टो के सम्पर्क में आता है। पढ़े-लिखे होने के कारण सत्यधर्म के लिए एक अच्छे घर से शादी का प्रस्ताव आता हैं लेकिन आदर्शवादी होने के कारण वह अपने जीवन का बड़ा लक्ष्य कट्टो का पुनर्विवाह निर्धारित कर लेता है। इस उपन्यास की नायिका सत्यधर्म से सहमत नहीं है। उसका झुकाव बिहारी की बजाय सत्यधर्म की तरफ है। ऐसे में दोनों पात्रों के जीवन में गहरी उथल-पुथल मच जाती है।

'परख' का कथानक सरल दिखते हुए भी जटिल है। दोनों प्रमुख पात्र अपने मन की बात करने की बजाय परिस्थितियों के सहारे खुद को छोड़ देते हैं। यहाँ पर जैनेन्द्र उपन्यास के अन्त को आदर्शवादी रखते हैं। इस सिलसिले में वे प्रेम और विवाह से जुड़ी समस्याओं को आधुनिक नजरिये से विश्लेषित करने की कोशिश करते हैं। दरअसल यहाँ पर कट्टो के बहाने जैनेन्द्र अशरीरी लेकिन उदात्त प्रेम को रख देते हैं। यह अपने आप में एक समस्या है क्योंकि आधुनिक मनुष्यों का प्रेम आध्यात्मिक नहीं होता, वह अशरीरी भी नहीं हो सकता। ऐसा प्रेम केवल रोमानी कहानियों और फिल्मों में सम्भव है जबकि जीवन की हकीकत में इसकी कोई जगह नहीं है। शरीर एक यथार्थ है जबकि प्रेम अमूर्त लेकिन साफ-साफ पहचाने जाने वाली भावना है। उपन्यास की नायिका के सामने विचित्र विकल्प आता है। वह प्रेम सत्यधर्म से करती है और विवाह बिहारी से करना चाहती हैं। यह छायावादी किस्म का ऐसा आश्चर्यभरा रिश्ता है जिसमें दर्शन, रहस्य और जिज्ञासा है। फिर भी यह उस समय के समाज के मुख्य केन्द्र में उभरने वाले उस नारी वर्ग की मानसिकता को उजागर करता है जो दोराहे पर खुद को खड़ा पाती है। कट्टो के सवाल बहुत तीखे हैं। वह बिहारी से सीधे यह पूछने की हिम्मत करती है–'क्या यह नहीं हो सकता, क्या हम भी दो ऐसे नहीं हो सकते– दूर, फिर भी बिल्कुल पास-पास, फिर भी अभिन्न दो, फिर भी एक, एक ही उद्देश्य, एक ही जीवन लक्ष्य में पिरोये हुए?' स्पष्ट है कि यह नए तरीके के सवाल हैं और सहज ही अनुमान लगाया जा सकता है कि उस समय के पुरुषों ने इन सवालों को जब एक स्त्री के मुख से सुना होगा तो उनके मन में बसी हुई औरत छवि की तहस-नहस होकर बदल गयी होगी।

ऐसे सवाल जैनेन्द्र से पहले प्रेमचन्द के स्त्री चरित्र भी नहीं उठाते। यह दरअसल ऐसे प्रश्न हैं जो आत्म जिज्ञासा में बदल जाते हैं। पाठक के सामने जब यह सवाल आते हैं तो स्पष्ट है कि जैनेन्द्र का नज़रिया उसकी समझदारी पर विश्वास करना रहा है। उस पर अपना निर्णय थोपना नहीं। 'परख' में जैनेन्द्र एक स्त्री की मानसिक समस्याओं को मुख्य रूप से प्रेम के बहाने प्रस्तुत करते हैं जबकि 'सुनीता' में वह सीधे यह निर्णय दे देते हैं कि विवाह नामक सामाजिक संस्था नष्ट हो चुकी है। इससे भी आगे बढकर 'त्यागपत्र' में जैनेन्द्र स्त्री को बिल्कुल स्वतन्त्र कर देते

हैं। दरअसल उस समय सहजीवन जैसी कोई अवधारणा भारतीय समाज में नहीं थी जबकि जैनेन्द्र उस तरफ प्रत्यक्ष-अप्रत्यक्ष रूप से इशारा कर रहे थे। जैनेन्द्र के उपन्यासों की दुनिया घर और बाहर के बीच में फँसी हुई औरत के द्वन्द्व की दुनिया है। उसके स्त्री-चरित्रों को आत्मग्रस्त कहा जाता है जबकि उनमें एक नया बनता हुआ स्त्री समाज है। उनके स्त्री चरित्रों को आज हम ज्यादा साफ तौर पर देख समझ सकते हैं।

उपन्यास के नए शिल्प को प्रस्तावित करते हुए जैनेन्द्र ने यह रास्ता दिखाया है कि अनुभवों के सीमित संसार की विश्वसनीय और व्यापक प्रस्तुति कैसे सम्भव हैं। उनके उपन्यास घर और बाहर के द्वन्द्व में फँसे स्त्री चरित्रों की मानसिक और साँसारिक दुनिया को पाठक के आस्वाद के लिए सम्भव कर देते हैं। 'सुनीता' में वह घर के बँधे हुए एकरस जीवन से उबी हुई औरतों के मानसिक संघर्ष को एक धारावाहिक दर्द की तरह प्रस्तुत करते हैं। जैनेन्द्र इस उपन्यास में विवाह नामक सामाजिक व्यवस्था के अर्थ खोने का विलाप नहीं करते बल्कि इस उपन्यास के स्त्री चरित्र अपने वैवाहिक सम्बन्धों से टूटकर यह खुले शब्दों में कह देते हैं कि समाज ने विवाह के ऐसे सम्बन्ध निर्धारित किए ही नहीं जिससे स्त्री का जीवन विकसित हो सकता था। 'त्यागपत्र' में जैनेन्द्र स्त्री-पुरुष के सम्बन्धों को मर्यादावादी पाप-पुण्य के खानों में नहीं बाँधते। वहाँ सभी कुछ जीवन की स्थितियाँ निर्धारित करती हैं, इसलिए जैनेन्द्र यह तर्क देते हैं कि एक विवाहित स्त्री अगर घर की दीवारों से बाहर जाकर किसी अन्य पुरुष से सम्बन्ध बनाती हैं तो इसके पीछे अच्छा-बुरा या पाप-पुण्य नहीं देखना चाहिए क्योंकि उसे पुरुषों ने जैसी मुश्किल भरी जीवनगत स्थितियाँ दी हैं उसी का यह परिणाम है। यहाँ विवाह विडम्बना बन जाता है।

'परख' सहित जैनेन्द्र सभी उपन्यासों में लगभग एक जैसा विषय, एक ही पैटर्न की भाषा और एक ही साँचे में ढले चरित्र मिलते हैं। ऐसा कुछ आलोचक मानते हैं। घर से बाहर इन उपन्यासों में चित्रित औरतें अक्सर आत्महन्ता मानसिकता में जीती हैं। मनचाहा संसार न मिलने के कारण वे निर्वासित औरतें मनोरोगी बन जाती हैं यानी वे औरतें कई धरातलों पर आत्मग्रस्त हैं। जैनेन्द्र के उपन्यासों के प्रमुख पात्र मौके पर निर्णय लेने में अक्षम और कई जगहों पर वह दूसरी दुनिया के लगते हैं। दरअसल जैनेन्द्र ने पुरुष चरित्रों को उतने मनोयोग से नही तराशा जितनी तल्लीनता से स्त्री चरित्र को उजागर किया है। बारीकी से देखे तो जैनेन्द्र बनते हुए नये स्त्री-समाज को परिभाषित कर रहे थे। इसलिए उनके स्त्री चरित्र आत्मग्रस्त नहीं आत्म-सजग हैं। पुरुष चरित्र अनिर्णित मनस्थिति के नहीं, खुद को समझने और अपनी कामनाओं को साफ-साफ कहने वाली स्त्रियों के सामने ठिठके हुए चुप हैं। इन उपन्यासों की दुनिया घर की दुनिया से बाहर भी फैली हुई है।

जैनेन्द्र ने शक्तिसम्पन्न औरतों की शुरुआती छवि हिन्दी उपन्यास को दी। यहाँ

तक कि उनके 'कल्याणी' जैसे कमजोर उपन्यास में भी अर्थ अर्जित करने के लिए मजबूर औरत की दिमागी खींचतान चित्रित की गयी है। उसे घर चलाने के लिए घर से बाहर पुरुष भेजता है और उसकी शुचिता को लेकर सवाल उठाता है। वह अपनी मर्जी से बाहर नहीं जाती जबकि बार-बार उसे पुरुषवादी शक का सामना करना पड़ता है। स्पष्ट है कि यह जटिल अन्तर्विरोधग्रस्त सम्बन्धों के औपन्यासिक आख्यान हैं। जटिल जीवन की कठिन सच्चाई को व्यक्त करने के लिए जैनेन्द्र ने पाठक की समझदारी पर विश्वास किया है। उनके उपन्यासों में स्त्री-पुरुष सम्बन्धों का गम्भीर विवेचन है। यह उपन्यास जीवन के मर्म को छूते हैं। यही कारण है कि जैनेन्द्र ने अपने बाद आने वाले अनेक उपन्यासकारों को प्रभावित किया है।

सत्यधर्म और कट्टो 'परख' के प्रमुख पात्र है। इनके अलावा इस प्रेम कथा में तीसरा कोण बिहारी का है। कट्टो लेखक के शब्दों में—"झटपट-झटपट, यहाँ दौड़, वहाँ दौड़, इधर देख, उधर देख, सब भाव इसमें हैं।" इसलिए लेखक उसे गिलहरी की तरह चंचल और नटखट मानता है लेकिन बदकिस्मती से केवल पाँच वर्ष की आयु में वह विधवा हो जाती है। उसके सामने न तो विवाह के अर्थ स्पष्ट हैं और न ही कट्टो अपने साथ हुई दुर्घटना की गम्भीरता को समझ पाती है। उस पर भी अपने परिजनों की निगाह में वह बेहद सामान्य शक्ल-सूरत की है—'उसके एक-एक अंग में दोष निकाला जा सकता है। वह दुनिया में केवल अपनी बीमार माँ के सहारे जीवित है।' उसका नटखटपन लोगों को चुभता है। कथित सामाजिक रीति-रिवाजों के अनुसार ऐसी बदनसीब कट्टो को खुश रहने की बजाय हमेशा दुखी दिखना चाहिए लेकिन वह किसी और की परवाह नहीं करती। समाज के कट्टर नियम और धार्मिक परम्पराएँ सबको वह बेकार मानती है। वह अपने ऊपर थोपे गये बेचारेपन को अस्वीकार कर देती है।

जैनेन्द्र अपने पात्रों की चारित्रिक रेखाएँ बेहद बारीकी से उभारते हैं। उनके पात्र आमतौर पर एक 'स्ट्रांग इंडीविजुयल' के रूप के उभरते हैं। व्यक्तिगत धरातल पर कट्टो भी विशिष्ट पात्र है। वह अपनी शर्तो पर जीवन जीती है। अपनी उम्र के हिसाब से वह सत्यधर्म से प्रेम करती है जबकि उसका समय और समाज उसे ऐसा करने की छूट नहीं देता। यहीं पर जैनेन्द्र यह साफ कर देते हैं कि जिसे भी कमजोर समझकर दबाया जाएगा; परिवार और समाज दोनों को उसके दुष्परिणाम भोगने होंगे। लेखक की सोच मनोवैज्ञानिक है। उस समय ऐसा सोचना लगभग क्रान्तिकारी था क्योंकि ठुकराई हुई या विधवा स्त्री को विवाह तक करने की मनाही थी लेकिन कट्टो प्रेम करने की हिम्मत करती है। जैनेन्द्र ने वैज्ञानिक नजरिया दिखाते हुए यह स्पष्ट किया है कि केवल पुरुष को ही नहीं; स्त्री को भी प्रेम करने का हक समाज को देना होगा। इसलिए उनके कथा-साहित्य में ऐसे कई कथा-प्रसंग हैं जहाँ परिवार और समाज के दबावों का विरोध करते हुए स्त्रियाँ अपनी मर्जी से पुरुषों के साथ

सम्बन्ध बनाती हैं क्योंकि दबाव से दमन और उत्पीड़न होता है। आखिरकार दबा हुआ गुस्सा लावे की तरह फूटता है। कट्टो सारी बदनसीबी के बावजूद इस धरातल पर भी एक 'रेबल' की तरह सामने आती है। कट्टो के चरित्र में जहाँ पुरुष प्रधान समाज के अतिचारों के खिलाफ आवेश है; वही उसमें एक औरत की तरह त्याग की सहज भावना भी है। कट्टो अपनी खुशी से ज्यादा महत्त्व दूसरों को देती है। दूसरों को स्पेस देने के लिए वह अपने निजी सुखों और खुशियों का भी बलिदान कर देती है। वह भावात्मक तौर पर सत्यधर्म से जुड़ी है लेकिन सत्यधर्म के जीवन में किसी दूसरी स्त्री का प्रवेश होने पर कट्टो किसी को भी दोष नहीं देते हुए बिना कुछ कहे-सुने वह जगह खाली कर देती हैं। यहाँ पर वह उपन्यास के अन्य स्त्री-पात्र गरिमा के चरित्र से भी बड़े चरित्र में कायांतरित हो जाती हैं।

जैनेन्द्र ने बिहारी के साथ कट्टो के साहचर्य जीवन की कथा योजना निर्धारित की है, उसके पीछे उसके चरित्र की इसी विशेषता को उभारना है। दूसरी तरफ सत्यधर्म का कट्टो से प्रेम और गरिमा से विवाह दोनों में एक छिपा हुआ स्वार्थ-समीकरण है। ऐसे में फिर कट्टो उसकी मदद के लिए आती है। कट्टो उसे गरिमा को नहीं छोड़ने की सलाह देती हैं। सत्यधर्म और गरिमा को वह इतना पैसा देती है कि वह अपना घर बना सके। यहाँ पर उसका प्लैटोनिक प्रेम चरम पर पहुँच जाता है। उसके चरित्र का यह विकास स्त्री-मन के रहस्यों की तरफ इशारा करता है। जैनेन्द्र ने उपन्यास के शुरु में कट्टो को ऐसी लड़की के रूप में चित्रित किया है जो बड़े से बड़े दुख में भी खुद को बेसहारा, विवश और मजबूर नहीं मानती। उसका यह चित्रण उसके चरित्र को विशिष्ट पहचान देती है। पाठक उसके प्रति सहानुभूति रखता है। वह एक ऐसी सन्तुष्ट मनुष्य के रूप में उभरती है जो अपने प्रिय पात्र को उसकी खुशी के लिए छोड़ देती हैं लेकिन प्रेम को नहीं छोड़ती। प्रेम ही उसकी सन्तुष्टि का बुनियादी कारण है। जैनेन्द्र उसके माध्यम से प्रेम की नयी व्याख्या करते हैं। सभी विपरीत परिस्थितियों में कट्टो अचानक दुखों के ठीक सामने खुद को पाकर स्तम्भित होती है लेकिन अपने संस्कारों से विचलित नहीं होती। घर, समाज और दुनिया ने उसे अभाव, दुख और असन्तुष्टि दी है। इस पर भी वह किसी के प्रति शत्रुता का भाव नहीं रखती। किसी को अनुचित बात नहीं कहती। इस प्रकार जैनेन्द्र ने कट्टो के रूप में एक ऐसी स्त्री के चरित्र का चित्रण किया है जिसके चरित्र में कई अन्तर्विरोध हैं लेकिन वह एक मजबूत चरित्र है। जो अपने अस्तित्त्व और पहचान को लेकर सजग और सतर्क है। वह एक प्रकार से आधुनिक हिन्दुस्तानी औरत का बिम्ब है।

जैनेन्द्र ने 'परख' के केन्द्रीय पुरुष चरित्र के रूप में सत्यधर्म की परिकल्पना की है। वह उच्च शिक्षा प्राप्त युवक है। नैतिक आदर्शो के कारण वह वकालत का पेशा नहीं अपनाता और गाँव जाकर अपना भविष्य तलाशता हैं। उपन्यास का

नाटकीय कथानक सत्यधर्म के सामने कट्टो को खड़ा कर देता है। वह बाल-विधवा है लेकिन खुद को पढ़ाने वाले सत्यधर्म से प्रेम करती है। जाहिर है ये रिश्ता बड़ा पेचीदा है क्योंकि कट्टो अपने में ही अबूझ पहेली है। सत्यधर्म मन की आदर्श दुनिया और जीवन के ठीक सामने खड़े यथार्थ के बीच में खुद को पाता है। कट्टो का मानसिक और बाहरी-जगत सत्यधर्म तक सीमित है जबकि सत्यधर्म एक साथ कई संसारों में जीता है। वह आदर्शवादी है इसलिए उसके व्यक्तित्त्व में मौन और नम्रता के साथ-साथ निष्ठा भी है। विनयी होने के कारण वह हठीला होने के बजाय एक लचीला चरित्र है लेकिन उसके आन्तरिक चरित्र में एक दरार है। वह समय आने पर आदर्शवाद को अनिष्टकारक मानता है। इसलिए वह कट्टो से पीछा छुड़ाने के लिए वह उससे लड़ता है। वह जीवन में सार्थकता की बजाय जैसे-तैसे सफल होने को तरजीह देता है। आदर्श की बजाय व्यावहारिक होने पर बल देता है और प्रेम को व्यर्थ की भावना मानता है। यह परमार्थ की बजाय शुद्ध स्वार्थ-सिद्धि का रास्ता है। उसका गरिमा से जुड़ना उसके चरित्र का ऐसा पक्ष है जो उसे एक मतलबपरस्त बौद्धिक और खोखला आदर्शवादी साबित करता है। वह एक प्रकार से पुरुषवादी दुनिया का शाश्वत प्रतिनिधि है। जैनेन्द्र यहाँ पर आलोचनात्मक रवैया दिखाते हुए तटस्थ होकर यह प्रदर्शित करते हैं कि पुरुष बुनियादी तौर पर सम्बन्धों के धरातल पर बहुलतावादी होता है। उसके आदर्श मतलब के हिसाब से बार-बार बदलते रहते हैं।

जैनेन्द्र भाषा और भाव दोनों को मुक्त रखना चाहते हैं। उनके यहाँ भाषा का कोई पूर्वाग्रही शिकंजा नहीं है। जैनेन्द्र भाषिक धरातल पर किसी पूर्वाग्रह से ग्रस्त नहीं रहे। उन्होंने स्वच्छन्द रहकर उदारतापूर्वक उपलब्ध सभी भाषिक स्रोतों से शब्दावली हासिल की है। जैनेन्द्र ने अपनी रचनाएँ बोलकर लिखवाई हैं। इसलिए उनकी रचनाओं को पढ़ते समय सुनने जैसा आनन्द मिलता है। इस सिलसिले में उनके यहाँ आम भाषा की रवानगी मिलती है। भाव और भाषा दोनों ही नियमों से जैनेन्द्र बँधकर नहीं रहे। उनके यहाँ भाव के साथ भाषा में अर्थ-प्राप्ति के लिए 'डीकोड़िग' नहीं करनी पड़ती यानी समझने के लिए शब्दकोश की जरूरत नहीं पड़ती। उन्होंने दिल्ली और उसके आसपास की बोलचाल की बोली को उपन्यास की भाषा में अपनाया है। पहला उपन्यास होने के बावजूद 'परख' में भी जैनेन्द्र रचना के कथ्यरूप को लेकर सतर्क रहे हैं। उन्होंने एक ऐसा शिल्प निर्मित किया है जो ऊपर से अनायास लगता है और सुविचारित नहीं लगता फिर भी उसमें मूल भाव आसानी से संप्रेषित होते हैं। यह इस तरफ इशारा करता है कि जैनेन्द्र पाठक को केवल कहानी ही नहीं सुनाना चाहते बल्कि यह भी चाहते हैं कि वह रचना से गहरे जुड़ जाए।

प्रेमचन्द के बाद कहानी कहने का यह ऐसा सधा अन्दाज था जिसमें सरस

विवरण था। आमतौर पर विवरण बोझिल हो जाते हैं जबकि कथा साहित्य वही अच्छा माना जाता है जो पाठक को बार-बार पढ़ने के लिए बाध्य करे। वहाँ विवरण भी इतना दिलचस्प होना चाहिए कि एक बार पढ़ना शुरु करने पर पाठक अन्त तक पहुँच जाए। कविता में जहाँ मार्मिक स्थल कविता को बार-बार पढ़ने और सुनने की दृष्टि से महत्त्वपूर्ण होते हैं वहीं कहानी और उपन्यास में यह देखा जाता है कि पाठक हर घटना और मोड़ पर पहुँचकर यह जानने की कोशिश करे कि आगे क्या होगा! इस धरातल पर भी 'परख' का शिल्प सफल है। शुरुआत में ही लेखक विस्तार से सत्यधर्म के अतीत, उसकी आदतों और स्वभाव के बारे में बताता है बल्कि जैनेन्द्र लगभग सभी पात्रों के बारे में लम्बे विवरण देते हैं। उनके विवरण कहीं पर भी कथा को बाधित नहीं करते बल्कि कथात्मकता को भी गति देते हैं।

जैनेन्द्र ने कथ्य और रूपगत आधुनिक प्रविधियों से हिन्दी उपन्यास को परिचित करवाया है। उनका औपन्यासिक रूप गठन और भाषा नई है। यह उपन्यास के शिल्प में कहानी सुनाने की ऐसी प्रणाली है जिसकी समूची रचना प्रक्रिया में पाठक शामिल है। उस समय यह बिल्कुल नयी बात थी। जैनेन्द्र ने वर्णन शैली के अलावा कथा-प्रसंगों के अनुरूप संकेत-शैली का भी इस्तेमाल किया है। वहाँ जैनेन्द्र संक्षेप में पात्र और घटना का ऐसा वर्णन रखते हैं जिसमें अर्थ-वैचित्र्य होता है। वातावरण उभारने में पात्रों के संवादों की व्याख्या और उनकी चारित्रिक विशेषताओं को उभारने में भी जैनेन्द्र ने इस मितकथन शैली का इस्तेमाल किया है– 'मुंशी होशियार बहादुर जिले के नामी वकील थे। आमदनी खूब थी। दबदबा भी खूब था।' यहाँ लेखक सपाट बयान बाजी करता हुआ भी पात्र की चारित्रिक रेखाओं को उभार देता है। इसी प्रकार कट्टो की मानसिक स्थिति को उजागर करते समय जैनेन्द्र की भाषा के पैटर्न अर्थपूर्ण हैं– 'अँधेरे में अपने मास्टर के पैर को टटोल लेना चाहती है। पैरों को पाकर कट्टो अश्रुजल से उनका पैर धो डालती है।' यह पंक्तियाँ पात्र के मनोव्यापार को साकार कर देती हैं। शब्द आसानी से बता देते हैं कि वह पात्र श्रद्धा के चरम पदों पर पहुँच गया है। इस तरह–'कैसी यह लाल-लाल बिन्दी मैली पड़ी जा रही है।' यहाँ लेखक रंगों के माध्यम से आगामी कहानी को बता देते हैं। लाल रंग प्रेम का प्रतीक है जबकि उसका बदलना दुख, चिन्ता और पीड़ा का अर्थ देता है। जैनेन्द्र ने इस उपन्यास में शिल्प-विधान की सुविचारित कोशिश नहीं की है। यहाँ शिल्प विषय में ही टिका हुआ है। लेखक उसे एक तरतीब या रूप देता है। कहीं पर प्रश्नों के माध्यम से, कहीं पर वाद-विवाद-संवाद शैली में, कहीं पात्रों के एकालाप में और कहीं पर आत्मचिन्तन में उपन्यास आगे बढता है। इसलिए इसके संवाद गहरे द्वन्द्व से भरे हैं– "कट्टो ने पूछा, जाऊँ? जाओ, जाऊँ? जाओ... जाऊँ, जाओ! वह चली गयी।"...एक ही शब्द के यह संवाद शब्दों के दोराहव के बावजूद सघन अर्थगूंज पैदा करते हैं। 'जाना' यहाँ पर प्रश्न और एक दुर्घटना को

सूचित करता है। अन्त में जाना स्थायी प्रभाव हो जाता हैं। जैनेन्द्र ने कट्टो के विलाप का अद्भुत बिम्ब इस उपन्यास में उभारे हैं– 'आँसुओं से खूब धोई गयी और फूल आयी है। जैसे फूली-फूली कमल की दो लाल पंक्तियाँ हो लेकिन उनके सारे भेद, सारे स्नेह को मजबूती से ढके हुए है।' यहाँ पर एक विवश स्त्री का रोना और उसका कुछ नहीं कर पाना; उसके प्रति सहानुभूति जगाता है। जैनेन्द्र ने दरअसल ऐसी भाषा का इस्तेमाल किया है जो पात्रों की आदतों, स्वभाव और कार्यों से उपजती है इसलिए कई जगह 'परख' उपन्यास की भाषा कविता की भाषा की तरह असर डालती है।

प्रेमचन्द : गोदान (1936)

कमज़ोर की आजादी के मायने

प्रेमचन्द शायद हिन्दी के पहले कथाकार हैं जिनके यहाँ साहित्यकार और उसके सामाजिक कर्त्तव्य का समीकरण सबसे अधिक स्पष्ट है। इसका कारण यह है कि उनसे पहले किसी अन्य लेखक ने अपने समय की सामाजिक, राजनीतिक, आर्थिक और साँस्कृतिक मुश्किलों की इतनी गहरी और प्रामाणिक पड़ताल नहीं की है। उन्हें अपने समय तथा सामाजिक सच्चाइयों की जितनी सूक्ष्म और व्यापक समझ थी उसका होना विरल है। प्रेमचन्द का समय सभी प्रकार की गुलामियों से छूटने और स्वाधीनता पाने का समय है। जहाँ देश आजादी की लड़ाई के लिए तैयार हो रहा था, अभावग्रस्त मजदूर और किसान तथा संवेदनशील स्त्री समाज भी अपनी-अपनी स्वाधीनता पाने के लिए छटपटा रहे थे। प्रेमचन्द के यहाँ मुक्ति भावना वैयक्तिक नहीं है बल्कि वह सबकी मुक्ति की कामना करते हैं इसलिए उनके कथा साहित्य में मुक्ति की कामना एक बड़े मानवीय मूल्य का रूप लेती है।

इस रास्ते में आने वाले समाज-आर्थिक और राजनीतिक-सामाजिक सभी प्रकार के बंधनों को तोड़ने के लिए प्रेमचन्द अपने पात्रों के माध्यम से कई बड़ी लड़ाईयाँ लड़ते हैं। 'गोदान' का होरी या 'रंगभूमि' का सूरदास; यह सभी मनुष्य और देश की आजादी को प्रस्तावित करने वाले अमर चरित्र हैं। प्रेमचन्द ने दरअसल देश और समाज की असली हकीकत को पहचान लिया था। वह जान गये थे कि साम्राज्यवादी अंग्रेजी ताकतों के जाने के बाद सूदखोर महाजनों का पूँजीवादी तबका ही आगे चलकर गरीब भारतीय जनता का खून चूसेगा। उनके उपन्यास और कहानियाँ भी इस अप्रिय सच्चाई का साक्ष्य बनते हैं। प्रेमचन्द बताते हैं कि सत्ता के केन्द्र में चाहे जो भी शक्ति आ जाए वह शोषक ही होगा और निरक्षर, अज्ञानी जनता हमेशा शोषित ही रहेगी। शोषक और शोषित के इस वर्गीय संघर्ष को पहचानते हुए शुरुआती दौर

में प्रेमचन्द ने इस स्थिति के विरूद्ध गहरा असन्तोष तो जतलाया लेकिन गाँधीवादी वैचारिक दबावों के चलते उस दौर में वे हालात में बदलाव के लिए सकारात्मक आमूलचूल परिवर्तन की बजाय हृदय परिवर्तन के फार्मूले पर सहमति देते रहे। बहुत जल्दी प्रेमचन्द इस समाधान को अपर्याप्त मानते हुए आदर्शोन्मुख यथार्थवाद की बजाय ठेठ यथार्थवादी बन जाते हैं। आदर्श के सम्मोहनकारी गुंजलकों से उन्हें छुटकारा मिल जाता है।

'गोदान' में प्रेमचन्द के यथार्थवादी आग्रहों को समझ सकते हैं। 'गोदान' में प्रेमचन्द का यथार्थवाद भारतीय किसान-संस्कृति की समस्याओं से टकराकर विकसित हुआ है। आमतौर पर इसे ग्रामीण जीवन का महाकाव्य कहकर इसके अर्थ को संकुचित करने की कोशिश की जाती है। यह केवल गाँवों के जीवन या केवल किसान जीवन की विकराल सच्चाईयों को ही पेश नहीं करता या केवल गरीब जीवन की समस्याओं को ही नहीं दिखाता बल्कि यह सूदखोर महाजनों के शोषण चक्र में पिसते हुए मेहनतकश और गरीब किसान तबके की आजादी के मतलब भी सुझाता है। यह उपन्यास बताता है कि कैसे यह वर्ग-ताकतवरों के दैहिक और मानसिक, जातीय एवं लैंगिक शोषण का शिकार होता रहा। अपनी समानता, स्वाधीनता और सामाजिकता के लिए लड़ रहे व्यक्ति की मुक्ति का रास्ता भी दिखाता है। हर रचनाकार की तरह प्रेमचन्द 'गोदान' में दमन और अन्याय के विरोध में खड़े नजर आते हैं। उनकी लड़ाई का रास्ता रचना से होकर गुजरता है क्योंकि लेखक जो लिखता है वही उसकी लड़ाई होती है। उसके शब्द ही उसके हथियार हो जाते हैं।

'गोदान' में प्रेमचन्द अपने हथियार को धारदार बनाकर और शत्रु को पहचानकर उसके सामने मुस्तैद खड़े हैं। वह हिन्दी साहित्य की कई रूढ़ियों को भी एक झटके में तोड़ देते हैं। रूढ़िग्रस्त और पूँजीवादी समाज में जिन्हें हाशिए पर धकेल दिया उन बिल्कुल मामूली और सताये हुए लोगों को प्रेमचन्द 'गोदान' का केन्द्रीय चरित्र बना देते हैं। यह साहित्य में फैले कुलीनतावादी वर्चस्व का विरोध भी है। इस उपन्यास का नायक सम्राट, सामन्त या शाह नहीं है। आभिजात्य विशेषताओं और लक्षणों से हीन वह एक लगातार लड़ता हुआ मामूली व्यक्ति है। उसके जीवन में दर्द, पीड़ा और दुख है। प्रेमचन्द उच्च वर्ग की उच्च शक्ति के बरक्स निचले वर्ग के जीवन को घेरे हुए उत्पीड़न को उपन्यास का मुख्य विषय बना देते हैं। यह रचनात्मक जोखिम उठाते हुए वह मनुष्य के साथ-साथ साहित्यिक रूढ़ियों में जकड़े हुए उपन्यास की कथित कुलीन वर्गीय अभिरूचियों से छुटकारा दिलाते हैं। प्रेमचन्द अपने समय की रहस्य-रोमांच से भरपूर तिलस्मी और एय्यारी किस्म के चामत्कारिक और जासूसी रूढ़ियों की कैद से साहित्य को मुक्त करते हैं। 'गोदान' इस तथ्य का साक्षी है कि मामूली आदमी का जीवन भी महाकाव्यात्मक पीड़ाओं से भरा हुआ है। उसकी संघर्षगाथा ही वास्तविक महागाथा है। ऐसा रचनात्मक भरोसा प्रेमचन्द के

समकालीन और बाद में आने वाले रचनाकारों को प्रेमचन्द का 'गोदान' दिलाता है।

प्रेमचन्द ने जब 'गोदान' लिखना शुरु किया था वह दौर सामाजिक और साँस्कृतिक धरातल पर जहाँ नवजागरणकालीन सक्रियताओं का था वहीं राजनीतिक धरातल पर देश आजादी की निर्णायक लड़ाई के लिए छटपटा रहा था। आर्थिक मोर्चे पर भी अजीब कशमकश थी। खेती व्यवस्था नष्ट होने के कगार पर थी। किसान और जमींदार को महाजनी अजगर निगल रहा था। गाँवों के साथ-साथ शहरों के अर्थतंत्र पर पूँजीवादी शिकंजा अपना जोर आजमा रहा था। शहरों में निम्न और मध्यवर्ग दोनों ही बेहाल थे। उनके चारों तरफ अज्ञानता और गरीबी का अँधेरा छाया हुआ था। वह जमींदारों के निर्मम दमन के साथ-साथ महाजनों के शोषण चक्र में भी पिस रहा था। उसका जीवन पुश्तैनी कर्ज से शुरु होता और अगली पीढ़ी को कर्ज की विरासत सौंपकर वह दूसरी दुनिया में चला जाता था। अपनी ही जमीन पर वह किसान की तरह नहीं एक बँधुआ मजदूर की तरह मजदूरी कर रहा था। इस भयावह सच्चाई को 'गोदान' में प्रेमचन्द ने कई कोणों से देखा है।

'गोदान' के कथानक में तीन प्रमुख कथा बिन्दु रेखांकित किए जा सकते हैं– पहला; आजादी की लड़ाई। दूसरा; किसानों का शोषण। तीसरा; 'गोदान' के संघर्षशील स्त्री चरित्रों की गाथा को मिलाकर प्रेमचन्द ने 'गोदान' का महाकाव्यात्मक कथानक बुना है।

प्रेमचन्द 'गोदान' के माध्यम से अपने समय के किसान को त्रस्त करने वाले जमींदार वर्ग की सच्चाई को उजागर कर देते हैं। रायसाहब इसी वर्ग के पात्र हैं। जमींदार, साहूकार और व्यावहारिक रायसाहब बुनियादी तौर पर शोषक हैं। वह ऐसे वर्ग के प्रतिनिधि हैं जो चालाक है। यह वर्ग उस समय तेजी से बदलते हुए परिवेश से परिचित भी है। रायसाहब जानते हैं कि किसान और गरीब वर्ग, विरोध के स्वर में उनका प्रतिकार कर रहे हैं। इस चतुर वर्ग ने यह भाँप लिया है कि जमाना बदलने वाला है। रायसाहब इस वर्ग के होने के बावजूद थोड़े-से उदार हैं। इसलिए वह शोषण का विरोध करने की मुद्रा अपनाते हैं क्योंकि जानते हैं कि एक दिन जमाना बदल जाएगा–

"लक्षण कह रहे हैं कि बहुत जल्द हमारे वर्ग की हस्ती मिट जाने वाली है। मैं उस दिन का स्वागत करने को तैयार बैठा हूँ। ईश्वर यह दिन जल्द लाए। वह हमारे उद्धार का दिन होगा। हम परिस्थितियों के शिकार बने हुए हैं। यह परिस्थिति ही हमारा सर्वनाश कर रही हैं और जब तक सम्पत्ति की यह बेड़ी हमारे पैरों से न निकलेगी, जब तक यह अभिशाप हमारे सिर पर मंडराता रहेगा, हम मानवता का यह पद न पा सकेंगे, जिस पर पहुँचना ही अन्तिम लक्ष्य है।"

उनके व्यक्तित्त्व में आत्म-व्यंग्य का समावेश है। होरी से जब वे कहते है कि जमींदार वर्ग में रिश्वतखोरी, ईर्ष्या, वैर, जैसी बुराइयाँ है और वे लोग उसी घातक

प्रवृति को जीवन भर पालते-पोषते हैं–

"हमारे नाम बड़े हैं, पर दर्शन थोड़े। गरीबों में अगर ईर्ष्या या वैर है तो स्वार्थ के लिए या पेट के लिए। ऐसी ईर्ष्या और वैर को मैं क्षम्य समझता हूँ। हमारे मुँह की रोटी कोई छीन लें, तो उसके गले में उँगली डालकर निकालना हमारा धर्म हो जाता है। अगर हम छोड़ दे, तो देवता है। बड़े आदमियों की ईर्ष्या और वैर केवल आनन्द के लिए है। हम इतने बड़े आदमी हो गये हैं कि हमें नीचता और कुटीलता में ही निस्वार्थ और परम आनन्द मिलता है। हम देवतापन के उस दर्जे पर पहुँच गये हैं, जब हमें दूसरों के रोने पर हँसी आती हैं। इसे तुम छोटी साधना मत समझो।"

यह पंक्ति अभिजात वर्ग की अन्दरूनी सच्चाई का बयान हैं। प्रेमचन्द 'गोदान' में अपने समय की स्त्री छवि को र्क कोणों से देखते हैं। यहाँ एक बाल विधवा झुनिया के बहाने वे औरत की लाचारी को व्यक्त करते हैं। स्त्री का विवश जीवन और उस पर भी अकेली पड़ गयी औरत की त्रासदी झुनिया के माध्यम से प्रेमचन्द व्यक्त करते हैं–

"यह विधवा है। उसके नारीत्त्व के द्वार पर पहले उसका पति रक्षक बना बैठा रहता था। वह निश्चिंत थी। अब उस द्वार पर कोई रक्षक न था, इसलिए वह उस द्वार को सदैव बन्द रखती है। कभी-कभी घर के सूनेपन से उकताकर वह द्वार खोलनी है, पर किसी को आते देखकर भयभीत होकर दोनों पट भेड़ लेती है।"

झुनिया भोला की बेटी है। प्रेमचन्द ने नाटकीय घटनाक्रम को सहज बनाते हुए होरी के बेटे गोबर को उसके जीवन में दाखिल कराया है। यह प्रवेश नाटकीय और त्रासद है–

"उनकी दृष्टि में अभी उसके यौवन में केवल फूल लगे थे। जब तक फल न लग जाये, उस पर ढेले फेंकना व्यर्थ की बात थी। और किसी और से प्रोत्साहन न पाकर उसका कौमार्य उसके गले से चिपटा हुआ था। झुनिया का वंचित मन, जिसे भाभियों के व्यंग्य और हास-विलास ने और भी लोलुप बना दिया था, उसके कौमार्य ही पर ललचा उठा। और उस कुमार में भी पत्ता खड़कते ही किसी सोए हुए शिकारी जानवर की तरह यौवन जाग उठा।"

झुनिया प्रेमवंचित और रिश्तों के धरातल पर रिक्त औरत है। उसने अपनी यह नियति स्वयं नहीं चुनी, समाज ने शाप की तरह उस पर इसे थोपा है। प्रेमचन्द ने मानवीय मनोविज्ञान पर अपनी पकड़ दिखाते हुए यह स्पष्ट किया हैं कि झुनिया अभी किशोरावस्था में कदम रखने वाली ऐसी औरत है जिसके जीवन को लेकर कुछ स्वाभाविक सपने हैं। एक स्त्री की सहज शारीरिक जरूरतों को पूरा करने की चाह उसके मन में भी मौजूद है। इससे औरत अपराधी नहीं हो जाती। अपराधी वह रूढ़ि-जर्जर समाज है, जो औरत को ऐसे कदम उठाने के लिए मजबूर करता है। झुनिया और गोबर के जिस्मानी सम्बन्ध जीवन की ठोस हकीकत हैं लेकिन एक

बाल-विधवा के विवाह को अपराध नहीं, असभ्य पाप मानने वाला समाज उसे ऐसा करने के लिए मजबूर करता हैं।

प्रेमचन्द ने 'गोदान' में एक तरफ धुनिया और झुनिया जैसे वंचित स्त्री चरित्र रखे हैं तो दूसरी तरफ मालती जैसी पढ़ी-लिखी अपने पैरों पर खड़ी स्त्री पात्र को भी परिकल्पित किया है। वह रायसाहब की उस मित्र टोली में शामिल है जिसमें मेहता, खन्ना, गोबिन्दी, तंखा, खुर्शीद और ओंकारनाथ हैं। मेहता दर्शनशास्त्र के प्रोफेसर हैं। मालती एक डॉक्टर है। दोनों दिमागी और भावनात्मक तौर पर बेहद नजदीक हैं। यह ऐसा वर्गीय समीकरण है जो बाहरी तौर पर अपनी प्रगतिशीलता का प्रदर्शन करता है लेकिन विचार और सिद्धान्त के प्रतिपक्ष में उनकी व्यवहारिक स्थिति अलग है–

"धन को आप किसी अन्याय से बराबर फैला सकते हैं। लेकिन बुद्धि को, चरित्र को और रूप को, प्रतिभा को और बल को बराबर फैलाना तो आपकी शक्ति के बाहर है। छोटे-बड़े का भेद केवल धन से ही तो नहीं होता। मैंने बड़े-बड़े धन-कुबेरों को भिक्षुकों के सामने घुटने टेकता देखा है, और आपने भी देखा होगा। रूप के चौखट पर बड़े-बड़े नाक रगड़ते हैं। क्या यह सामाजिक विषमता नहीं हैं।"

यह वर्ग मानता है कि सामिक विषमता लगभग ईश्वरीय है। कुदरत ने बुद्धि, चरित्र, प्रतिभा, बल जैसे गुण सबको अलग-अलग अनुपात में दिए हैं इसीलिए असली बराबरी नहीं हो सकती। यहाँ प्रेमचन्द उस वर्ग की मानसिकता प्रकट कर रहे हैं जो आर्थिक धरातल पर बराबरी हासिल होने से ही सभी समस्याओं का हल होना नहीं मानता है।

प्रेमचन्द बार-बार आर्थिक और सामाजिक बराबरी और विषमता का द्वन्द्वात्मक विमर्श रचते हुए लैंगिक भेदभाव भी रेखांकित करते है–

"दीवार पर तेल की कुप्पी जल रही थी और उसके मध्य प्रकाश में झुनिया घुटने पर सिर रख, द्वार की ओर मुँ ह किए अन्धकार में उस आनन्द को खोज रही थी, जो एक क्षण पहले अपनी मोहिनी छवि दिखाकर विलीन हो गया था। वह आफत की मारी, व्यंग्य-बाणों से आहत और जीवन के आघातों से व्यथित किसी वृक्ष की छांह खेजती फिरती थी, और उसे एक भवन मिल गया था, जिसके आश्रय में वह अपने को सुरक्षित और सुखी समझ रही थी, पर आज वह भवन अपना सारा सुख-विलास लिए अलादीन के राजमहल की भाँति गायब हो गया था और भविष्य एक विकराल दानव के समान उसे निगल जाने को खड़ा था।"

प्रेमचन्द के यहाँ स्त्री जीवन के निर्मम यथार्थ को व्यक्त करते हैं। कथा-प्रसंग यह है कि गर्भवती झुनिया को छोड़कर भयभीत गोबर शहर भाग जाता है। धनिया भी झुनिया को शरण नहीं देती। प्रेमचन्द ने बाहरी परिवेश में फैले अन्धकार के माध्यम से झुनिया के मन में फैले अँधेरे को व्यक्त किया है। एक स्त्री के सपनो की दुनिया ढह गयी है। सुखद भविष्य का सपना अँधेरे में विलीन हो गया है। सारे

अपमान और लांछन उसे ही झेलने हैं। औरत होते हुए भी धनिया झुनिया का साथ देने से कतरा रही है।

'गोदान' में कई तरह के समाज हैं। प्रेमचन्द ने अपने समकालीन स्त्री समाजों को देखने की जो शैली अपनाई है वह आलोचनात्मक है। स्त्री को लेकर एक पवित्रतावादी रवैया यहाँ मिलता है

''मेरे जेहन में औरत वफा और त्याग की मूर्ति है, जो अपनी बेज़बानी से अपनी कुर्बानी से, अपने को बिल्कुल मिटाकर पति की आत्मा का एक अंश बन जाती है। देह पुरुष की रहतीहै। पर आत्मा स्त्री की होती है। आप कहेंगे, मर्द अपने को क्यों नहीं मिटाता? औरत से ही क्यों इसकी आशा करता है? मर्द में वह सामर्थ्य ही नहीं है। वह अपने को मिटायेगा, तो शून्य हो जाएगा। वह किसी खो में जा बैठेगा। वह तेज प्रधान जीव है, और अहंकार में यह समझकर कि वह ज्ञान का पुतला है, सीधा ईश्वर में लीन होने की कल्पना किया करता है। स्त्री पृथ्वी की भाँति धैर्यवान है, शान्ति-सम्पन्न है, सहिष्णु हैं। पुरुष में नारी के गुण आ जाते हैं तो वह महात्मा बन जाता है। नारी में पुरुष के गुण आ जाते हैं, तो वह कुलटा हो जाती है। पुरुष आकर्षित होता है स्त्री की ओर, जो सर्वाश में स्त्री हो।''

'गोदान' के मेहता मालती की तरफ आकर्षित हैं लेकिन उनकी मानसिकता परंपरित पुरुषवादी है। वह स्त्री को वफा, त्याग, कुर्बानी जैसे रसायनों से मिलकर बनी कोई दिव्य प्रतिमा मानते हैं। उनकी निगाह में स्त्री शान्तिप्रिय, धैर्यवान और सहनशील होती हैं। यहाँ पर प्रेमचन्द एक विवादास्पद और कई बार दोहराया जाने वाला सूत्र देते हैं कि जब औरत पुरुष की तरह होना चाहती है, उसके गुणों को अपने जीवन में सम्मान देना चाहती है तो उसका पतन हो जाता है। यह तत्कालीन सोच पुरुष मानसिकता में मौजूद हैं। दार्शनिक और तत्त्ववेता मेहता आज के अधिसंख्य पुरुषों की तरह बोल रहे हैं। वह बराबरी का नहीं, विशिष्टता का दर्जा दिए जाने की हिमायत स्त्री के लिए करते हैं। अक्सर अलग या विशिष्ट उसे माना जाता है जो कमजोर हो। उसे बराबर न आने के लिए विशिष्ट मान दिया जाता है। यहाँ प्रेमचन्द मध्यवर्गीय उस मानसिकता को उजागर करते हैं जो स्त्री को बराबरी का दर्जा देने की बजाय विशिष्टता की बात करते हुए आखिरकार उसका संहार करती है।

मालती एक ऐसा चरित्र जिसकी बुनावट जटिल है। ऐसे कुछ पात्र होते हैं जो उपन्यासकार की पकड़ से छूटकर अपनी निजी पहचान बनाते हैं। मालती ऐसा ही चरित्र है। प्रेमचन्द शायद खुद तय नहीं कर पाये कि मालती से उनका रिश्ता प्रेम का है या अप्रेम का!-

''मालती बाहर से तितली है, भीतर से मधुमक्खी है। उसके जीवन में हँसी ही हँसी नहीं है, केवल गुड़ खाकर कौन जी सकता है। और जिए भी तो वह कोई सुखी जीवन न होगा। वह हँसती हैं, इसलिए कि उसे इसके भी दाम मिलते हैं। उसका

चहकना, चमकना इसलिए नहीं कि वह चहकने को ही जीवन समझती है, या उसने निजत्त्व को अपनी आँखों में इतना बढ़ा लिया है कि जो कुछ करे, अपने लिए ही करे। नहीं, वह इसलिए चहकती है और विनोद करती है कि इससे क र्व्य का भार कुछ हलका हो जाता है।''

प्रेमचन्द मालती जैसे चरित्र के माध्यम से अपने समय में बदलती हुई पढ़ी-लिखी औरत की छवि प्रस्तुत करते हैं। मालती डॉक्टर है। उसे अपने काम के बदले पैसे मिलते हैं। प्रेमचन्द ने उसे तितली और मधुमक्खी का मिला-जुला रूप कहा है। दोनों में चंचलता निहित हैं। दरअसल प्रेमचन्द बुनियादी तौर पर मध्यमवर्गीय परम्परित मानसिकता के लेखक हैं। 'गोदान' में भी इससे छुटकारा नहीं पाते। यहाँ खुद वाचक के रूप में उपस्थित होकर एक महत्त्वपूर्ण स्त्री पात्र की चारित्रिक विशेषताएँ उजागर करते हैं। उनकी नजर में मालती तितली की तरह एक फूल से दूसरे अर्थात एक पुरुष से दूसरे पुरुष को अपनी पसन्द में शमिल करती है। आधुनिकता संकोच को दूर करती है। संकोच स्त्री के प्रगति पथ का सबसे बड़ा अवरोध है। मालती उसे दूर हठाती हैं। उसकी नजर में सुख और आनंद पर केवल पुरुषों का अधिकार नहीं है। एक स्त्री को इन्हें अपनी तरह से अर्जित करने की आजादी होनी चाहिए। आजादी जैसे बुनियादी अधिकार के लिए जब स्त्री माँग करती है या आजादी या अपनी मामूली इच्छाओं को पूरा करने की तरफ पहलकदमी करती है तो उस पर कई इलजाम पुरुष लगाता है। चारित्रिक पवित्र के नियम केवल स्त्री को मानने पड़ते हैं। जबकि पुरुषों से उनकी चारित्रिक निर्मलता के प्रमाण नहीं माँगे जाते। मालती इस मानसिकता का विरोध है। वह पुरुषों की मनमानी के खिलाफ एक ऐसी उपस्थिति है जो स्त्री-निजत्व के सवाल खड़े करती है। यह सवाल पुरुषों को नागवार लगते हैं। प्रेमचन्द ने मालती के सामने डॉ. मेहता का चरित्र खड़ा किया है। वह भी परंपरित मध्यवर्गीय मानसिकता का पुरुष है। उनका मानना है कि—''स्त्री पुरुष से उतनी ही श्रेष्ठ है जितना प्रकाश अँधेरे से। मनुष्य के लिए क्षम और अहिंसा जीवन के उच्चतम आदर्श है। नारी इस आदर्श को प्राप्त कर चुकी है। पुरुष वर्ग अध्यात्म और ऋषियों का आश्रय लेकर उस लक्ष्य पर पहुँचने के लिए सदियों से जोर मार रहा है, पर सफल नहीं हो सका। मैं कहता हूँ कि उसका सारा अध्यात्म और योग एक तरफ और नारियों का त्याग एक तरफ।''

डॉ. मेहता कॉलेज में दर्शनशास्त्र पढ़ाते हैं लेकिन स्त्रियों के प्रति उनका जीवन-दर्शन आदर्शवादी है। आदर्श और यथार्थ में मेल नहीं हो सकता। आदर्शवादी पुरुष धर्म, अध्यात्म की दुहाई देकर स्त्री को या तो देवी बनाता है या उसका आदर्श खंड़ित होने पर उसे कुलटा या पतिता करार देता है। हालाँकि डॉ. मेहता दुनिया में फैले अत्याचार, राजनीति, रक्तपात, नरसंहार के लिए पुरुषों को दोषी मानते हैं। वे सवाल करते हैं—

"पुरुष कहता है कि जितने दार्शनिक और वैज्ञानिक आविष्कारक हुए हैं, वह सब पुरुष थे। जितने बड़े-बड़े महात्मा हुए हैं, वह सब पुरुष थे। सभी योद्धा, सभी राजनीति के आचार्य बड़े-बड़े नाविक, बड़े-बड़े सब कुछ पुरुष थे, लेकिन न बड़ों-बड़ों के समूहों ने मिलकर किया क्या? महात्माओं और धर्म प्रवर्तकों ने संसार में रक्त की नदियाँ बहाने और वैमनस्य की आग फड़काने के सिवा और क्या किया। योद्धाओं ने भाइयों की गर्दन काटने के सिवा और क्या यादगार छोड़ी, राजनीतिज्ञों की निशानी अब केवल गुप्त साम्राज्यों के खंड़हर रह गये हैं और आविष्कारों ने मनुष्यों को मशीन का गुलाम बना देने के सिवा क्या समस्या हल कर दी? पुरुषों की रची इस संस्कृति में शान्ति कहा है? सहयोग कहाँ है?"

डॉ. मेहता ठीक पहचान रहे हैं कि पुरुष बनियादी तौर पर विध्वसंक होता है। वह बदला लेता है। स्त्री पुरुष को बड़े से बड़े अपराध के लिए क्षमा कर देती है। दरअसल गुनाह के लिए माफ करना पुरुष को ज्यादा बड़ी सजा देना हैं। इससे जीवनभर उसका अहंकार आहत होता है और वह मजबूरी में इस सजा को काटता है।

प्रेमचन्द ने शक्ति-सम्पन्न स्त्रियों के आगमन की आहट सुन ली थी। स्त्री ताकत कैसे अर्जित करेगी इसे भी प्रेमचन्द महसूस कर रहे थे। जब डॉ मेहता यह कहते है और औरतों को शक्ति की आवश्यकता है और पुरुष से अधिक– "मैं नहीं कहता, देवियों को विद्या की जरूरत नहीं है। है और पुरुष से अधिक, मैं नहीं कहता, देवियों को शक्ति की आवश्यकता नहीं है। है और पुरुषों से अधिक, लेकिन वह विद्या और वह शक्ति नहीं, जिससे पुरुष ने संसार को हिंसा क्षेत्र बना डाला है, अगर वही विद्या और वही शक्ति आप भी ले लेगीं तो संसार मरूस्थल हो जायेगा। आपकी विद्या और आपका अधिकार हिंसा और विध्वंस में नहीं, सृष्टि और पालन में है क्या आप समझती हैं, वोटों से मानव जाति का उद्धार होगा या दतरों में और अदालतों में जबान और कलम चला। से? इन नकल अप्राकृतिक, विनाशकारी अधिकारों के लिए आप यह अधिकार छोड़ देना चाहती हैं, जो आपको प्रकृति ने दिये हैं।"

प्रेमचन्द बताते हैं कि विद्या और ज्ञान अर्जित करने से ही स्त्री शक्तिशाली बनेगी लेकिन उसे शक्ति अर्जित करके पुरुषों की तरह हिंसा, विध्वंस नहीं करना। उसे सृष्टि को बनाए रखना है क्योंकि प्रकृति ने उसे ही मनुष्यता को जन्म देने की नैसर्गिक शक्ति दी है। यहाँ मेहता के माध्यम से प्रेमचन्द यह सवाल उठाते हैं कि विध्वंसक शक्ति अर्जित करने के सिलसिले में क्या स्त्री त्याग, प्रेम और मनुष्यता का पालन-पोषण करने की अपनी क्षमताओं को खो देगी? आज यह सवाल ज्यादा मुश्किल को गया है।

आज जिस तरह आधुनिक कैरियरवादी कामकाजी औरत की प्राथमिकताओं को देखते हैं तो लगता हैं प्रेमचन्द की चिन्ताएँ पूरी तरह से बेमानी नहीं थी। क्योंकि आज अपने पैरों पर खड़ा होने, अपनी पहचान निर्मित करने के सिलसिले में स्त्री ने बहुत कुछ खोया भी है। उसे पारिवारिक सम्बन्ध बोझ और बाधक लगते हैं। वह

इसलिए सम्बन्धों में नहीं बँधती कि उससे उसका निजत्व आहत होगा। वह बिना पुरुष के सहयोग या नाम के सन्तान को पालती है और एकल अभिभावक की भूमिका निभाती है। इससे समाज पर क्या फर्क पड़ा है? जब इस सवाल की पड़ताल करते हैं तो स्त्री के पक्ष-विपक्ष में कई आवाजें सुनाई देती हैं। यहाँ तक कि स्त्रियाँ भी स्त्री के खिलाफ खड़ी नजर आती हैं।

प्रेमचन्द आने वाले समय में जिस ताकतवर आधुनिक स्त्री को देख रहे थे आज वह मौजूद है। एक तरफ उसके सकल जीवन के लिए उसकी तारीफ होती है और दूसरी तरफ सम्बन्धों की सार्थकता के सवाल पर उसकी आलोचना भी की जाती है।

प्रेमचन्द प्रेम जैसे मानवीय मुद्दे पर भी परम्परावादी रवैया दिखाते हैं। जब डॉ. मालती की बहन सरोप प्रेम विवाह की वकालत करती है तो डॉ. मेहता के बहाने प्रेमचन्द प्रेम के ही विपक्ष में खड़े हो जाते है-

"जिसे तुम प्रेम कहती हो, वह धोखा है, उद्दीप्त लालसा का विकृत रूप। उसी तरह जैसे संन्यास केवल भीख माँगने का संकृत रूप है। वह प्रेम अगर वैवाहिक जीवन में कम है तो मुक्त विलास में बिल्कुल नहीं है। सच्चा आनन्द, सच्ची शान्ति सेवा-व्रत में है। वही अधिकार का स्रोत है, वही शक्ति का उद्‌गम है। सेवा ही वह सीमेन्ट है, जो दंपत्ति को जीवनपर्यन्त स्नेह और साहचर्य में जोड़े रखता है, जिस पर बड़े-बड़े आघातों का कोई असर नहीं होता है। जहाँ सेवा का अभाव हैं, वहाँ विवाह-विच्छेद है, परित्याग है, विश्वास है। और आपके ऊपर पुरुष-जीवन का नौका की कर्णधार होने के कारण जिम्मेदारी ज्यादा है। आप चाहे तो नौका को आँधी और तूफानों से पार लगा सकती है और आपने असावधानी की, तो नौका डूब जाएगी और उसके साथ आप भी डूब जायेंगी।" यहाँ प्रेम की बजाय प्रेमचन्द स्त्री द्वारा पुरुष की सेवा करने को ही महत्त्वपूर्ण मानते हैं। हालाँकि इसके लिए मेहता बड़ी-बड़ी किताबी बातें करते हैं। उनकी नजर में विवाह से पूर्व प्रेम केवल शारीरिक वासना है। यहाँ पर मेहता से और प्रेमचन्द से भी सख्त असहमति दर्ज की जा सकती है। क्योंकि यह दृष्टिकोण स्त्री को स्वाभाविक इंसानी जरूरतों को पूरा करने से रोकता है। पुरुष के लिए प्रेम करने की बंदिश कहीं भी नहीं लगाई जाती। यह दरअसल वह नजरियाँ है जो पुरुष को बहुस्त्रीगामी सिद्ध करता हैं। आखिरकार पुरुष ही खुद को कटघरे में खड़ा पाता।

'गोदान' बताता है कि आखिर तक भी आदर्शवाद के दबाव प्रेमचन्द के ऊपर इतने अधिक थे कि वे प्रेम को भी स्त्री की स्वच्छन्दता से जोड़ते हैं। जबकि यह सरासर स्वतन्त्रता और स्वाधीनता का मामला था। देश और समाज ही नहीं, स्त्री भी गुलामी की जंजीरों को काटने के लिए छटापटा रही थी क्योंकि यह प्रश्न आपकी जगह कायम है कि स्वतंत्र कौन नहीं होना चाहता? प्रेमचन्द यथार्थ को देख तो रहे थे लेकिन उसे खुले मन से स्वीकार नहीं कर पा रहे थे।

प्रेमचन्द ने 'गोदान' में केवल राजनीतिक आजादी की बात नहीं की है बल्कि लैंगिक आधार पर औरत की आजादी और जातिगत आधार पर दलित और पिछड़ों की आजादी के अर्थ-प्रसंग भी नियोजित किए हैं।

प्रेमचन्द डॉ. मेहता के माध्यम से यह बताते है कि स्त्री-पुरुष के सम्बन्ध बनाए रखने में स्त्री की भूमिका ज्यादा महत्त्वपूर्ण है। जहाँ सेवा का अभाव है वहीं विवाह-विच्छेद है ' परित्याग है। अविश्वास है। और आपके ऊपर पुरुष-जीवन की नौका की कर्णधार होने के कारण जिम्मेदारी ज्यादा है। आप चाहे तो नौका को आँधी-तूफानों से पार लगा सकती है और आपने असावधानी की तो नौका डूब जाएगी। स्पष्ट है कि प्रेमचन्द सम्बन्धों की सारी जिम्मेदारी औरतों पर डाल रहे हैं। औरतों को ही अपनी नैसर्गिक इच्छाओं को दबाना है। पुरुष के सामने बिना शर्त समपर्ण करना है और निर्णायक मौको पर सही-गलत की परवाह किए बगैर पुरुष के पक्ष में हाथ खड़ा करना है। आज भी स्त्री की यह स्थिति अधिक नहीं बदल है। उसे ही सम्बन्धों को ढ़ोना है। चाहे वह बेमेल सम्बन्ध हो या फिर पुरुष द्वारा छोड़े जाने का शाप झेलना हो।

प्रेमचन्द के सामने स्त्री मुक्ति के रास्ते खुलते हुए चिख रहे थे और यह भी महसूस कर रहे थे कि सम्बन्धों में तनाव या गृह-क्लेश का जिम्मेदार पुरुष होता हैं खन्ना की पत्नी गोविन्दी अपने दाम्प्रदत्त्य सम्बन्धों में मालती के आ जाने से तनाव ग्रस्त हो जाती है। मालती खन्ना की तरफ झुकी हुई नहीं है। खन्ना का तनाव बिल्कुल एक तरफा है। फिर भी इस अस्पष्टता के कारण उनके सम्बन्ध जटिल हो गये हैं। गोविन्दी पुरानी सोच वाली स्त्री है। वह ईश्वर और मोक्ष की शरण में जाती है–

"व्यर्थ का भार अपने ऊपर लादकर, रूढ़ियों और विश्वासों और इतिहासों के मलबे के नीचे दबे पड़े है, उठने का नाम नहीं लेते, वह सामर्थ्य ही नहीं रही। जो शक्ति, जो स्फूर्ति मानव धर्म को पूरा करने में लगनी चाहिए थी, सहयोग में, भाईचारे में, वह पुरानी आदतों का बदला लेने और बाप-दादों का ऋण चुकाने की भेंट हो जाती है। और जो यह ईश्वर और मोक्ष का चक्कर है, इस पर तो मुझे हँसी आती है। वह मोक्ष और उपासना अहंकार की पराकाष्ठा है। जो हमारी मानवता को नष्ट किए डालती है।"

डॉ. मेहता कहते हैं कि सम्बन्धों के इस तनावग्रस्त समीकरणों को तार्किक होकर समझना चाहते हैं। घरेलू लड़ाई और मानसिक कष्ट इत्यादि को हम ईश्वर पर छोड़ देते हैं। हमें दूरदर्शी और आधुनिक होकर इन रूढ़ियों और अन्धविश्वासों से मुक्त होना पड़ेगा। परम्पराएँ जब बोझ बन जाती हैं। उन्हें बदलना जरूरी हो जाता है।

प्रेमचन्द स्त्री के मित्र रूप को तो स्वीकार गोविन्दी और मालती करते हैं लेकिन

उसकी सीमाएँ भी निर्धारित करते हैं। 1936 में प्रेमचन्द मानते हैं–

"नारी केवल माता है, और इसके उपरांत वह जो कुछ है वह सब मातृत्त्व का उपक्रम मात्र है। मातृत्त्व संसार की सबसे बड़ी साधना, सबसे बड़ी तपस्या, सबसे बड़ा त्याग और सबसे महान विजय हैं। एक शब्द में उसे लय कहूँगा, जीवन का, व्यक्तित्त्व का और नारी व का भी।" यहाँ प्रेमचन्द भयंकर मानसिक विशाद झेल रही और घर छोड़ने के लिए व्याकुल-विवश गोविन्दी को मेहता के माध्यम से बता रहे है कि स्त्री की जरूरत और कर्त्तव्य माँ होने के नाते अधिक गम्भीर हैं क्योंकि उसके ऊपर ही भविष्य के नागरिकों को संस्कारित करने एवं आदर्श पाठ पढ़ाने और मानवीय मूल्यों का मर्म सिखाने की जिम्मेदारी है।

'गोदान' में एक तरफ मालती है। जिसके लिए जीवन जीने का अपना ही छन्द है। गोविन्दी है जो कैद से छूटने के लिए व्याकुल है। झुनिया है जो बाल-विधवा होने के और उसके बाद गोबर द्वारा गर्भवती होने के बाद अकेली छोड़ दी गयी स्त्री है। दूसरी तरफ सिलिया है। यह दलित स्त्री बड़ी दबंग हैं। वह पंडित मातादीन से प्रेम करती है और आखिरकार उसे प्राप्त कर लेती है। इनके बहाने प्रेमचन्द औरतों के कई समाज, कई वर्ग और व्यक्तित्त्व प्रस्तावित करते हैं। मालती एक गम्भीर पैसे वाले खन्ना की ठुकरा देती है।

प्रेमचन्द ने खुद वाचक के रूप में उपस्थित होकर एक ताकतवर लेकिन स्त्री द्वारा ठुकराए हुए पुरुष का पराजय-भाव खन्ना के माध्यम से व्यक्त किया है–

"उनकी निर्जीव, निराश आहत आत्मा सांत्वना के लिए विकल हो रही थी, सच्ची स्नेह में डूबी हुई सान्त्वना के लिए-उस रोगी की भाँति, जो जीवन सूत्र क्षीण हो जाने पर भी वैद्य के मुख की ओर आशा भरी आँखों से ताक रहा हो। वही गोविन्दी जिस पर उन्होंने हमेशा जुल्म किया, जिसका हमेशा अपमान किया, जिससे हमेशा बेवफाई की, जिसे सदैव जीवन का भार समझा, जिसकी मृत्यु की सदैव कामना करते रहे, वही उस समय जैसे अचल आशीर्वाद और मंगल और अभय लिए उन पर वार कर रही थी, जैसे उन चरणों में ही उनके जीवन का स्वर्ग हो, जैसे वह उनके अभागे मस्तक पर हाथ रखकर ही उनकी प्राणहीन धमनियों में फिर रक्त का संचार कर देंगी। मन की इस दुर्बल दशा में, घोर विपत्ति में, मानो वह उन्हें कंठ से लगा लेने के लिए खड़ी थी। नौका पर बैठे हुए जल-बिहार करते समय हम जिन चट्टानों को घातक समझते हैं और चाहते है कि कोई उन्हें खोदकर फेंक देता, उन्हीं से, नौका टूट जाने पर, हम चिमट जाते हैं।"

खन्ना मालती द्वारा अस्वीकृत कर दिया गया है। दूसरी तरफ उसकी चीनी मिल में मजदूरों ने माँग जगा दी है। सबसे दुखद यह है कि एक स्त्री पुरुष को ठुकराना सीख रही थी। ऐसे में एक दूसरी स्त्री गोविन्दी पुरुष के जख्मों पर मरहम लगाने के लिए सामने आती हैं। उसके दिलासे से, एकनिष्ठ प्रेम से खन्ना टूट जाता है।

वह उसके कदमों पर गिरना चाहता है। उसकी दुनिया बिल्कुल बदल गयी हैं। जिसे उसने लगभग त्याग दिया था; वही स्त्री उस त्यागे हुए पुरुष को स्वीकार कर लेती है। गोविन्दी के माध्यम से प्रेमचन्द जिस आदर्श स्त्री-छवि को व्यक्त करते हैं। आज उसमें बदलाव आ गया है।

राष्ट्रीय आन्दोलन की अनुगूँज इस उपन्यास में एक अन्तर्कथा के रूप में लगतार विकसित होती हैं। यह विषयवस्तु प्रेमचन्द की कई दूसरी रचनाओं में मुख्य विषय की तरह उपस्थित है लेकिन यहाँ प्रेमचन्द ने राष्ट्रीय आन्दोलन के बहाने सामंती समाज का पूँजीवादी समाज में बदलने की प्रक्रिया को प्रस्तुत किया है। प्रेमचन्द चाहे आदर्शो की कथा कहें या बाद में चलकर उनके अनुभव यथार्थवादी लेखन में रूपान्तरित हो गये हों; उनका विश्वास शुरु से ऐसी जनतांत्रिक व्यवस्था में बना रहा जो सभी प्रकार के जातिगत भेदभावों से ऊपर हों। जिसमें शोषक ताकतें किसी का शोषण नहीं कर सके और सबको आगे बढ़ने के बराबर मौके मिल सके। 'गोदान' में प्रेमचन्द ने इसी भाव की भूमि पर निर्धन, मजबूर, किसानी जीवन का चित्रण किया है। प्रेमचन्द ने यह भी दिखाने की कोशिश की है कि ऐसी भूमि-व्यवस्था होनी चाहिए जो अर्थ-स्वामियों और बड़ी जातियों के ऊँचे तबकों के असरदार लोगों से बिल्कुल मुक्त हो यानी प्रेमचन्द राजनीतिज्ञों से पहले ही इस नतीजे पर पहुँच चुके थे कि जमीन पर उसी का हक होना चाहिए जो उस पर खेती करता हो। इस उपन्यास में प्रेमचन्द ने राष्ट्रीय आन्दोलन के साथ-साथ नवजागरणकालीन चेतना के फैलाव का विश्लेषण भी किया है।

प्रेमचन्द ने उस समय के समाज में सभी प्रकार की जंजीरों को तोड़कर फैंकने वाली क्रान्तिकारी भावना को उपन्यास की संवेदना बना दिया है। इस जनभावना को उस दौर में साहित्य में केवल प्रेमचन्द ही ठीक से समझ रहे थे। वह राजनीतिक और आर्थिक शोषण के मुक्ति के साथ-साथ जातिगत हीनता से छुटकारा भी दिलाने की पक्षधरता प्रदर्शित करते हैं। प्रेमचन्द ने इसे प्रत्यक्ष-अप्रत्यक्ष रूप में सामने रखा है। जहाँ प्रेमचन्द भूस्वामियों, सूदखोरों और महाजनों की अनीतियों का विरोध करते हैं वहीं कुलीनतावादी, जातिवादी भेदभाव के विरूद्ध एक नया संवेग भी रचते हैं। प्रेमचन्द ने इस उपन्यास में ब्राह्मण और दलित चरित्रों के बीच जिस तनाव की सृष्टि की है। उसे पढ़ते हुए वह तनावपूर्ण घटनाचक्र जैसे हमारे सामने साक्षात घटित होने लगते हैं। एक ब्राह्मण युवक एक दलित युवती से शारीरिक सम्बन्ध बना लेता है और उसके बाद जो शोर मचता है वह उस दौर में जातिगत-शोषण के विरोध का शोर है। जबर्दस्ती शादी करने से पहले उस ब्राह्मण युवक को बलपूर्वक माँसाहार करवाना केवल एक घटना मात्र नहीं है। प्रेमचन्द सारी जातिगत समस्याओं के लिए केवल ब्राह्मणों को दोषी मानते हैं। जबकि जाति-पाँति की ऊँच-नीच सवर्णो के साथ-साथ दलितों में भी रही है लेकिन इस सबके लिए ब्राह्मणवादी मनुष्यवादी विचारधारा कहीं-न-कहीं जिम्मेवार है। इसलिए प्रेमचन्द सीधे केन्द्र पर चोट करते

हैं। यह उपन्यास का सबसे अधिक अप्रिय प्रसंग है। प्रेमचन्द ने इसे बदलते हुए समाज की बड़ी घटना बना दिया है। उन्होंने यह बदलती हुई सामाजिक सोच भी प्रस्तावित की है कि ऊँची जातियों द्वारा दलितों का अपमान बर्दाश्त नहीं किया जाएगा और अगर ऐसा ही हुआ तो उसका हश्र मातादीन जैसा होगा जबकि इससे पहले ऐसे कथा-प्रसंग रचे ही नहीं जाते थे। वहाँ दलित लड़कियाँ लगातार दैहिक शोषण के बाद भी चुप रहती थी।

यह प्रेमचन्द का वह विज़न है जो जातिगत भेदभाव के भविष्य को कई दशक पहले देख लेता है। छुआछूत और अमीरी-गरीबी भारतीय समाज के ऐसे रोग हैं जो समाज को अन्दर-ही-अन्दर खोखला करते गये हैं। प्रेमचन्द ने रोग का निदान कर उसका उपचार भी सुझाया है। प्रेमचन्द ने जातिगत शोषण के साथ-साथ आर्थिक शोषण का भी विरोध किया है। उन्होंने दिखाया है कि जमींदारों की जगह पूँजीपतियों ने ले ली है लेकिन किसानों और गरीबों का शोषण उसी तरीके से बदस्तूर जारी है। होरी, धनिया, मातादीन, सिलिया जैसे दलित वर्ग के चरित्र हो या ग़ैरदलित वर्ग के किसान पात्र; आर्थिक मौर्चे पर सभी हारे हुए लोग हैं। प्रेमचन्द ने 'गोदान' में यह दिखाने की कोशिश की है कि आजादी की वास्तविक लड़ाई वही होगी जब हम अपने बहुजन समाज को चूसने वाले शोषक वर्ग से मुक्त करा सकेंगे। 'गोदान' में सताया हुआ गरीब आदमी महाजनों की ज्यादतियॉ सहते हुए कुछ नहीं कर सकता। उसकी मजबूरी को प्रेमचन्द ने कई रूपों में पाठक के सामने रखा है। प्रेमचन्द ने 'गोदान' में यह ऐतिहासिक जरूरत रेखांकित की है कि राष्ट्रीय आन्दोलन में सामाजिक और आर्थिक लड़ाई को भी शामिल करना जरूरी है तभी हम निर्णायक लड़ाई लड़ सकेंगे। 'गोदान' में प्रेमचन्द ने आजादी के संघर्ष के साथ समाज की लड़ाई की पहलकदमी की जरूरत कई प्रसंगों में उजागर की है। उन्होंने यह भारतीय अर्थव्यवस्था के मुख्य घटक किसान के जीवन संघर्ष के माध्यम से समझाने की कोशिश की है।

'गोदान' में प्रेमचन्द ने गरीब किसानों की दुर्दशा की करूण गाथा होरी के जीवन-संघर्ष के रूप में प्रस्तावित की है। होरी दरअसल अपने पूरे वर्ग का प्रतिनिधि है। किसान जीवन का असली त्रासद मतलब होरी के दमन और शोषण से त्रस्त जीवन में छिपा है। होरी का दमन और शोषण करने वाले उसके परिवेश के हिस्से हैं। 'गोदान' दिखाता है कि सामान्य किसान अगर सूदखोर महाजन के चंगुल में फंसा मुक्ति के लिए छटपटा रहा था तो देश साम्राज्यवादी ताकतों से आखिरी लड़ाई के लिए खुद को तैयार कर रहा था। होरी की नियति समूचे किसान वर्ग की पीड़ा को उजागर करती है। जमींदार और महाजन उसी पूँजीवादी व्यवस्था की ऊपज है जो दूसरों को गुलाम बनाने वाली ताकतों को फायदा पहुँचाती है। प्रेमचन्द ने होरी के हवाले से इस तथ्य को विश्लेषित किया है कि अर्थकेन्द्रित व्यवस्था उसी को लाभ पहुँचाती है जिसका पूँजी पर कब्जा हो।

खून चूसने वाली असंवेदनशील व्यवस्था की निर्मम मार से होरी जैसे किसान मजदूर में बदल जाते हैं। इस प्रसंग में प्रेमचन्द बार-बार होरी को अपनी दयनीय हालत के लिए भाग्यवादी दिखाते हैं। सवाल उठता है क्या प्रेमचन्द प्रारब्ध पर विश्वारा करते हैं? और इस रास्ते किसानों को शोषकों से लड़ने कर बजाय समर्पण और समझौते की राह दिखाते हैं! दरअसल प्रेमचन्द आदर्श की बजाय यथार्थ पर अधिक भरोसा कर रहे हैं। किसान जीवन की मजबूरियाँ ही ऐसी है कि आज भी 68 वर्ष से अधिक बूढ़ा हो चुका हमारा कथित प्रजातन्त्र किसान को कर्जे से मुक्ति के लिए आत्महत्या का रास्ता ही दिखाता है। आसानी से समझा जा सकता है कि होरी का जमाना और भी मुश्किल था। वह संघर्ष की बजाय मुक्ति के लिए जिन रास्तों का चुनाव करता है। वह उसके अपने चुनाव नहीं हैं। उसकी खेती पर कब्जा करने वाले सामंत और मजबूरी का फायदा उठाने वाले सूदखोर महाजन उसके सामने एक लाचार मृत्यु का ही रास्ता छोड़ते हैं। यह पूँजीवादी सत्ता के वर्चस्व और उसकी बेलगाम ताकतों का अंजाम है। आज भी 'गोदान' का होरी पल-प्रतिपल नष्ट हो रहा है। ऐसे में यही कहना होगा कि प्रेमचन्द ने शायद किसान का भविष्य देख लिया था। परोक्ष अपरोक्ष रूप से 'गोदान' किसान जीवन के जटिल प्रश्नों का उत्तर भी छिपाये हुए है। इस रचना में प्रेमचन्द ने शोषण के शिकार किसान, दलित और स्त्री वर्ग की लड़ाईयों को अपने समय के परिप्रेक्ष्य में प्रस्तुत किया है।

प्रेमचन्द ने 'गोदान' में अनेक वर्गों के स्त्री चरित्रों को पुरुष के निरंकुश वर्चस्ववादी रवैये से जूझते हुए दिखाया है। झुनिया, सिलिया, नोहरी अगर दलित शोषक वर्ग की स्त्रियाँ हैं तो मालती शहरी उच्च वर्ग की ऐसी औरत है जो कहीं अपनी अलग पहचान के लिए पुरुषों की दुनिया से टकराव के रास्ते ही आगे बढती हैं। 'गोदान' में प्रेमचन्द ने आजादी के मायने औरतों के सन्दर्भ में क्या हैं– इसकी भी पड़ताल करने की कोशिश है। औरतों का पारिवारिक और सामाजिक मुद्दों पर पुरुषों का मुखापेक्षी होना आर्थिक धरातल पर पुरुषों के रहमोंकरम पर रहना इत्यादि को चित्रित करते हुए प्रेमचन्द ने दिखाया है कि स्त्री चाहे किसान वर्ग की हो या सामन्त वर्ग की शिक्षित शहरी मध्यवर्ग की हो या दलित वर्गों में उसका जन्म हुआ हो; जिन्दगी उसे औरत होने के मायने जिन्दगी भर एक कठिन पाठ की तरह समझाती रहती है। औरत की यह लड़ाइयाँ दिखाते हुए प्रेमचन्द एक दिलचस्प नतीजा हमारे सामने रखते है। निरक्षर, गरीब तथा दलित औरतें क्योंकि मेहनत करती हैं इसलिए दूसरे वर्गों की औरतें से अपना जीवन अपनी तरह से जीने के लिए ज्यादा समर्थ हैं। यह स्वतन्त्रता के उस पहलू की ओर इशारा करता है कि वक्त उन्हीं की आजादी की रक्षा करता है जो आत्मनिर्भर हो।

प्रेमचन्द ने अपने कथा-साहित्य में ऐसी अनेक स्त्रियों का जीवन दिखाया है जो पुरुषों द्वारा प्रताड़ित होती हैं। उनका जीवन एक अदृश्य गैस चैंबर में घुट-घुटकर

नष्ट होता रहता है। वह पुरुषों के लिए दिल बहलाने का एक खिलौना है। दरअसल प्रेमचन्द यह दिखाना चाहते हैं कि आजादी केवल राजनीतिक नहीं होती वह आर्थिक और लैंगिक धरातल पर भी लड़ी जाती है। प्रेमचन्द ने सामन्ती आर्थिक दबावों के साथ ही पुरुषों की मनमानी से संघर्ष करने से बचती हुई औरत को ही अपनी गुलामी के लिए जिम्मेदार ठहराया है। स्त्री की आजादी और गुलामी के समीकरण को समझने के लिए प्रेमचन्द 'गोदान' में मालती जैसी स्त्री चरित्र का प्रवेश करवाते हैं। वह उच्च शिक्षित आधुनिक औरत हैं। वह अपने अस्तित्त्व का अर्थ समझती है और पुरुष वर्चस्व को मानने से इंकार करती हुई अपनी अलग पहचान के लिए पुरुष सत्ता से टकराती है। वह कई तरह के लांछनों को झेलती है। जिसमें एक यह भी है कि उसे तितली कहा जाता है यानी ऐसी औरत जो किसी एक पुरुष से सन्तुष्ट नहीं हो सके! यहाँ प्रेमचन्द पुरुषसत्तात्मक सोच को कठघरे में खड़ा कर देते हैं। विवाह संस्था को पुरुष के एकाधिकार बनाए रखने वाली संस्था मानती है। इसलिए वह आदमी-औरत के ऐसे रिश्तों की हिमायत करती है जिसमें औरत का वजूद पिता या पति की छाया से मुक्त रह सके। उसे विवाह नामक संस्था अपर्याप्त लगती है और वह उस पर बिल्कुल भी भरोसा नहीं करती। मालती दरअसल प्रेमचन्द का वह प्रगतिशील विचार है जिसे आज हम अपने समाज में बिल्कुल अपने आसपास घटित होते देख रहे हैं। औरतें बिना शादी के पुरुषों के साथ सहजीवन बिता रही है। इतना ही नहीं पुरुषों के दमन और शोषण से तंग आकर औरतें पुरुषों का बिल्कुल बहिष्कार करके औरतों के साथ ही रह रही है। मुमकिन है कि प्रेमचन्द ने इसे अपने समय से पहले देख लिया था। मालती की परिकल्पना उन्होंने उस समय कर दी थी जब भारतीय स्त्रियाँ ही नहीं समूचा भारतीय समाज ठीक से आधुनिक भी नहीं हुआ था। मालती का चरित्र स्वतन्त्र हैं लेकिन स्वायत्त नहीं। प्रेमचन्द स्वायत्त औरत की स्वतंत्रता का विमर्श भी खड़ा करते हैं या कहें कि स्वायत्त स्त्री क्या होती है, इसका बीज-संस्करण प्रेमचन्द मालती के रूप में हिन्दी साहित्य में रोप देते हैं। मालती से अलग 'गोदान' में झुनिया, नोहरी, सिलिया जैसी और कृषक-श्रमिक में बदल चुकी उत्पीड़ित औरतें हैं। पुरुष समाज उनका अपमान करता है तथा अमानवीय तरीकों से जैसे बन पड़े उन्हें जीवन में असली जगह नहीं देता। उन्हें केवल भोगना चाहता है। मातादीन सिलिया को फुसलाकर उससे शारीरिक सम्बन्ध बनाता है और क्योंकि सिलिया सवर्ण समाज की दया-दृष्टि पर जीवित है। इसलिए मातादीन को लगता है कि वह यौन-शोषण झेलकर भी चुप रह जायेगी लेकिन प्रेमचन्द यहाँ भी सवर्ण गुलामी से छुटकारे के लिए सिलिया के माध्यम से दलित औरतों के संघर्ष को उजागर करते हैं। यहाँ भी अपने अस्तित्त्व और पहचान की लड़ाई है।

प्रेमचन्द 'गोदान' के रचनाकाल तक गाँधीवाद के असर से पूरी तरह छूट नहीं पाए थे। इसलिए उनके कथा-साहित्य में स्त्री चरित्र अपने संघर्ष को निणर्यात्मक

लड़ाई में नहीं बदलते और हालातों से समझौता कर लेते हैं। क्या प्रेमचन्द किसानों और दलितों की दयनीय हालत के लिए भाग्यवाद को ही आखिरी तौर पर जिम्मेदार ठहराते हैं। क्या वे सच में हकीकत को देख रहे हैं क्योंकि हकीकत में बदलाव हुआ नहीं हैं। आज भी किसान हो या दलित, स्त्री हो या पुरुष; अगर वह जातीय और आर्थिक धरातल पर कमजोर है तो वह संघर्ष नहीं करता, समर्पण करता हैं। यह भी एक सुलगता हुआ सच हैं। प्रेमचन्द इस सच्चाई को बदलने के लिए सामाजिक बराबरी का आदर्श ढाँचा परिकल्पित करते हैं और प्रेमचन्द के सपनों का समाज व्यक्तिगत और सामाजिक, सांस्कृतिक और राजनीतिक, जातीय और आर्थिक इन तमाम मानदंडों पर समता की बात करता है।

प्रेमचन्द का समतावाद आयातित दर्शन नहीं हैं। यह विशुद्ध भारतीय परिस्थितियों के दबाव से उपजा है। यह जरूर है कि उसमें गाँधी और मार्क्स की आवाजें शामिल हैं। दरअसल प्रेमचन्द 'गोदान' के माध्यम से अपने समय की सभी मानवीय और प्रगतिगामी विचारधाराओं को एक साझा मंच देना चाहते हैं।

अज्ञेय : शेखर एक जीवनी (1941 एवं 1944)

आधुनिक व्यक्ति का गैर रोमांटिक दर्शन

स्वतन्त्रता, स्वाधीनता और स्वायत्तता आधुनिक मनुष्य के चरित्र और व्यक्तित्त्व को निर्मित करने वाले तत्त्व हैं। अज्ञेय रोमानी भावबोध के सामने गैर रोमांटिक दृष्टि से आधुनिक मनुष्य को देखते है। अज्ञेय मनुष्य के अस्तित्त्व और व्यक्तित्त्व को जिस नयी गैर रोमांटिक दृष्टि से देखते हैं। उस पर यथार्थ का दबाव है। अज्ञेय की मूल समस्या व्यक्ति और सृष्टि को संपूर्णता, समग्रता में देखने और समझने की है। इसका साक्ष्य उनकी कविता और गद्य है। दोनों बहुत दूर तक एक-दूसरे के पूरक हैं। अज्ञेय का पहला और महत्त्वपूर्ण उपन्यास 'शेखर एक जीवनी' तीन भागों में प्रस्तावित किया गया था। जिसके दो ही भाग (1941 एवं 1944) छप सके हैं। यह उपन्यास अब तक उलझन में डालने के साथ-साथ अज्ञेय के समकालीन तथा परवर्ती कथाकारों को प्रेरित भी करता रहा है। इस उपन्यास के शीर्षक में भी एक पेंच है। ऐसा लगता है यह उपन्यास की शक्ल में जीवनी की प्रस्तुति है या जीवनी का दिखावा करते हुए विशुद्ध काल्पनिक चरित्रों और घटनाक्रम के माध्यम से उपन्यास लिखा गया है। काफी देर तक यह चर्चा आलोचना के केन्द्र में उठती रही है। दरअसल इसमें अज्ञेय आधुनिक व्यक्ति के जीवन को समझने के सिलसिले में उसके समय और समाज को जाँचते और परखते है। 'शेखर एक जीवनी' के बाद 'नदी के द्वीप' में भी प्रेम कथा के बहाने समय और समाज की पड़ताल है।

'शेखर एक जीवनी' के केन्द्र में पीड़ा और प्रेम हैं। अज्ञेय यह बताना चाहते हैं कि आधुनिक मनुष्य के जीवन-दर्शन का निर्माण तीन तत्त्वों--प्रेम, पीड़ा और मृत्यु से हुआ है। इसलिए बार-बार उनकी रचनाओं में इन तीनों की उपस्थिति नैसर्गिक तत्त्वों के जैसी है। देखा जाए तो तीनों ही तत्त्व कहीं-ना-कहीं पर एक-दूसरे को अर्थ देते हैं और सम्पूर्ण करते है। अज्ञेय 'शेखर एक जीवनी' में आधुनिक मनुष्य के विद्रोह भाव की कथा कहते हैं। इसमें मूल स्वर यही है कि आधुनिक व्यक्ति आमतौर पर विद्रोही होता है। 'नदी के द्वीप' में एक कोमल प्रेम कहानी के आवरण में अज्ञेय

फिर से निजी एवं आन्तरिक व्यक्तित्त्व को परिभाषित करते हैं। वहाँ भी वे बताते है कि आधुनिक होना स्वाधीन होना है। जो अपने जीवन का छन्द खुद बना सके, वही आधुनिक है। वहाँ पर अज्ञेय समाज के समानान्तर व्यक्ति की इयत्ता के मर्म को समझाते हैं। वे बार-बार व्यक्ति को विशिष्ट ईकाई मानते हुए उसे अद्वितीय, अनूठा, अपूर्व साबित करते हैं। समाज उनकी दृष्टि में व्यवित के व्यक्तित्त्व को छीन लेता हैं। यानी समाज से अज्ञेय का आशय व्यक्ति को व्यक्तित्वहीन करने वाली व्यवस्था भी है जो निजत्व को छीन लेती है। व्यक्ति की स्थिति नदी के द्वीप में स्थित द्वीप की तरह है। नदी जिस तरह द्वीप को चारों और से घेरे रहती है, व्यक्ति भी समाज से इसी तरह घिरा रहता हैं। स्पष्ट है कि अज्ञेय आधुनिक मनुष्य के अस्तित्त्व और अस्मिता के अनिवार्य सवालों को सामने रख रहे है और अपनी मानसिक दीक्षा के अनुसार जवाब भी दे रहे हैं।

अज्ञेय व्यक्ति की स्वतन्त्रता के पक्षधर हैं। यह स्वतंत्रता कई अर्थो में इतनी व्यक्तिगत हो जाती है कि समाज व्यक्ति को व्यर्थ के कायदे-कानूनों में बाँधने वाला कारागार या दम घोटने वाली संस्था बन जाता है। अज्ञेय व्यक्ति के व्यक्तित्त्व और स्वतन्त्रता को प्रेम कथा के साँचे में प्रस्तुत करते हैं। प्रेम व्यक्ति को विद्रोही बनाता है लेकिन उसे स्वाधीनता की समझ भी देता हैं। व्यक्ति समाज से टकराकर ही अपना विशिष्ट अस्तित्त्व और व्यक्तित्त्व निर्मित कर सकता है। दिलचस्प बात यह है कि इस सिलसिले में समाज और व्यक्ति अस्तित्त्ववादी अर्थ देने लगते हैं। अस्तित्त्ववाद मानता है कि व्यक्ति अपने माता-पिता का चुनाव नहीं कर सकता। ठीक इसी अर्थ में अज्ञेय यह प्रस्तुति देते हैं कि व्यक्ति को अनचाहे समाज में रहने के लिए विवश होना पड़ता हैं। इसीलिए उसके पास वरण का अधिकार नहीं होता है।

व्यक्ति के व्यक्तित्त्व को सम्पूर्णता उसके समाज से स्वाधीन होने में सम्भव होती है लेकिन उसके व्यक्तित्त्व को आहत करने वाला सबसे बड़ा घटक मृत्यु का एहसास है। यही कारण है कि दुनिया भर के 20वीं शताब्दी में लिखे साहित्य में प्रेम और मृत्यु प्रमुख विषय के रूप में प्रस्तावित हुए हैं। यह अस्तित्त्ववाद, मार्क्सवाद और दूसरे आधुनिक दर्शनों से टकराता है। साहित्य सहित तमाम कलाओं पर इसका असर देखा जा सकता है। अस्तित्त्ववादी मानते हैं कि मृत्यु जीवन को अर्थ नहीं देती बल्कि उसे व्यर्थ साबित करती हैं। प्रेम जहाँ अपने आशंकित अन्त के कारण वेदना उपजाता है, वहीं मृत्यु मनुष्य को उसकी नश्वरता के सामने खड़ा करके भयानक इशारा देती है। अज्ञेय ने इस अस्तित्त्ववादी सोच को तोड़ने की कोशिश की है। अज्ञेय नश्वरता बोध को जीवन के सामने विशुद्ध भारतीय नजरिये से रखकर देखते हैं। उनकी स्थापना है कि नश्वरता के कारण व्यक्ति क्षणों में जीवन ढूँढ़ता है इसीलिए उसे उत्सवधर्मी होने की प्रेरणा मिलती है। यह भारतीय रसवादी सोच है। जो मृत्यु के सामने जीवन के छोटे-छोटे सुखों को भरपूर जीने की राह दिखाती है। इसीलिए

मृत्यु जीवन-संत्रास नहीं है बल्कि उसको सम्पन्नता देती है। अज्ञेय जीवन की समग्रता को कई सन्दभों में रेखांकित करते हैं।

'शेखर एक जीवनी' में अज्ञेय अपने प्रमुख चरित्र के माध्यम से व्यक्ति के व्यक्तित्त्व की विशिष्टता को प्रस्तुत करते हैं। यह उपन्यास चरित्र केन्द्रित है। वैसे तो प्रेमचन्द ने भी अपने पात्रों का चरित्र गठन बड़े मनोयोग से किया है लेकिन उनके यहाँ यह काम बाहरी धरातल पर अधिक हुआ है। कह सकते हैं कि प्रेमचन्द व्यक्ति चित्रकार थे। वह व्यक्ति को राह दिखाते हैं लेकिन व्यक्ति का आन्तरिक व्यक्तित्त्व उन्मूलन तटस्थता के साथ हिन्दी उपन्यासों में जैनेन्द्र और इलाचन्द्र जोशी के साथ अज्ञेय ने सम्पन्न किया है। अज्ञेय ने व्यक्ति के व्यवहार और आचरण के साथ-साथ उसके मानसिक व्यक्तित्त्व को भी शब्दों का अनुभव बनाया हैं। यही कारण हैं कि उनके यहाँ व्यर्थता के मायने और मनुष्य की मानसिक सच्चाई के बयान अधिक दर्ज हुए है। इसीलिए उनके उपन्यासों की रचना कई बार प्रच्छन्न कविता लगते हैं।

'शेखर एक जीवनी' में अज्ञेय कथा-संवेदना के साथ-साथ भाषा के धरातल पर भी उपन्यास और कहानी को अलग एक करने की कौशिश करते हैं। इस उपन्यास में अज्ञेय ऐसे गद्य को विकसित करते हैं जिसमें काव्य भाषा का संबोधन और इस उपन्यास के बाद लिखी उनकी कविता इसी भाषा का विस्तार है। डॉ. रामस्वरूप चतुर्वेदी ने 'शेखर एक जीवनी' के छोटे-छोटे चरित्रों में छिपी अज्ञेय की कविता को पहचाना और भाषा के धरातल पर यह रेखांकित किया कि उपन्यास का शिल्प कुछ-कुछ कविता के सूक्ष्म संगठन पर दिखाई देता है। अज्ञेय अपने जीवन में के शुरुआती रचनाकाल मन-मस्तिष्क में छायी छायावादी रोमानित को तोड़कर जिस गैर रोमांटिक भाव-बोध को प्रस्तुत करते रहे उसका बीज शब्द है विद्रोह।

छायावादी कविता भी बुनियादी तौर पर विद्रोही कविता रही। अज्ञेय ने जब लिखना शुरु किया तो उनके साथ-साथ लिखना शुरु करने वाले लेखकों पर इसका असर नहीं पड़ा। मुक्तिबोध, शमशेर और केदारनाथ अग्रवाल इस सतही विद्रोह-भाव से आगे बढ़कर मार्क्सवादी बोध से सम्पन्न होते चले गये। जबकि नरेन्द्र शर्मा, नवीन और दूसरे कई रचनाकार उसी छायावादी बोध से जकड़े रहे हैं। अज्ञेय ने इन दोनों रास्तों से अलग अपनी तीसरी राह बनाई। बुनियादी तौर पर कभी अज्ञेय की इस रूप को उनके कथा साहित्य में भी देखा जा सकता है। उन्होंने अपनी चेतना पर लिपटी कोमल संवेदनाओं से विद्रोह की कैचुल धीरे-धीरे उतारकर खुद को मुक्त किया। 'शेखर एक जीवनी' में शेखर का व्यक्तित्त्व इसी रोमानी शैली का है लेकिन धीरे-धीरे वह प्रेम से अप्रेम की तरफ बढ़ता है, प्रेम से घृणा की तरफ नहीं, यही गैर रोमांटिक बोध उपन्यासकार अपने चरित्रों के माध्यम से विकसित करता है। इस जीवन का भी कुछ मतलब है! यही आग, उसकी चिंगारियाँ शेखर के चरित्र को क्रान्ति का भक्त बनाती हैं। क्रान्ति, द्वन्द्व, विरोध और विद्रोह से शुरु होकर

आमूलचूल सकारात्मक परिवर्तन में सम्पूर्णता पाती है। इससे पहले साहित्य में केवल प्रेम जैसी सकारात्मक भावनाओं को ही विद्रोही भाव माना जाता था। अज्ञेय लम्बे समय तक स्वयं एक क्रान्तिकारी का जीवन जीते रहे। उन्होंने एक जगह पर कहा भी हैं। विद्रोह अनंत है, नित्य है क्योंकि उनके उपकरणों में प्रेम के बाद सबसे बड़ा और सबसे अमोघ शस्त्र है। यही घृणा गलत के प्रति, अन्याय के प्रति, अत्याचार के प्रति व्यक्त की गयी है कि एक दिन सभी क्रान्तिकारियों में इस घृणा का जागरण होगा।

शेखर ऐसा ही बौद्धिक क्रान्तिकारी है। वह अपने तरीके से संसार को बदलना चाहता है। 'मैं जो कुछ लिखता हूँ, लगता है बहुत उबालकर लिखता हूँ। पर मुझे लगता है कि यह भी लगता है कि उद्देश्य भी इसमें नहीं हैं और उद्देश्य के लिए तो नक्शा बनाकर चलना चाहिए।' शशि से कहे शेखर के यह शब्द उसकी मानसिक बनावट और सोच को सामने रखते है। वही सही कूट नीति बनाने में विफल होने पर अपनी आलोचना करता है कि 'केवल आवेश से बड़े बदलाव नहीं होंगे।' परम्परागत, स्वच्छन्दतावादी आवेश और आवेग को ही चरम मूल्य मानते रहे। अज्ञेय शेखर के माध्यम से गुस्से पर काबू रखकर उसे सही दिशा की ओर मोड़ने पर बल देते हैं। यही कारण है कि शेखर पर विद्रोह भाव और उनकी क्रान्ति की समझ गैर रोमांटिक हैं। जेल में बाबा मदन सिंह के साथ किया गया उसका विचार-विमर्श एक ऐसा संवाद है जो उनकी सोच की पैनी धार को चमकाता है।

यह क्रान्तिकारी सोच राजनीतिक और साहित्यिक दोनों धरातलों पर व्यक्त होती है लेकिन अज्ञेय साफ तौर पर मार्क्सवादी क्रान्ति के पक्ष में हाथ नहीं उठाते। क्रान्ति का एक संगठित पक्ष है तो एक महानत्तर व्यक्ति पक्ष भी है। यहाँ समाज बदलने से ज्यादा महानत्तर व्यक्ति पक्ष है। इसीलिए शेखर की क्रान्ति शाब्दिक साहित्य क्रान्ति का अर्थ देने लगती है। वह सारे दबाव समूहों को तोड़कर एक अकुंठ व्यक्ति की परिकल्पना करते हैं। दरअसल यह व्यक्ति के स्वायत्त व्यक्तित्त्व की खोज है। शुरु में रखी गयी समस्या–अपने व्यक्तित्त्व को 'मैं समझू, या वह, या तू'.... यह अपने से अलग होकर खुद को जांचना है। यह 'मैं' के माध्यम से 'वह' की खोज है। ऐसे क्षणों में व्यक्ति के विघटन के डर व्यक्त होते हैं। आत्मकथा के शिल्प में लिखी गयी यह रचना जीवनी में इसलिए बदल जाती है। यह दूसरे के जीवन को समझने के बहाने खुद को समझाना भी है। खुद को यानी अपनी मौलिकता को समझना, अपने व्यक्तित्त्व की प्रामाणिकता, विश्वसनीयता को परखना है। यह जाँच-पड़ताल दुख या वेदना से रहित नहीं है और अज्ञेय के शब्दों ने ही 'दुख सबको माँजता है।' 'शेखर एक जीवनी' की भूमिका का पहला ही वाक्य है– 'वेदना में एक मुक्ति है जो शक्ति देती है। यानी दुख से सृजन होता है जो यह बताता है कि दूसरों को दुख न दिया जाए। शशि कहती है– 'दुख उसी की आत्मा को शुद्ध करता है जो उसे दूर करने की कोशिश करता है, यानी जीवन की सार्थकता 'दूसरों के साथ

दुखी होने में नहीं, दूसरों के स्थान पर दुखी होने में हैं।' यहाँ भी अज्ञेय का गैर रोमांटिक भाव उजागर होता है। यहाँ छायावादी रोमानी दृष्टि नहीं है। यहाँ दुख दिखाने की वस्तु नहीं हैं। ऐसी पीड़ा है जिसे दूर करने की कोशिश व्यक्ति को करनी चाहिए।

इस उपन्यास में शेखर और शशि के साथ बाबा मदन सिंह, मूसीन और रामजी ऐसे पात्र हैं जो शेखर के व्यक्तित्त्व को प्रभावित करते हैं। शेखर उनकी शक्ल में अपने अस्तित्त्व को परखता है। अपनी आस्तित्विक चिन्ताओं को जाहिर करता है। यह सभी ऐसे चरित्र हैं जो मानवीय वेदना को अर्थ देते हैं। बाबा मदन सिंह जीवन के हर पक्ष को भरपूर जीने में यकीन करते हैं– यही जीवनी शक्ति शेखर भी अर्जित करना चाहता है। शशि परपीड़ा दूर करने के लिए आत्मपीड़ा को भी स्वीकारती है जबकि शेखर ऐसा जीवन जीना चाहता है जिसमें पीड़ा न हो। शशि का अर्थ शेखर के लिए विशिष्ट है– 'सबसे पहले तुम, राशि। इसीलिए नहीं कि तुम जीवन में सबसे पहले आई या कि तुम सबसे ताजी स्मृति हो। इसलिए मेरा होना अनिवार्य रूप से तुम्हारे होने को लेकर है– ठीक वैसे ही जैसे तलवार में धार का होना, सान की कल्पना करता है।' शशि शेखर की परिवर्तनकामी धार को पैना करती है। वह उसे जीवन में नये अर्थ अर्जित करने की राह दिखाती है। यह दोनों पात्र प्रेम से अधिक वेदना के धरातल पर जुड़े हैं। दोनों विद्रोही हैं और यथास्थिति को समूचा बदलना चाहते हैं।

जब 'शेखर एक जीवनी' का पहला भाग छपा तो कई भावुकतावादी आलोचकों को शशि और शेखर की मित्रता फिल्मी और बिल्कुल पश्चिमी लगी थी। उनकी सोच थी कि एक स्त्री और पुरुष में ऐसी नजदीकीयाँ कम-से-कम भारतीय परिवेश में नहीं होती। अज्ञेय ने स्त्री और पुरुष के बीच का मित्र भाव जिस धरातल पर चित्रित किया है, आज वह अभारतीय नहीं लगता। उपन्यास में अज्ञेय ने शशि और शेखर के बीच दूर के भाई-बहन का रिश्ता दिखाया। यह भी एक अज्ञेयवादी शैली थी। वह पाठक की परम्परित चेतना को झटका देना चाहते थे क्योंकि जिस समाज में शशि और शेखर रहते हैं, वह स्त्री-पुरुष के ऐसी निकटता दाम्पत्य के सन्दर्भ में ही बर्दाश्त कर पाता है। अज्ञेय ने इसी दृष्टि के प्रति विद्रोह किया और स्त्री-पुरुष के सम्बन्ध को कोई नाम न देते हुए स्वायत कर दिया। यही अज्ञेय की मौलिक क्रान्तिकारी दृष्टि थी क्योंकि स्त्री और पुरुष के बीच एक स्वस्थ मित्रता का सम्बन्ध सम्भव है। उसे दुराचार नहीं कहना चाहिए। आज यह कहना आसान लगता है कि लेकिन 20वीं शताब्दी के चौथे दशक में वह विद्रोही कदम माना जाता था। अज्ञेय ने यह सम्भव किया है। यह कैसे मुमकिन हुआ इसे जानने के लिये 'शेखर : एक जीवनी' से बेहतर रचनात्मक साक्ष्य और क्या होगा!

हजारी प्रसाद द्विवेदी : बाणभट्ट की आत्मकथा (1946)

अतीत के बहाने वर्तमान का इतिहास

हजारी प्रसाद द्विवेदी की ख्याति एक निबन्धकार, आलोचक और इतिहासकार की है लेकिन उन्होंने 'पुनर्नवा', 'चारूचन्द्र लेख', 'अनामदास का पोथा' और 'बाणभट्ट की आत्मकथा' जैसे ऐतिहासिक उत्कृष्ट उपन्यास भी लिखे हैं। 'हिन्दी साहित्य का अतीत', 'भारतीय धर्म साधना', 'सूरदास', 'कबीर' जैसे ग्रंथ द्विवेदी जी की सूक्ष्म इतिहास दृष्टि और प्रखर सुचिंतित आलोचना प्रणाली के सबूत हैं। 'अशोक के फूल', 'कल्पलता', 'कुटज' जैसे निबंध संग्रह उन्हें एक बेहतरीन निबन्धकार के रूप में भी स्थापित करते हैं। उनके समूचे साहित्य में एक तथ्य खासतौर से रेखांकित किया जा सकता है– वह है उनका इतिहासबोध।

हजारी प्रसाद द्विवेदी इतिहास के बहाने दरअसल भारतीय संस्कृति का क्रिटिक देते हैं। यह बताता है कि उन्हें अपने समय और समाज की गहरी समझ है। वह इतिहास के यथार्थ से परिचित हैं। दरअसल वह समकालीनता को ऐतिहासिक सन्दर्भो में विश्लेषित करते हैं। इसीलिए उनका समाज-विवेचन केवल समसामयिक घटनाओं की प्रस्तुति नहीं रह जाता बल्कि उनके यहाँ हम समाज के स्याह-सफेद पहलुओं को उनकी प्रामाणिकता सहित देख सकते हैं। हजारी प्रसाद द्विवेदी ऐतिहासिक सन्दर्भो की पड़ताल भी ऐसी ही बारीकी से करते हैं। 1946 में लिखी औपन्यासिक कृति 'बाणभट्ट की आत्मकथा' में द्विवेदी जी ने बाणभट्ट और तत्कालीन प्रमुख शासक हर्ष के समकालीन जीवन वृत को आधार बनाया है। यहाँ भले ही इतिहास का एक छोटा-सा कालखंड केन्द्र में रहा है लेकिन उसके अर्थ-प्रसंग मनुष्य के इतिहास को समझने में बुनियादी सन्दर्भो का काम करते हैं। उपन्यास का केन्द्रीय चरित्र बाणभट्ट है। उसके जटिल जीवन के सामने भट्टिनी के जीवन का विसंगत सच है। लेखक ने इस नारी चरित्र को गहरा प्रतीकार्थ देते हुए राष्ट्रीय अस्मिता से जोड़ दिया है। तुअर मिलिंद की यह कन्या बाणभट्ट को जीवन का सार्थक उद्देश्य सौंपती है। बाणभट्ट, भट्टिनी की मुक्ति के लिए अनथक संघर्ष करता है।

हजारी प्रसाद द्विवेदी ने कलात्मक सौन्दर्य नियोजित करते हुए भट्टिनी की आजादी को नारी-मुक्ति-संघर्ष से जोड़ दिया है। यहाँ पर राष्ट्रीय मुक्ति की चेतना भी अन्तर्निहित है। लेखक ने ऐतिहासिक कथानक के बहाने अपने समकाल को ही व्यक्त किया है लेकिन उन्होंने ऐतिहासिकता पर काल्पनिकता को हावी नहीं होने दिया है। उस समय देश में जो स्वतंत्रता आन्दोलन चल रहा था उसमें सफलता पाने के लिए जिस एकता, भाईचारे और वर्ग-वर्ण-जाति से ऊपर उठने की जरूरत विचारक महसूस कर रहे थे, उसे भी लेखक ने संकेतों में उजागर किया है। उन्होंने ऐतिहासिक सच्चाईयों के साथ अपने समय के यथार्थ को भी व्यक्त किया है।

'बाणभट्ट की आत्मकथा' अपने शीर्षक से ही चौकाता है। इससे शुरुआत में ही यह भ्रम होता है कि कोई लेखक कालक्रमानुसार अपनी आत्मकथा प्रस्तुत कर रहा है या एक आधुनिक लेखक, एक प्राचीन महान लेखक के जीवन-प्रसंगों के बहाने अपना इतिवृत प्रस्तुत कर रहा है। द्विवेदी जी ने कहीं भी गौरवशाली भारतीय अतीत का, उसकी भव्यता और दिव्यता का गुणगान नहीं किया है। ऐसा करना एक आसान रास्ता होता। इतना ही नहीं उन्होंने तिथि और सन् संवत् के अनुसार ऐतिहासिक घटनाओं की पुनर्प्रस्तुति भी नहीं की हैं। दरअसल वे इतिहास और संस्कृति की पैनी निगाहों से अपने समय के वास्तविक सच को देख रहे थे और अपने समय के सन्दर्भ में इतिहास को परख रहे थे। लेखक का सरोकार युग के यथार्थ को जाँचना रहा है।

बाणभट्ट के समय की राजनीति, उसके समाज धर्म-तंत्र और साँस्कृतिक उठापटक के बहाने हजारी प्रसाद द्विवेदी ने अपने समय को ही देखा है। इस सिलसिले में उन्होंने नैतिक और मानवीय मूल्यों के सार्वकालिक होने को रेखांकित किया है। दूसरी तरफ औरत के जीवन के लगातार मुश्किल होने और भारतीय समाज के हमेशा पुरातनपंथी होने की खोज की है। लेखक ने इन विसंगतियों की निर्मम आलोचना की है क्योंकि वह परोक्ष-अपरोक्ष तरीके से इसी नतीजे पर पहुँचे हैं कि भारतीय गुलामी की वजह या जड़ें इन्हीं समस्याओं में हैं। इन्हें दूर किए बिना असली स्वाधीनता केवल कल्पना है। लेखक यह बार-बार रेखांकित करता है कि हमारा विसंगत अतीत हमेशा वर्तमान रहता है। क्योंकि उसे हमें वर्तमान में झेलना पड़ता है। हजारी प्रसाद द्विवेदी ने सजग और सतर्क दृष्टि के साथ समस्याओं के इस जटिल समीकरण को आसान अर्थो में व्यक्त किया है। उनकी कल्पना भी विश्वसनीय लगती है। उसके माध्यम से लेखक ने अपने गहरे निहितार्थो को आसान बना दिया है।

हर्ष के समय में काफी विदेशी आक्रमण हुए। हमेशा की तरह विवश जनता को सबसे ज्यादा कष्ट झेलने पड़े। लेखक ने उस कठिन अतीत को गहरे लेकिन स्पष्ट बिम्बों के द्वारा साकार किया है। यहाँ हम इतिहास की वैज्ञानिक दृष्टि का रचनात्मक उपयोग लेखक द्वारा करते हुए देखते हैं। सामाजिक विकास कैसे होता

है? विकास या पतन में जनसाधारण क्या भूमिका निभाता है और जनसंघर्ष से क्या अभिप्राय होता है? तथा व्यक्ति के बजाय समाज की सोच क्यों महत्त्वपूर्ण होती हैं? इस सब की पड़ताल 'बाणभट्ट की आत्मकथा' में देख सकते हैं।

'बाणभट्ट की आत्मकथा' का साँचा प्रेमकथा का है। प्रेम की यह कहानी इहलोक से पारलौकिक हो जाती हैं। क्योंकि यहाँ प्रेम उदात्त है। बाणभट्ट, निपुणिका और भट्टिनी के इस प्रेम-त्रिकोण में बाणभट्ट केन्द्र के रूप में है। इस प्रेम में स्वाभाविक छटपटाहट है लेकिन उसमें गजब का सन्तुलन भी है। वह तीव्रता और गहनता के साथ-साथ संयम और त्याग पर टिका है। निपुणिका का प्रेम प्रत्यक्ष है और उसमें क्षिप्रता है। उसमें खुद को बलिदान करने का भाव भी मौजूद है। यहाँ लेखक भारतीय प्रेम का आदर्श प्रस्तुत कर रहा है। इसके केन्द्र में एकांत और सर्वस्व समर्पण और लोकमंगल है। यह प्रेम स्थायी है। यह जरूर है कि कई अर्थो में यह शास्त्रीय किस्म का लगता हैं। बाणभट्ट और कालिदास सहित तमाम कालजयी साहित्यकारों ने अपने साहित्य में प्रेम को इसी विशद भावभूमि पर चित्रित किया है। ऐसा नहीं है कि यह केवल काल्पनिक एकतरफा या हवाई प्रेम है। लेखक ने इसमें मन के साथ-साथ तन की ऐंद्रिक उपस्थिति भी दिखाई है।

यहाँ हजारी प्रसाद द्विवेदी की यथार्थ दृष्टि का पता चलता हैं। निपुणिका का प्रेम काम सम्बन्धों का भी अर्थ देता है लेकिन धीरे-धीरे वह केवल भावनामक रह जाता है। सवाल यह उठता है कि क्या प्रेम दूसरे की शारीरिक उपस्थिति का ही नाम हैं? या वह एक उच्चत्तम मानसिक स्थिति मात्र है। निपुणिका का प्रेम इन्हीं प्रसंगों को जगाता हैं। प्रेम के अभाव उसमें जिन भावों को जन्म देते हैं लेखक ने उनके दार्शनिक अर्थ किए हैं। वह प्रेम सम्पूर्णता को बेशक प्राप्त नहीं करता लेकिन हमेशा के लिए वर्तमान रहता है। हजारी प्रसाद द्विवेदी बार-बार इसी प्रेम को रेखांकित करते हैं लेकिन इसमें मर्यादा की जंजीरें (भले ही अदृश्य रूप में) मौजूद हैं।

स्त्री को हजारी प्रसाद द्विवेदी ने प्रकृति का दर्जा दिया है। वह महामाया के द्वारा बाणभट्ट से कहलवाते हैं, "स्त्री प्रकृति है। उसकी सफलता पुरुष को बाँधने में है किन्तु सार्थकता पुरुष की मुक्ति में हैं।" यहाँ पर एक दार्शनिक अन्तर्विरोध महसूस होता है लेकिन वह विरोधाभास है। वास्तविक मुक्ति बंधकर है या दूसरे को बाँधने में हैं या सबको मुक्त करने में है? यह इन शब्दों में छिपा हैं। महामाया के यह शब्द निपुणिका के चरित्र में बड़ा बदलाव उपस्थित करते हैं। वह जब समझ लेती है कि उसने बाणभट्ट को बाँध लिया है तो वह उसे मुक्त कर अपने प्रेम और अपनी सार्थकता को स्थायी बना देती है। वह बाणभट्ट के जीवन में भट्टिनी के लिए सीधा रास्ता बना लेती है। इस प्रकार वह कई जिंदगियों को आसान कर देती है। जीवन के बिल्कुल आखिरी दौर में उसके चरित्र में जो संतोष दिखाई देता हैं। वह उसके चरित्र को एक बड़ा चरित्र बना देता है।

भट्टिनी एक अपहृत युवती है। हर्षवर्धन उसे एक सामन्त के अन्तःपुर से निकालकर उसकी रक्षा करती है। उसके इस कार्य के पीछे कर्त्तव्य-भावना निहित है। बाणभट्ट को लेकर उसके मन में जो प्रेमभाव विकसित होता है, उसके मूल में काम नहीं बल्कि उदात्त प्रेम है। बाणभट्ट नारी का सम्मान करता है। नारी शरीर उसके लिए देव मंदिर है। यह एक बड़ा मानवीय मूल्य है। इसी के चलते वह निपुणिका के प्रेम की आलोचना करता है लेकिन निपुणिका के प्रेम की गरिमा पहचानकर अपनी जान पर खेलकर भट्टिनी को बचाता है। बाणभट्ट, भट्टिनी और निपुणिका; इनके साहचर्य के कारण भट्टिनी के मन में बाणभट्ट के प्रति प्रेम जाग जाता है। यह मूक प्रेम है। जिसे वह कह नहीं पाती लेकिन उसके मनोभाव और कायिक भाषा इसे संकेतों में व्यक्त कर देते हैं।

बाणभट्ट, भट्टिनी को प्रेम नहीं, उसकी पूजा करता हैं। श्रद्धा, आदर को जन्म देती है और लालसाओं को नेपथ्य में कर देती है। प्रेम समान मानसिकता वालों के बीच सम्भव होता हैं। इस प्रेम में केवल मन की उपस्थिति है, तन अनुपस्थित है। इसलिए इसमें स्त्री-पुरुष को जोड़ने वाला काम भाव नहीं है। यह प्रेम भावना सघन है। इसने दैहिक आकर्षण की बजाय अमूर्त मनोलोक के प्रेम को जन्म दिया है यानी यह मन की एक विशेष भक्ति है। बाणभट्ट, निपुणिका और भट्टिनी दोनों के प्रेम-भाव से दूर रहता है। इसीलिए निपुणिका और भट्टिनी परस्पर ईर्ष्याग्रस्त नहीं होती। बिल्कुल आखिर में भट्टिनी का प्रेमभाव व्यक्त होता है लेकिन उसके पीछे जनकल्याण का एक बड़ा लक्ष्य है। दैहिक-मिलन के लिए वहाँ कोई अवकाश नहीं हैं। इस उपन्यास में लेखक ने परम्परित प्रेम सम्बन्धों की व्यंजना की है। यह आदर्शवादी वायवीय प्रेम है। लेखक ने इसे भरोसेमंद बना दिया है। इसका अवास्तविक होना धीरे-धीरे कम होता जाता है। दरअसल द्विवेदी जी ने प्रेम के इस निजी यथार्थ को बड़े सामाजिक यथार्थ में बदल दिया है। वे प्रेम की संवेदना के भीतर राष्ट्र की संवेदना विकसित कर देते हैं। यहाँ पर उनका प्रखर इतिहास बोध मदद करता है।

हजारी प्रसाद द्विवेदी ने अपने समय के राजनीतिक यथार्थ को पूर्व घटित हो चुके साँस्कृतिक यथार्थ से जोड़ा है। पूर्व यथार्थ यह है कि विदेशी ताकतों ने देश पर आक्रमण किया। वह यथार्थ लेखक के समय का नहीं है लेकिन उन्होंने इसे समकालीन सन्दर्भ दे दिए हैं। बाणभट्ट में वर्णित यह बोध लेखक के समय से जुड़ जाता है। गुलाम भारत में आजादी के अर्थ लेखक पहचानता है। इस पर विश्वयुद्ध से उपजे विनाश की छाया भी है। लेखक की तत्कालीन चेतना उपन्यास के समकाल से मिल जाती है। हर्षवर्धन ने जो आक्रमण झेले उन्हें लेखक अपने समय में घुला-मिला देता है। 'बाणभट्ट की आत्मकथा' में लेखक ने इसे एक बड़ा कथा प्रसंग बना दिया है। इससे कई अर्थ पैदा होते हैं जो हमें यह विवेक सौंपते हैं कि भारतीय गुलाम क्यों रहे? यहाँ की जनता निरपेक्ष रहकर आक्रमणकारियों के प्रति उदासीन

रह जाती थी। हिन्दू समाज वर्णो-वर्गो में बँटकर कमजोर होता जा रहा था। युद्ध केवल राजपूतों का काम माना जा रहा था। इससे केन्द्रीय शासन शक्तियाँ कमजोर होती गयी। द्विवेदी जी महामाया के विद्रोह और विरोध को प्रश्नों के रूप में रखते हैं—"आर्य सभासदों उत्तरापथ के लाख-लाख नौजवानों ने क्या कंकड़ वलय धारण किया है? क्या वृद्धो, बालकों, चेटियों, बटुओं ने देवमंदिरों विहारों के लिए अपने प्राण नहीं दिए?, क्या इस देश के विद्वानों में स्वतंत्र संगठन बुद्धि का विलोप हो गया है।" (पृ.218) यह सवाल महामाया ने अपने समय के नवयुवकों और विद्वानों से नहीं किए हैं बल्कि यह सवाल हजारी प्रसाद द्विवेदी अपने समय के बौद्धिको और नयी पीढी से करते हैं। मुख्य बात है एकजूट होकर लड़ना! महामाया के शब्दों में जैसे द्विवेदी जी बोलते हैं—"राजाओं, राजपुत्रें और देवपुत्रों की आशा पर निश्चेष्ट बने रहने का निश्चित परिणाम पराभव है। यही बचने का उपाय है।" (पृ.220-221) यहाँ द्विवेदी जी अपने समय को सम्बोधित कर रहे हैं। उस समय भी हमारा समाज जड़ता और कायरता से स्तब्ध था। द्विवेदी जी ने एक औरत के द्वारा भारतीय समाज की त्रासदी को व्यक्त किया है। यहाँ भी उनकी औपन्यासिक जुगत चमत्कृत करती है। समाज में फैला हुआ जाति-भेद और स्तर-भेद इतना भयानक था कि उसके दुष्परिणामों की कल्पना ही नहीं की जा सकती थी। भट्टिनी भी सामाजिक विसंगतियों की तरफ इशारा करती हैं— "यहाँ इतना स्तर-भेद है कि मुझे आश्चर्य होता है कि यहाँ के लोग कैसे जीते हैं? तुम यदि किसी यवन कन्या से विवाह करो तो यह इस देश में भयानक सामाजिक विद्रोह माना जायेगा। जहाँ भारतवर्ष के समाज में एक सहस्त्र स्तर है वहाँ उनके (यवनों के) समाज में कठिनाई से दो-तीन होंगे। भारत में जो बहुत ऊँचे हैं वे बहुत ऊँचे हैं, जो नीचे हैं, उनकी नीचाई का कोई आरपार नहीं; परन्तु इनमें सब समान हैं। पश्चिम की स्त्रियों में रानी से लेकर परिचरिका और गणिका से लेकर वार विलासिनी तक के सैकड़ों भेद नहीं हैं।" (पृ.27) ऐसे ही शब्द उपन्यास के रचनाकाल में गाँधी सामाजिक मंचों से बोल रहे थे। उनका भी एजेंड़ा सभी वर्णो, वर्गो, सम्प्रदायों को एकजुट होकर संघर्ष करने की प्रेरणा देना था। द्विवेदी जी ने अपने समय में व्याप्त विषमताओं की पड़ताल की है। वे किताबी अवधारणाओं तक सीमित नहीं रहे बल्कि उनके मूल कारणों तक गये हैं। एक बड़े कथात्मक कैनवस की प्रस्तुति के लिए उन्होंने सातवीं शताब्दी के एक बड़े भू-भाग का चयन किया हैं।

उपन्यास की पात्र-परिकल्पना इतिहास एवं कल्पना का घालमेल है। कुछ अर्ध-ऐतिहासिक पात्र भी कथावस्तु को आगे बढ़ाने में अपनी भूमिका निभाते हैं। कल्पित पात्रों के साथ मिलकर यह पात्र इतिहास को जीवन्त कर देते हैं। ऐतिहासिक पात्र अपने समय के साथ-साथ रचना के समकाल से जुड़कर नया अर्थ देते हैं। केन्द्रीय चरित्र बाणभट्ट कथानक से लेकर दूसरे पात्रों के चरित्रों को तय

करता है। इस उपन्यास का कथा-तत्त्व देशभक्ति, कर्त्तव्यपरायणता, निष्ठा, कर्मठता, आत्मबलिदान, त्याग, करूणा, प्रेम, संवेदनशीलता जैसे तत्त्वों से विन्यस्त हुआ है तमाम पात्र अपने चरित्र के द्वारा इनसे जुड़ी घटनाओं को गति देते हैं। कथा-तत्त्व से लेकर पात्रों की चारित्रिक रेखाएँ; उनके काल से लेकर वर्तमान तक को साकार कर देते हैं।

हजारीप्रसाद द्विवेदी ने 'बाणभट्ट की आत्मकथा' में स्त्री और पुरुष के प्रेम को देशराग में बदल दिया है। आलोचक इसमें बुनियादी तौर पर प्रेम की संवेदना को रेखांकित करते हैं। बाणभट्ट, निपुणिका और भट्टिनी-प्रेम का यह त्रिकोण जिस कथा-तनाव की सृष्टि करता है वह कथानक को जटिल बनाता है। बीच में उज्जैनी की नगर-वधु मदनश्री, बाण की विद्वता और व्यक्तित्त्व से प्रभावित होकर उसके नजदीक आती है। बाण बिल्कुल तटस्थ है। वह इनमें से किसी के प्रति गम्भीर प्रेम की संवेदना महसूस नहीं करता। भट्टिनी का प्रेम भी अत्यन्त उदात्त है। निपुणिका के प्रेम के केन्द्र में जटिल गहराई है लेकिन वह भट्टिनी और बाण के बीच में से हटने का विकल्प चुनती है। बाण के चरित्र में अनेक प्रकार की स्वच्छन्दता, मनमानापन और अहम मौजूद है लेकिन इसके समानातंर उसमें गहरा मूल्यबोध भी मौजूद है। वह स्त्री को लेकर सामंतीय नजरिया नहीं रखता। वह उनके प्रति खिंचाव या लगाव महसूस करता है लेकिन वह स्त्री को भोग्य वस्तु न मानकर 'देवमन्दिर' मानता है। उसके मन में स्त्री को लेकर सच्चे सम्मान की संवेदना मौजूद है। उसकी नाट्य मंडली में अभिनेत्रियाँ खुद को सुरक्षित महसूस करती हैं।

'बाणभट्ट की आत्मकथा' में नाटकीय कार्यव्यापार से विन्यस्त कथानक सम्मोहन रचता है। बाण के प्रभामंडल से खिंचकर अभिनेत्री निपुणिका उससे एकतरफा प्रेम करती है। बाण की उपेक्षा करने की वजह से वह सबकुछ छोड़कर चली जाती है। उसके चले जाने के बाद बाण उसकी तलाश करता है। निपुणिका के नहीं मिलने पर नाट्य-मंडली को भंग कर देता हैं। यह क्रिया-व्यापार दर्शाता है कि उसकी निगाह में स्त्री का मतब शरीर नहीं है। वह उनकी प्रतिभा की कद्र करता है। उन्हें सम्मान देता है। निपुणिका उसके उच्च चरित्र के सामने अपनी कामासक्ति को महसूस करती है और ग्लानि से भरकर प्रायश्चित स्वरूप छह वर्षो तक भटकती रहती है। प्रेम से वासना तिरोहित हो जाती है। यहाँ पर द्विवेदी जी उस रीतिकालीन सामन्ती प्रेम चित्रण का प्रतिपक्ष उपस्थित करते हैं जो स्त्री को केवल खेलने की वस्तु समझता है। भट्ट भी निपुणिका के व्यक्तित्त्व से प्रभावित होकर अपने भीतर बदलाव महसूस करता है। वह छोटे राजकुल के सामन्त द्वारा अपहृत भट्टिनी को मुक्त कराने के लिए संघर्ष करता है। इसके पीछे भी निपुणिका मौजूद है। बाण भट्टिनी को सुरक्षित निकाल लेता है। भट्टिनी और बाण के बीच अवचेतन में मौजूद प्रेम अव्यक्त स्तर पर महसूस होने लगता है। बाण, भट्टिनी के सौन्दर्य से बिंधकर कविता करता है

लेकिन उसे सीधे भट्टिनी तक संप्रेषित नहीं कर पाता है। वह एक गहरे द्वन्द्व में खुद को फँसा हुआ पाता है। दरअसल उसका प्रेम पूजा-भाव की ऊँचाईयों तक पहुँच जाता है। वह सार्वजनिक तौर पर इस प्रेम को स्वीकार करने में संकोच करता है। वह भट्टिनी के सामने खुद को छोटा महसूस करता है। स्त्री को लेकर पुरुष के आसक्ति भाव की इतनी गहन प्रस्तुति शायद इससे पहले उपन्यासों में नहीं हुई है। भट्टिनी के चरित्र में भी प्रेम की स्वीकार्यता मिलती है लेकिन उसमें संयम और सन्तुलन मौजूद है। बाणभट्ट से पहली बार मिलना, बात करना और साथ रहने में वह अपने नारी जीवन की सार्थकता देखती है। वह भी इस प्रेम को सीधे बाण से नहीं कहती। उन दोनों को मिलाने का काम निपुणिका करती है। वह रत्नावली के मंचन के समय वासवदत्ता का अभिनय करते हुए राजा का हाथ रत्नावली को देती है। यहाँ पर रत्नावली भट्टिनी के रूप में तथा बाण राजा के रूप में व्यक्त होने लगते हैं। अभिनय करते समय ही वह भट्ट और भट्टिनी को मिलाकर अपनी भूमिका समाप्त कर लेती है। यह मिलन नाटकीय और प्रतीकात्मक है। व्यंजित होने पर भी निहितार्थ को प्रस्तावित कर देता है। निपुणिका की मृत्यु प्रतीकात्मक नहीं है लेकिन वह उसके अतीत जीवन को विराट और सच्चा रूपक बना देती है।

हजारी प्रसाद द्विवेदी ने भट्टिनी और निपुणिका जैसी अविस्मरणीय दो स्त्री-चरित्रों के माध्यम से स्त्री-मुक्ति की नई परिभाषा प्रस्तुत की है। उपन्यास में वर्णित घटनाओं का कार्यकाल ईसवीं सन् की छठी शताब्दी है। लेखक ने सुविचारित तरीके से ऐसे दौर का चयन किया है। तब स्त्री केवल भोग की वस्तु थी। उसके बचे रहने के अन्य विकल्प नहीं थे। स्त्रियों को जबरन अपहृत किया जाता था। पशुओं की तरह खरीदा-बेचा जाता था। उनकी हैसियत दासी से अधिक नहीं थी। भट्टिनी उसी स्त्री का प्रतिनिधित्त्व करती है। दिलचस्प बात यह है कि वह किसी मामूली व्यक्ति की बेटी, बहन या पुत्री नहीं है। उसके पिता सम्राट तुअर मिलिन्द है यानी एक सम्राट की पुत्री भी उस समाज में सुरक्षित नहीं है! कल्पना की जा सकती है समान्य वर्ग और वर्ण की स्त्रियों के जीवन में क्या-क्या अकल्पनीय घटित होता होगा? द्विवेदी जी ने इस कालखंड को जानबूझकर चुना है। यह वह दौर है जब उच्च वर्ण भी ऐसी दुर्घटनाओं के चलते कन्या जन्म से ही उसे एक आपदा के रूप में देखने लगे थे। इस स्थिति को लेखक ने अपने समय के साथ जोड़ा है। बाण के समय में स्त्री पर अत्याचार दस्यु और सामंत करते थे लेकिन आधुनिक समय में समूचा पुरुष समाज ही सामंती मानसिकता में बँध चुका था। ऐसे में स्त्री कैसे बची रहती? इसका रास्ता लेखक ने सुझाया है। भट्टिनी एक स्त्री, निपुणिका की मदद और एक पुरुष बाण के साहस के कारण मुश्किलों में बची रहती है। उपन्यास बताता है कि सामंतों के अन्तःपुर में बेशुमार स्त्रियाँ पशुओं की तरह बँधी है। उनका जीवन विलाप और विषाद में कट रहा है। महामाया भैरवी जीवन भर रोती है। संन्यास लेने पर ही उसकी

विषाद में कट रहा है। महामाया भैरवी जीवन भर रोती है। संन्यास लेने पर ही उसकी मुक्ति सम्भव होती है। उसकी पीड़ा इन शब्दों में उजागर होती है– 'इस उत्तरापथ में लाख-लाख निरीह बहुओं और बेटियों के अपहरण और विक्रय का व्यवसाय क्या नहीं चल रहा है?' वह सीधे पुरुष समाज को स्तब्ध करते हुए कहती है–"मैं तुम्हारे देश की लाख-लाख अपमानित, लांछित और दंड़ित बेटियों में से एक हूँ! कौन नहीं जानता कि इस घृणित व्यवसाय के प्रधान आश्रय सामंतों और राजाओं के अन्तःपुर हैं। आप में से किस को नहीं मालूम महाराजाधिराज की चामर धारणियाँ और करंक वाहनियाँ इसी प्रकार भगाई हुई और खरीदी हुई कन्याएँ हैं।" उसके यह जलते हुए शब्द एक स्त्री के आँसू हैं। वह पुरुषों की उस मानसिकता को कटघरे में खड़ा करती है जो स्त्री को साथी भाव से नहीं देखती बल्कि निम्न श्रेणी की दासी के रूप में प्राप्त करने को इच्छुक रहती है। यहाँ एक स्त्री का हर शब्द एक सवाल पूछता है– 'तुम सत्य-सत्य कहो, मेरा कौन-सा ऐसा पाप चरित्र है जिसके कारण मैं निदारूण दुख की भट्टी में आजीवन जलती रही? क्या स्त्री होना ही मेरे साथ अनर्थो की जड़ नहीं है।' स्पष्ट है कि यह नारी-मुक्ति के सवाल हैं। जिस समाज में विषम लैंगिक भेदभाव स्त्री को झेलना पड़ता है वह वहाँ समूची भावनाओं लांछित होती हैं। स्त्री-पुरुष से शुरु हुआ यह भेदभाव सामाजिक, जातिगत, ऊँचनीच के भेदभाव में विकसित हो जाता हैं। यहाँ महामाया भैरवी, बाणभट्ट से सारी पुरुष जाति के प्रतिनिधि के रूप में जो सवाल करती है वह अनिवार्य हैं। वह सवाल महामाया, भट्टिनी, निपुणिका, सुचरिता तमाम नारी पात्रें के संघर्षशील चरित्र के कारण मुश्किल बनते हैं।

लेखक ने नारी तत्त्व को शक्ति तत्त्व माना है। बाण सुचरिता को देखकर कहते हैं, 'मुझे बार-बार बराह मिहिर की याद आती रही और मैं उनकी सहृदयता पर मुक्त हुए बिना नहीं रहा। उन्होंने ठीक ही कहा है स्त्रियाँ ही रत्न को भूषित करती हैं। रत्न स्त्रियों को क्या भूषित करते हैं। यदि बराह मिहिर आज उपस्थित होते तो कहते धर्म-कर्म, भक्ति, ज्ञान, शांति, सौमनस्य कुछ भी नारी का संस्पर्श पाए बिना मनोहर नहीं होते। नारी देह वह स्पष्ट मणि है जो प्रत्येक ईंट-पत्थर को सोना बना देती है।' इसी प्रकार अवधूत अघोर भैरव महामाया से कहते हैं–'मैं सारे जीवन नारी की उपासना करता रहा हूँ। मेरी साधना अपूर्ण रह गयी हैं। तुम विशुद्ध नारी बनकर मेरा उद्धार करो।' बाणभट्ट के मन में स्त्री को लेकर ऐसा ही भाव मौजूद है–'नारी से बढ़कर अनमोल रत्न क्या हो सकता है। पर उससे अधिक दुर्दशा किसकी हो रही है।' दरअसल द्विवेदी जी इस धरातल पर एक संतुलित दृष्टिकोण अपनाते हैं। वह नारी मुक्ति की सार्थकता पुरुष से मुक्ति के नारे में संकुचित नहीं करते बल्कि पुरुषों की पुरुषवादी तानाशाही से मुक्त होनें में नारी-मुक्ति की सार्थकता देखते हैं। वह ठीक पहचानते हैं। घर से शुरु हुआ यह लैंगिक भेदभाव वर्ण और वर्ग, ऊँच-नीच के भेद और शोषण में बदल जाता है। इसलिए वह बार-बार स्त्री-पुरुष के परस्पर साहचर्य और सहभागिता को रेखांकित करते हैं।

धर्मवीर भारती : सूरज का सातवाँ घोड़ा (1952)
इंसानी इच्छाओं के बेकाबू घोड़े

(1)

24, दिसम्बर, 1926 को इलाहाबाद में जन्मे धर्मवीर भारती एक अच्छे कथाकार भी हैं। इसके अलावा उन्होंने 'अन्धायुग' जैसे बेहतरीन नाटक की रचना भी की है। उनके यहाँ मध्यवर्गीय व्यक्ति के प्रेम का चित्रण मिलता है। प्रेम और रोमांस भारती के मुख्य विषय हैं। धर्मवीर भारती हिन्दी साहित्य के बहुमुखी प्रतिभा-सम्पन्न लेखक के रूप में पहचाने जाते हैं। कविता, कथा-साहित्य, नाटक, निबंध इत्यादि अनेक विधाओं में सक्रिय रहे भारती ने सन् 1949 में 'गुनाहों का देवता' और सन् 1952 में 'सूरज का सातवाँ घोड़ा' जैसे महत्त्वपूर्ण प्रयोगशील उपन्यासों की रचना की। वस्तु और रूप की दृष्टि से 'सूरज का सातवाँ घोड़ा' एक विशिष्ट रचना है। इस उपन्यास में भारती ने भारतीय निम्नमध्यवर्ग की विश्वसनीय बनावट और उसकी अन्तरंग सच्चाईयों को व्यक्त किया है। इस वर्ग की उम्मीदें, सपने, आशा-निराशा इत्यादि को प्रामाणिक तरीके से इस रचना में लेखक ने उजागर किया है। कई जगह यह लग सकता है कि इसमें लेखक ने इस वर्ग का नकारात्मक और दुखद चित्रण किया है, जबकि इस समाज में सब कुछ असुन्दर या अरूचिकर नहीं है। धर्मवीर भारती ने इस संघर्षशील जीवन्त समाज के स्याह पहलू ही ज्यादातर दिखाए हैं। इसलिए इस आपत्ति को एकदम से नहीं नकारा जा सकता है। धर्मवीर भारती ने व्यंग्य की शैली में इस वर्ग की विसंगतियों एवं त्रासदियों को उभारा है। लेखक का सरोकार बिल्कुल स्पष्ट है। वह यथासम्भव वर्गीय यथार्थ प्रस्तुत करना चाहता है धर्मवीर भारती मूल रूप से कवि होने के कारण दूसरे कथाकरों से अलग पड़ते हैं। इस उपन्यास में उन्होंने निम्नमध्यवर्गीय लोगों के टूटते हुए सम्बन्धों और अतृप्त इच्छाओं को उपन्यास का विषय बनाया है।

'सूरज का सातवाँ घोड़ा' एक नई औपन्यासिक शिल्प-विधि में प्रस्तावित रचना है। इसका बाहरी साँचा अनेक छोटी-छोटी कथाओं और उपकथाओं से बना है।

धर्मवीर भारती का कौशल यह है कि कई बिखरी हुई कथाओं को उन्होंने एक औपन्यासिक वृत्तांत बना दिया है। एक ऐसी कहानी जिसमें निम्नमध्यवर्गीय समाज का चेहरा और उसकी चारित्रिक सीमाओं की आलोचना की है। धर्मवीर भारती ने इस समाज को प्रताड़ित करने वाले अनेक दबाव समूहों और उनके परस्पर सम्बन्धों, पक्ष-प्रतिपक्ष के घात-प्रतिघातों को बारीकी से प्रस्तुत किया है। लेखक ने एक नयी लेखकीय जुगत दिखाते हुए उपन्यास के प्रमुख चरित्र, माणिक मुल्ला के बहाने से इस उपन्यास को छोटी लेकिन दिलचस्प कहानियों के माध्यम से बुना है। माणिक मुल्ला सात दोपहरियों में सात कहानियाँ प्रस्तुत करता है। यह सात कहानियाँ, सात रचनात्मक अध्यायों की तरह हैं।

पहली दोपहर को 'नमक की अदाएगी अर्थात जमुना का नमक माणिक ने कैसे अदा किया'। दूसरी दोपहर को 'घोड़े की नाल' अर्थात घोडे की नाल सौभाग्य का लक्षण सिद्ध हुई। तीसरी दोपहर को 'शीर्षकहीन कहानी', चौथी दोपहर को 'मालवा की युवरानी देवसेना की कहानी', पाँचवी दोपहर को 'काले बेंट का चाकू', छठी दोपहर को 'पिछली कहानी का शेष भाग' और सातवीं दोपहर को 'सूरज का सातवाँ घोड़ा' अर्थात 'वह जो सपने भेजता है'– इत्यादि कहानियों में इस उपन्यास का कथात्मक फलक फैला हुआ हैं। इन शीर्षकों और उपशीर्षकों से स्पष्ट है कि धर्मवीर भारती ने कहानी कहने की एक नई शैली ईज़ाद की है। उन्होंने इन शीर्षकों में ही लगभग सारी कहानी कह दी है। यह शीर्षक इतने दिलचस्प हैं कि पाठक पूरी कहानी को एक साथ पढ़ लेना चाहता है।

'सूरज का सातवाँ घोड़ा' बाद में लिखे जाने वाले अनेक उपन्यासों का प्रेरक बना। अव्यवस्थित लगते कथानक के बावजूद चरित्रों का व्यवस्थित और स्वाभाविक विकास तथा किस्सागोई की विरल कथा-शैली शुरु में ही दिखने लगती है। 'नमक की अदाईगी' में लेखक ने माणिक मुल्ला के माध्यम से अतीत में घटित एक कहानी प्रस्तुत की है। इसका केन्द्रीय चरित्र जमुना है। वह जिस वर्ग की लड़की है, उसके हिसाब से इस उम्र में उसका विवाह हो जाना चाहिए लेकिन घर के दयनीय आर्थिक हालातों के कारण उसका विवाह नहीं हो पाता। अपनी समवयस्क लड़कियों का विवाह उसमें अथाह कुंठा भर देता हैं। वह तानवग्रस्त हो जाती है। अपने तनाव को दूर करने के लिए सस्ते किस्म की प्रेम कहानियों और इलाहाबाद शहर के सिनेमा घरों में लगने वाली फिल्मों के गानों की किताबें पढ़ती है। कहानियों के लिए पत्र-पत्रिका तथा गानों की किताब लाने का काम माणिक मुल्ला का है। वह जमुना से पाँच वर्ष छोटा है। जमुना माणिक से एकतरफा प्रेम करने लगती है। लेखक ने उसकी मानसिक अवस्था का मार्मिक चित्रण करते हुए दिखाया है कि 20 वर्ष की अविवाहित जमुना 15 वर्ष के माणिक का कान मसल देती थी या चुटकी काट लेती थी। यह एक युवा स्त्री की अदम्य प्रेम-भावना और उसकी वयोचित व्यग्रता को

दर्शाता है। ऐसे विवरणों में भारती, फ्रायड के असर से नहीं बच सके हैं। फ्रायड इस प्रकार के क्रिया-कलापों को दमित काम-भावना के रूप में रेखांकित करते हैं। दरअसल जमुना का यह व्यवहार अपनी उम्र में अकेले पड़ते जाने का परिणाम है। उसके व्यक्तित्त्व में दरार पड़ गयी है वह समाज में अनुपयोगी या व्यर्थ हो चुकी है क्योंकि उसे कोई भी लड़का पसन्द नहीं कर रहा। निम्नमध्यवर्गीय जमुना धीरे-धीरे स्वाभाविक नारी सुलभ इच्छाओं को दबाना सीख जाती है लेकिन माणिक के मिलते ही उसकी यह इच्छाएँ जाग जाती हैं। उसके जीवन में एक और त्रासदी घटती है– जब जमुना की माँ तन्ना से उसका विवाह इसलिए नहीं करती क्योंकि वह निम्नमध्यवर्ग और छोटे गोत्र का है। इस घटना के बाद जमुना बिल्कुल टूट जाती है। ऐसे में उसका सारा दबाव माणिक के सामने फूट पडता है। वह माणिक को देखते ही, उसे दबोच लेना चाहती है। माणिक उससे डरने लगता है। इस समीकरण के माध्यम से लेखक यह बताना चाहता है कि चाहे किसी भी कारण से मन की इच्छाओं को दबाया जाए वह मौका मिलने पर फूट पड़ती हैं। उन्हें ज़ायज या नाज़ायज किसी भी श्रेणी में नहीं रखा जा सकता। जमुना का व्यवहार माणिक को लेकर सामाजिक दृष्टि से भले अनैतिक हो लेकिन उसे मानवीय धरातल पर गुनाह करार नहीं दिया जा सकता है। माणिक मुल्ला के प्रति जमुना का एकतरफा प्रेम धीरे-धीरे दोनों के आपसी प्रेम में बदल जाता है। यह केन्द्रीय कहानी का क्रमिक विकास है।

धर्मवीर भारती ने इस प्रेम प्रसंग के बहाने से निम्नमध्यवर्गीय मानसिक अवस्था पर प्रकाश डाला है। प्रेम एक सहज मानवीय जरूरत है। उसके लिए इस वर्ग के युवक-युवतियों को संघर्ष करना पडता है। लेखक वाचक के रूप में आकर उसका कारण यह बताते है कि भारत में 90 प्रतिशत लडकियाँ जमुना की मनःस्थिति में रहती हैं। दहेज या अन्य कारणों से उनकी शादी समय पर नहीं हो पाती और समाज भी परिवार के साथ मिलकर उन्हें प्रेम करने से रोकता है। उनकी हालत जमुना जैसी हो जाती है। वे या तो मानसिक रोगी बन जाती है या निराशा के गहरे सागर में डूब जाती हैं। इसलिए उन्हें माणिक मुल्ला जैसे लंपट और अगम्भीर व्यक्ति से प्रेम करना पड़ता है। माणिक मुल्ला प्रेम नहीं; प्रेम का स्वांग करता है। उसमें कमिटमेंट का अभाव है। माणिक मुल्ला उन औरतों के लिए कोई सम्पूर्ण पुरुष नहीं है बल्कि एक समय काटने वाला विकल्प है। धर्मवीर भारती ने माणिक मुल्ला और जमुना के प्रेम-प्रसंगों में एक स्त्री की कामुक ऐन्द्रिकता का प्रभावशाली चित्रण किया है। यहाँ पर पाठकों के मन में कोई छिछला मनोभाव नहीं उभरता बल्कि वह जमुना की मजबूरी को समझकर उसके प्रति संवेदनशील हो जाते हैं। यह लेखक की कथा-शैली की विशेषता ही है कि वह स्त्री की काम भावना का इतना गम्भीर चित्रण करते हैं और कहीं पर भी यह नहीं लगता है कि वह पाठकों के सतही संवेगों को उकसा रहे हैं।

यह उनकी व्यावहारिक समाजशास्त्र की गहरी समझ और मजबूत पकड़ को दर्शाता है।

मणिक मुल्ला ने प्रकाश, ओमकार और लेखक को यह कहानी सुनायी है। कहानी कहने की यह शैली इस रूप में अद्‌भुत है कि लेखक ने स्वयं को भी एक पात्र बना दिया है और माणिक मुल्ला नाम के काल्पनिक पात्र के बहाने यह कहानी कही है। इस कहानी के अन्य पात्रों तन्ना और जमुना की माँ के माध्यम से लेखक ने भारतीय समाज में व्याप्त जातिगत ऊँच-नीच पर भी प्रहार किया है क्योंकि जमुना की माँ तन्ना से उसका विवाह इसलिए नहीं करती कि वह नीचे गोत्र का है। लेखक ने भारतीय समाज में फैली ऐसी गम्भीर समस्या को हँसी-मजाक की शैली में इस प्रकार से प्रस्तुत किया है कि वह सबकी संवेदना का अंग बन जाती है। पाठक कहानी के पात्रों के प्रति संवेदनशील हो जाता है। यहाँ पर लेखक ने व्यंग्य-विधान से पात्रों के जीवन में फैले अभाव का ऐसा प्रत्यक्ष चित्रण किया है कि पाठक उन्हें अपने रोजमर्रा के जीवन-व्यापार में ढूँढ़ने लगता है।

जमुना का जीवन निम्नमध्यवर्गीय स्त्री के करूण जीवन की दयनीय गाथा है। दूसरी कहानी 'घोडे की नाल' में धर्मवीर भारती ने उसकी नियति और दुर्भाग्य या कहें कि दुर्भाग्यपूर्ण नियति को शब्दों में बाँधा है। लम्बे समय तक जब उसकी शादी नहीं हो पाती तो जमुना के परिजन एक ऐसे व्यक्ति से उसकी शादी कर देते हैं जो उससे उम्र में काफी बड़ा है और दो पत्नियों के मरने के बाद उस व्यक्ति की यह तीसरी शादी है। जमुना जिस दुर्भाग्य को झेलती है वह उसके वर्ग की नियति है। एक बैंक क्लर्क की बेटी केवल इतने से खुश हो जाती है कि उसे अच्छे कपड़े और आभूषण मिल रहे हैं। वह अपने इस दुख को भुला देती है कि यह विवाह बेमेल है। अपने पिता के घर आने पर वह उनके सामने पति की खूब तारीफ करती है। यहाँ पर धर्मवीर भारती ने फिर से निम्नमध्यवर्गीय व्यक्ति के उस स्वभाव को विश्लेषित किया है जो अपने अभावों को थोड़े से सुखों के सामने भूल जाता है लेकिन धीरे-धीरे जमुना के चरित्र में परिवर्तन आता है। एक बार जब उसे यह पता चलता है कि उसके पिता इस बात से परेशान हैं कि उनके हाथों बैंक के हिसाब से कुछ राशि कम हो गयी है और कल तक बैंक में जमा नहीं करवाने पर उन्हें जेल जाना पड़ सकता है; उस समय जमुना के पास पर्याप्त पैसा था लेकिन वह अपने पिता को एक भी पैसा नहीं देती और अपने पति के पास चली जाती है। अपने इस कदम को तार्किक बताते हुए कहती है कि माता-पिता से ज्यादा उसे अपने होने वाले बच्चों का भविष्य देखना है लेकिन अगर बारीकी से देखें तो इसके पीछे उसका निम्नमध्यवर्गीय असुरक्षित अतीत है। जो जमुना का सम्पन्न मध्यवर्गीय श्रेणी में आने पर भी पीछा नहीं छोड़ता और कहीं न कहीं पर उसके मन में अपने माता-पिता को लेकर नफरत का तीखा का भाव भी है। यह उसके अवचेतन में बैठा हुआ है कि उन्हीं के कारण उसे मनचाहा पति नहीं मिल पाया। दुर्भाग्य उसका पीछा लगातार करता रहता है।

लम्बे समय तक उसके सन्तान नहीं होती। वह सन्तान पाने के लिए अनुष्ठान करती है। जिसके लिए वह रामधन ताँगे वाले के साथ रोज गंगा-स्नान के लिए जाती है और उसका सुझाव मानकर घोड़े के नाल की अँगूठी पहन लेती है। यहाँ देख सकते हैं कि व्यक्ति अपने अभाव की क्षतिपूर्ति का रास्ता स्वयं ढूँढ़ लेता है। एक दिन लेखक के अनुसार 'भगवान की कृपा से' उसकी सन्तान हो जाती है। उसके कुछ समय बाद बूढ़े जमींदार की मृत्यु हो जाती है। जमुना फिर से नीरस अकेला जीवन जीने लगती है और इससे छुटकारा पाने के लिए अपनी हवेली में बनी एक कोठरी रामधन को दे देती हैं। एक दिन रेल यात्रा में रामधन माणिक मुल्ला को अपने भाग्योदय की कहानी सुनाता है और माणिक को भी भाग्योदय के लिए घोड़े की नाल देता है ताकि वह भी अँगूठी बनाकर पहन सके।

धर्मवीर भारती ने एक छोटे उप-अध्याय में आदर्श और यथार्थ का ठेठ धर्मवीर भारतीयन शैली का द्वन्द्वात्मक विमर्श प्रस्तुत किया है। उन्होंने माणिक, जमुना और रामधन इत्यादि के चरित्र तथा अनेक परस्पर सम्बन्धों की मार्क्सवादी व्याख्या प्रस्तुत की है। दरअसल यह मार्क्सवादी सैद्धांतिकी की पैरोड़ी है। इस उप-कथा में कई ऐसे संकेत हैं जिसमें अन्तर्कथा की झलक देकर लेखक शेष निष्कर्ष पाठकों की समझदारी पर छोड़ देता है। जैसे जमुना के पुत्र का वास्तविक पिता रामधन है, बूढ़ा जमींदार नहीं हैं। जमुना फिर से उसी दुर्भाग्य से बचने के लिए रामधन से सम्बन्ध बनाती है। जिसका अभिशाप वह इस कथित शादी से पहले लम्बे समय तक झेलती रही है। धर्मवीर भारती ने यहाँ पर यह बताने की कोशिश की है कि सम्पन्न वर्ग का पुरुष कई विवाह कर सकता है लेकिन एक गरीब लड़की अपने मन का विवाह नहीं कर सकती और इसके पक्ष में स्त्री होकर भी जमुना की माँ ऐसे तर्क देती हैं कि विवश होकर जमुना बूढ़े जमींदार से शादी कर लेती है। लेकिन एक स्त्री की स्वाभाविक इच्छा अर्थात मातृ-सुख पाने के लिए उसे किसी पराए पुरुष से सम्बन्ध बनाने पड़ते हैं। इस प्रकार धर्मवीर भारती ने समाज की कई जटिलताओं को दिलचस्प कहानी में बदल दिया है।

धर्मवीर भारती ने 'सूरज का सातवाँ घोड़ा' में अनायास आरम्भ और खुला अन्त जैसे कई प्रयोग किए हैं। तीसरी कहानी का शीर्षक 'शीर्षक माणिक ने नहीं बताया'- रखकर रचनाकार बेतकल्लुफ शुरुआत करते हुए पाठक के नजदीक चला जाता है। यह कहानी कहने की एक ऐसी कलात्मक जुगत है जिसमें लेखक पात्र के रूप में होने के साथ-साथ श्रोता के रूप में भी उपस्थित होता है। तन्ना एक ऐसा पात्र है जिसकी तीन बहनें हैं। माँ के देहान्त के बाद उसके पिता बच्चों को पालने-पोषने के बहाने एक औरत को घर में रखते हैं। जमाने के सामने दिखाने और पुकारने के लिए वह बच्चों की बुआ है जबकि उनके पिता के साथ उसके जिस्मानी सम्बन्ध हैं। बच्चों से वह नौकरों जैसा व्यवहार करती है। तन्ना के प्रति उसका रवैया और भी बदतर हैं। वह सारा दिन घर की सफाई करता है, भूखा ही स्कूल चला जाता है

और लौटने पर लकड़ी चीरने जैसे कई काम उससे कथित बुआ करवाती है। इतना ही नहीं, बुआ की झूठी-सच्ची शिकायतों पर उसकी निमर्मता से पिटाई भी होती रहती है। धर्मवीर भारती ने जमुना जैसे अभावग्रस्त निम्नमध्यवर्गीय स्त्री चरित्र के समानांतर इस पुरुष चरित्र की कल्पना की है। तन्ना के जीवन में अनेक दुख हैं। सबसे बड़ा दुख यह है कि उसे एक पराई औरत के हाथों अपमानित होना पड़ता हैं। उसके पिता महेशर दलाल उससे नफरत करते हैं। ऐसे में जमुना और उसकी माँ तन्ना के जीवन में राहत और सुख के कुछ सन्दर्भ भरते हैं। जमुना उससे प्रेम करने लगती हैं लेकिन जमुना की माँ यह कहकर विवाह से इंकार कर देती है कि वह निम्न गोत्र का है। जाहिर है जातीय समीकरण भी उसके जीवन के विरोध में खडे हैं।

प्रमुख पात्रों के जीवन में तनाव के अनेक क्षण इस रूप में खड़े किए हैं कि वह सुख और दुख, निराशा और आशा के बीच में झूलते रहते हैं। एक डराता हुआ तनाव हमेशा उनकी चेतना पर छाया रहता है। एक दूसरे विकल्प के तौर पर तन्ना घर-जमाई बनने से इंकार कर देता है और जमुना की माँ इस बात पर अड़ जाती है कि जब दहेज जुटेगा तब विवाह कर देंगे नहीं तो पीपल को ब्याह देंगे। दूसरी तरफ तन्ना का पिता महेशर दलाल भी यह संकल्प ले लेता है कि लकड़ी के ठूँठ को साड़ी पहनाकर शादी कर देंगे पर इनके यहाँ शादी नहीं करूँगा। इस दुर्भाग्यपूर्ण घटना के बाद तन्ना की पिटाई होती और उसे तीन दिन तक भूखा रखा जाता है।

महेशर दलाल के रूप में लेखक ने एक ऐसे पात्र की परिकल्पना की है जो अपने ऐशो-आराम के लिए हर कदम पर स्त्रियों का शिकार करता है लेकिन किसी न किसी बहाने शादी लायक बेटे की शादी करने से बचता रहता है। लेखक ने उसका नामकरण (दलाल) भी इसी अन्दाज में किया है। वह तन्ना को एक छोटी सी नौकरी दिलवा देता है। अपने सुखों की व्यवस्था के लिए एक रूपवान विधवा की बेटी से तन्ना की शादी करवा देता है और स्वयं उस विधवा के यहाँ रहने लगता है। वह एक बहुस्त्रीगामी चरित्र है। जब उसके सम्बन्ध विधवा से बन जाते हैं तो नाराज बुआ सारे ज़ेवर और दूसरा कीमती सामान समेटकर चली जाती है। इससे भी उसे कोई फर्क नहीं पड़ता वह अपने पड़ोस में रहने वाली एक साबुन वाली पर पैसा लुटाने लगता है। तन्ना फिर दोहरी मार का शिकार होता है। उसे अपना भी परिवार चलाना है। बहनों की शादी भी करनी है और पिता के इन दुष्ट कर्मो के लिए भी पैसा देना है। वह देखते ही देखते बूढ़ा हो जाता है। एक दिन साबुन वाली स्त्री संदिग्ध अवस्था में मृत पाई जाती है। महेशर दलाल की मृत्यु हो जाती है लेकिन तन्ना के जीवन में दुख कम नहीं होते हैं। पत्नी से निरन्तर लड़ाई और अधिकारियों की डांट-फटकार की कशमकश में उसे नौकरी से निकाल दिया जाता है। जमुना उसे सहारा देने की पेशकश करती है लेकिन नैतिकता के दबाव में तन्ना जमुना के साथ जाने से इंकार कर देता है। एक दिन विचलित

अवस्था में नौकरी से निकाले जाने के बाद फिर से नौकरी लगने पर उसकी दोनों टांगे एक दुर्घटना में कट जाती है। वह एक निराश, लाचार, अपंग, छटपटाते व्यक्ति का जीवन जीता है। तन्ना के रूप में भारती ने आर्थिक अभावों से सताये ऐसे पात्र की रचना की है जो जातिगत भेदभाव का भी शिकार होता है। मरने से पहले उसकी कटी टाँगों को दिखाना एक प्रतीकांत्मक लेखकीय कौशल है। टांगों का कटना अर्थात रही-सही उम्मीदों का नष्ट हो जाना है। यह निम्न मध्यवर्गीय व्यक्ति की दयनीय नियति हैं। उसे कभी भी मनचाहा जीवन नहीं मिलता है।

'सूरज का सातवाँ घोड़ा' कई दृष्टियों से स्त्री-पुरुष सम्बन्धों की पड़ताल करने वाला उपन्यास है। इसमें विशेषकर स्त्रियों की प्रेम भावनाएँ और प्रेम को लेकर पुरुषों के प्रति उनकी सोच अनेक कथा-प्रसंग में उजागर होती है। माणिक मुल्ला चौथी दोपहर में 'मालवा की युवरानी देवसेना' की जो कहानी सुनाता है उसके केन्द्र में भी यही विषय है। इसमें दो पुरुष पात्र हैं; माणिक और तन्ना तथा दो स्त्रियाँ है; जमुना और लिली। लीला को सब लिली के नाम से पुकारते हैं। माणिक मुल्ला जमुना और लिली के प्रति अलग-अलग नजरिया रखता है। वह जमुना को भावुकतावादी सस्ते किस्म का साहित्य लाकर देता है और लिली को उत्कृष्ट साहित्य पढ़ने के लिए प्रेरित करता है। यह पुरुष चरित्र की चालाकियों का एक और प्रमाण है। वह स्त्री को मनचाहे तरीके से बदलना चाहता है। माणिक लिली को यह परामर्श देता है कि उसके माता-पिता जहाँ उसकी शादी कर रहे हैं उसे उनकी बात मान लेनी चाहिए। वह प्रसाद का नाटक 'स्कन्दगुप्त' लिली को पढ़ने की प्रेरणा देते हुए प्रेममार्ग में शहीद होने की मुद्रा अपना लेता है। यहाँ पर भारती ने फिर से साहित्य की पूर्व स्मृतियों का रचनात्मक इस्तेमाल किया है। उन्होंने प्रेमचन्द की कहानी 'नमक का दारोगा' का पहली कहानी में इस्तेमाल किया था। यहाँ एक विशिष्ट घटना को लेखक नियोजित करता है और लिली का विवाह तन्ना के साथ हो जाता है। लिली 'स्कन्दगुप्त' की देवसेना की तरह रागविहाग में 'आह वेदना मिली विदाई' गाती हुई प्रसन्न होकर तन्ना के घर चली जाती हैं। यहाँ पर दिन में देखें गये सपनों और जिन्दगी की ठोस हकीकतों के बीच आखिरकार अनचाहे यथार्थ की जीत होती है और लिली जिन्दगी से समझौता कर लेती हैं। यह निम्नमध्यवर्गीय भारतीय जीवन की 'नीच त्रासदी' है।

धर्मवीर भारती ने इस कृति का आन्तरिक साँचा इस प्रकार से बनाया है कि पाठक कहानियों के विषय-वैविध्य में खो जाता है। धर्मवीर भारती घटनाओं के बीच कहानी बुन लेते हैं और पात्रों के संवादों में ही उनके चरित्रों के रंग-रेखाएँ उभार देते हैं। आपसी बातचीत में ही कहानी ढूँढ़ने का यह कौशल, विद्यासागर नौटियाल, मनोहरश्याम जोशी, संजीव, उदयप्रकाश इत्यादि कहानीकारों में भी मिलता है। 'सूरज का सातवाँ घोड़ा' में एक कहानी समाप्त होते ही दूसरी नयी कहानी शुरु हो जाती

है या पहले से चल रही पुरानी कहानी अप्रत्याशित तरीके से तत्काल बदल दी जाती है। घटनाओं के माध्यम से पात्रों के चरित्र उजागर होते हैं और पात्रों के बहाने घटनाओं में त्वरित परिवर्तन लेखक कर देता है। इसलिए पाठक की दिलचस्पी उपन्यास में बनी रहती है। 'बेंट का चाकू' कथा प्रस्तावित करते हुए धर्मवीर भारती एक नयी स्त्री पात्र परिकल्पित करते हैं। सत्ती एक ऐसी पात्र हैं जो अपने ही धुन में रहने वाली और अपनी शर्तो पर जीने वाली स्त्री है। यह युवा लड़की हमेशा अपनी कमर में काले बेंट वाला चाकू बाँधे रखती है। वह इतनी निर्भीक है कि उसके दबंग व्यक्तित्त्व से डरकर लडके उसे छेड़ना तो दूर सीधे देखने से भी कतराते हैं। यह भी एक अजीबोगरीब चरित्र है। लेखक ने सामाजिक हाशिए पर पड़े कुछ असामान्य चरित्रों को इस उपन्यास में जगह दी है। उनमें से सत्ती भी एक है। वह अपने कथित चाचा चमन ठाकुर को अनाथ अवस्था में मिलती है। यह घटना उस समय घटित होती हैं जब चमन ठाकुर फौज में भर्ती होकर बलूचिस्तान जाते हैं। वहाँ उन्हें तीन-चार साल की अनाथ बच्ची मिलती है।

चमन ठाकुर का चरित्र शुरु में एक ऐसे पालक का चरित्र है जो कई अर्थो में अतिशय मानवीय लगता है। सेना में घायल होने के बाद जब चमन ठाकुर रिटायर हो जाता है तो इलाहाबाद के एक मुहल्ले में साबुन का व्यापार करने लगता है। युवा होने पर सत्ती साबुन बनाने-बेचने में निपुण हो जाती है। उनके जीवन में माणिक मुल्ला का प्रवेश बड़े दिलचस्प तरीके से होता है। वह इन लोगों के व्यापार में हिसाब-किताब गलत हो जाने पर उसे सुलझाता है और इस सिलसिले में सत्ती और माणिक एक-दूसरे से प्रेम करने लगते हैं लेकिन कहानी फिर अप्रत्याशित मोड़ लेती है। सत्ती माणिक को यह बताती है कि चाचा उस पर बुरी नजर रखता है और कोई वश नहीं चलने पर उसे महेशर दलाल के हाथों कुछ रुपये लेकर बेचना चाहता है। माणिक के भाई और भाभी उसे इस सम्बन्ध से अलग हटाना चाहते हैं लेकिन एक रात सत्ती अपने घर से आभूषण और रुपये लेकर माणिक के पास आ जाती है। माणिक ना जाने क्यों पीछे हट जाता है। इतना ही नहीं; वह उसे चमन ठाकुर के हाथों सौंप देता हैं। सत्ती माणिक को बेशुमार गालियाँ देती हुई वहाँ से चली जाती है। इस प्रसंग में फिर एक नाटकीय मोड़ आता है। अगले दिन शोर मच जाता है कि चमन ठाकुर और महेशर दलाल ने सत्ती का गला घोंटकर हत्या कर दी। सत्ती का चरित्र एक स्वाधीन सोच वाली लड़की का है। वह जमुना की तरह दमित भावनाओं वाली स्त्री नहीं है बल्कि वह प्रेम और हमदर्दी चाहती है। वह पुरुषों की तरह भाषा का इस्तेमाल चाकू की तरह करती है। शुरु में बनिए को कहा गया उसका यह वाक्य "मुझे अपनी दुकान पर रख और यह चाकू अपनी छाती पर रख कमीने!" सुनकर माणिक अन्दर से हिल जाता है कि कोई लड़की कैसे पुरुषों जैसी गालियाँ दे सकती है? माणिक मुल्ला का करूणार्द्र विरह उसे भावुक बना देता है। वह सत्ती

के प्रेम में विरह गीत लिखने लगता है। यह प्रेम भी अधूरा छूट जाता है।

धर्मवीर भारती ने जैसा पहले कहा है कि इस रचना में कई प्रयोग किए गये हैं। उनकी प्रयोगशीलता यहाँ भी दिखाई देती है। कहानियों में बँटे उपन्यास की एक कहानी का उन्होंने कोई शीर्षक नहीं दिया है और जैसा कि पत्र-पत्रिकाओं में रचना का बचा हुआ अंश प्रस्तुत करते हुए उसके ऊपर यह सूचना लिखी जाती है, 'पिछले अंक से आगे', या 'शेष भाग अगले पृष्ठ पर'; यहाँ भी उन्होंने शीर्षक के नाम पर 'कर्मागत पिछली दोपहर से आगे' लिखा हैं। यहाँ उन्होंने फिर एक नयी शैली प्रस्तुत की है। जिस पर आगे चलकर लोकप्रिय सीरियल और सोप-ऑपेरा लिखे गये। यह पद्धति कथा-साहित्य में शुरुआती दौर में धर्मवीर भारती के अलावा मनोहरश्याम जोशी ने अपनाई है। कहानी के इस हिस्से में सत्ती की मौत से दुखी माणिक की पीड़ा उजागर की गयी हैं। कॉलेज में पढ़ने वाला माणिक विरह गीत लिखने वाले कवि में बदल जाता है। उसका हँसी-दिल्लगी करने वाला रूप बिल्कुल बदल जाता है लेकिन कहानी में फिर एक मोड़ आता हैं जब माणिक एक कॉमिकल सीन देखता है कि एक भिखारिन गोद में बच्चा लेकर गाड़ी खींच रही है और गाड़ी में जो व्यक्ति अपंग बैठा है वह चमन ठाकुर है। यहाँ भारती जीवन के नाटक को हमारे आस्वाद के लिए एक रम्य रचना में बदल देते है। कहानी का वातावरण फिर से बदल जाता है। स्तब्ध और विरह-व्यथित माणिक यह जानकर निराशा से उबर जाता है कि वह जिसके विरह में वह गले-गले तक दुखी है वह औरत अपने बच्चों के साथ खुश है। माणिक का फिर से कायान्तरण हो जाता है। वह काल्पनिक दुनिया से हटकर हकीकत की ठोस दुनिया में प्रवेश कर जाता है। घटनाक्रम इस तरह बदलता है कि मौका देखकर तन्ना की खाली जगह पर माणिक नौकरी करने लगता है और वहीं पर उसकी दोस्ती लेखक, ओमकार तथा प्रकाश से होती है। यह सभी मित्र मिलकर दोपहर में अड्डा जमाने लगते हैं। लेखक ने बार-बार पात्रों के गुजरे हुए जीवन को उनके वर्तमान के सन्दर्भ में देखने की कोशिश की है। माणिक शरतचन्द के अमर पात्र देवदास की तरह कल्पना और यथाथ के बीच आवाजाही करता है। अतीत जीवन की कल्पनाओं को जीते-जीते वह यथार्थ जीवन में चला जाता हैं।

धर्मवीर भारती ने कहीं पर पात्रों के माध्यम से और कहीं पर घटनाओं के द्वारा अलग-अलग कहानियों को जोड़ा है। विशेष बात यह है कि इसके लिए उन्हें अतिरिक्त प्रयास नहीं करना पड़ा है। आखिर तक आते-आते यह स्पष्ट हो जाता है कि कथानकहीन लगने वाला यह उपन्यास अपने भीतर एक सुचिंतित कथा-योजना को समेटे हुए है और लेखक ने अनेक प्रेम कहानियों को क्रम में फैला दिया है यानि इस उपन्यास का खुला अन्त हुआ है। लेखक ने इसे न सुखांत रखा है और न दुखांत। और इसी प्रकार इसका कोई तार्किक उद्देश्य भी उन्होंने नहीं रखा है।

धर्मवीर भारती ने जमुना, लिली, सत्ती, माणिक, तन्ना और अन्य पात्रों को लेकर

कुछ ऐसी घटनाएँ संयोजित की हैं जिनसे उनकी चारित्रिक विशेषताएँ स्पष्ट हो जाती हैं। जमुना का विधवा होते हुए भी सुखी जीवन जीना, अनचाहा विवाह होते हुए भी लिली का खुश रहना, सत्ती के चाकू से माणिक का बच जाना जहाँ उपन्यास में सुखद राहत देने वाले क्षण उपस्थित होते हैं, वहीं सत्ती का भीख माँगना, तन्ना का रेल दुर्घटना में अपंग हो जाना, माणिक का कभी भी अपने प्रेम को नहीं पाना, दुख की रचना करते हैं। यह उपन्यास जीवन की हकीकत को काल्पनिक कथाओं के रूप में प्रस्तुत करता है। आकार में छोटा होने के बावजूद 'सूरज का सातवाँ घोड़ा' दरअसल लेखक द्वारा उस प्रतीक को पुष्ट करता है कि तन्ना, जमुना, लिली, माणिक इत्यादि परास्त हो चुके घोड़े हैं। इनका जीवन रूपी रथ टूट-फूट चुका है जबकि लेखक ने इनकी सन्तानों को भविष्य का तेजस्वी अश्व कहा है क्योंकि भविष्य पर विश्वास करना अनिवार्य है। यही इस लोकप्रिय उपन्यास की सार्थकता है कि जिन्दगी की बेरहम ओर मारक सच्चाईयों के बीच भी जीवन पर भरोसा कायम रहता है।

इस उपन्यास के माध्यम से धर्मवीर भारती ने प्रेम का महत्त्व प्रतिपादित किया है। इस रचना का कथानक धारावाहिक शिल्प में बुना गया है। भारती ने कथित लोकप्रिय प्रेम कथाओं की पैरोडी बनाते हुए कहा है कि 'कहानी की तमाम नस्लों में प्रेम-कहानियाँ ही सबसे सफल साबित होती हैं अतः कहानियों में रोमांस का अंश होना चाहिए लेकिन साथ ही हमें अपनी दृष्टि संकुचित नहीं करनी चाहिए और कुछ ऐसा चमत्कार करना चाहिए कि वे समाज के लिए कल्याणकारी अवश्य हो।' माणिक के द्वारा कही गयी यह पंक्तियाँ एक तार्किक लगती विचार पद्धति को सामने रखती हैं। इसका विस्तार करते हुए धर्मवीर भारती कहते हैं कि 'कुछ पात्र लो और एक निष्कर्ष पहले से सोच लो जैसे– यानि जो भी निष्कर्ष निकालना हो फिर अपने पात्रों पर इतना अधिकार रखो कि वे अपने आप प्रेम के चक्कर में उलझ जाए और अन्त में उसी निष्कर्ष पर पहुँचे, जो तुमने पहले से तय कर रखा हैं।' धर्मवीर भारती की यह व्यंग्यात्मक टिप्पणी इस तरफ इशारा करती है कि हिन्दी कहानी के उस दौर में इस प्रकार की फार्मूलाबद्ध अनेक कहानियाँ लिखी गयी।

'सूरज का सातवाँ घोड़ा' अपने रचना-विधान में ही अपनी आलोचना प्रस्तुत करता है। इतना ही नहीं बाहर से हल्का-फुल्का लगने वाला इसका विन्यास भारतीय समाज की आलोचना भी प्रस्तुत करता है कि किस प्रकार अशिक्षा, अज्ञान और गरीब के अन्धकार से लड़ने की बजाय यह समाज जातिगत ऊँचनीच को मानता है और उसी में अपनी सारी ताकत लगा देता है। इस उपन्यास में मध्यवर्गीय समाज में फैली हुई गंदगी को लेखक ने निशाना बनाया है। इस जीवन के नारकीय सच को कई समस्याओं जैसे अन्तर्जातीय प्रेम-विवाह, बेमेल-विवाह, स्त्री-पुरुष की परस्पर निर्भरता इत्यादि के माध्यम से धर्मवीर भारती इस समूचे अंधकार को हमारे सामने साकार उपस्थित कर देते हैं। सत्ती को बेटी के रूप में पालने वाला चमन ठाकुर उसे कुछ

पैसे के लिए दूसरों के हाथों सौंप देता है और फिर खुद ही उसे अपनी वासना की आग में झोंक देता है। इससे बड़ा यथार्थ क्या होगा? एक विशिष्ट बात यह है कि इस उपन्यास में आये अधिकतर पुरुष पात्र स्त्रियों का शिकार करते हैं। उनकी मजबूरी का फायदा उठाते हैं लेकिन दूसरी तरफ सारे स्त्री चरित्र उनके गुनाहों को माफ कर देती हैं। जैसे—सत्ती अन्त में बूढ़े और अपाहिज चमन ठाकुर को पालने लगती है। यह भारती की नारी-विषयक दृष्टि है कि वे स्त्री में, उसके समूचे आचार-व्यवहार में अधिकतर उजला पक्ष देखते हैं। जमुना का चरित्र एक जटिल स्त्री चरित्र है। वह परिस्थिति के अनुसार पुरुषों का इस्तेमाल करना सीख जाती है लेकिन इसके बावजूद वह पुरुष-संहारक नहीं है बल्कि उनके प्रति ऐसा मानवीय स्पेस उसके मन में बना रहता है जो पुरुष पात्रों के यहाँ नहीं मिलता। कहानी सुनाने के बहाने यह उपन्यास हमारे और उसमें जीवित निम्न और मध्यवर्गीय समाज की परतों को उधेड़ देता है तथा सच्चाई को आईने की तरह हमारे सामने खड़ा कर देता है कि हम उसमें अपने जमाने की हकीकत को देख सके। दो विरोधी घटनाओं में तनी हई घटनाएँ और परस्पर तने हुए पात्र, तंज में डूबे हुए संवाद इत्यादि 'सूरज का सातवाँ घोड़ा' की विषयरूपगत विशेषताएँ हैं।

(2)

धर्मवीर भारती प्रयोगशील रचनाकार हैं। 'सूरज का सातवाँ घोड़ा' पहले प्रकाशित उनका 'गुनाहो का देवता' जैसा उपन्यास किशोरवय की भावुकता को व्यक्त करने वाली रचना थी। उसमें भी केन्द्रीय विषय प्रेम था। 'सूरज का सातवाँ घोड़ा' प्रेम की असफलताओं से उत्पन्न आवेश और आवेग का स्त्री-दुनिया पर पड़ते असर की व्याख्या है। औरतों की प्रेम-त्रासदियाँ और प्रेम के असफल हो जाने की पीड़ा की रचनात्मक प्रस्तुति इसे महत्त्वपूर्ण उपन्यास बनाते हैं।

'सूरज का सातवाँ घोड़ा' प्रेम की मनोदशाओं का चलचित्र है। यहाँ प्रेम एक निजी समस्या नहीं है। लेखक उसके व्यापक सामाजिक सन्दर्भ और उसके माध्यम से मानवीय जटिलताओं की गहराई से व्यक्त करता है। इस प्रेम को सामाजिक नियमों और पूँजीवादी अर्थतंत्र से टकराना पड़ता है। फिर भी इसमें इतना उफान है कि वह सारे बन्धनों को तोड़ देता हैं। धर्मवीर भारती ने रेखांकित किया हैं कि सामाजिक नियमों की निमर्मता, प्रेम की प्रबलता के सामने टूट जाती है। डॉ. गोपाल राय ने लिखा हैं 'भारती ने इस उपन्यास में नगरीय निम्नमध्यवर्ग की जिन्दगी को यथार्थ रूप में प्रस्तुत किया है। छोटे दुकानदार, दफ़्तरों के बाबू, अदालत के मुंशी, पेशकार, बैंक के क्लर्क आदि अन्दर से हताश और निरन्तर टूटते हुए लोगों की जो जिन्दगी सामने आती है वह स्वतंत्रता-प्राप्ति के बाद पैदा हुई आशा की लहर के साथ गहरे व्यतिरेक का प्रमाण छोड़ती है। आजादी के साथ आशापूर्ण भविष्य का जो सपना

जुड़ा था वह उपन्यास में एक गहरी खामोशी में दम तोड़ता दिखायी देता हैं। जीवन में चारों और फैली गंदगी, पूरी व्यवस्था में व्याप्त बेईमानी और नैतिक अवमूल्यन, आरोपित मान्यताओं का जाल और उनके साथ मध्यवर्ग का समझौता तथा विवश समर्पण सब मिलकर पाठक के मन पर एक गहरा निराशाजनक प्रभाव छोड़ते हैं। इन सारी विकृतियों के कारण आखिरकार इस व्यवस्था पर हँसना ही मानो समस्या का एक मात्र समाधान है।' यह पंक्तियॉ बताती हैं कि यह उपन्यास आजादी के बाद मध्यवर्ग को जिस मोहभंग का सामना करना पड़ा उसका असर निम्नमध्यवर्ग तक भी पहुँचा। खासकर प्रेम सम्बन्धों में कई प्रकार की जटिलताएँ भी आ गयीं।

आजादी का असर औरतों की दुनिया पर भी हुआ। उन्हें लगा कि वे सामाजिक कायदे-कानूनों, आर्थिक अमीरी-गरीबी, जातिगत और लैंगिक ऊँच-नीच से आजाद हो गयी हैं जबकि हकीकत में ऐसा कुछ भी नहीं हुआ। निम्नमध्यवर्ग को अपनी बेटियों के लिए योग्य पात्र ढूँढ़ने के सिलसिले में ऐसी कई परेशानियों से टकराना पड़ा। नये परिवेश में लड़कों की कीमतें और उनकी चाहतें बढ़ गयी। ऐसे में इस वर्ग की लड़कियों के असफल प्रेम और विवाह ना हो पाने के कारण उनके व्यक्तित्त्व में कई तरह की कुंठाएँ और असमानताऐं आ गयीं। स्त्री-पुरुष सम्बन्ध एक जैवकीय जरूरत हैं। यह जरूरतें पूरी नहीं होने से व्यक्तित्त्व कुंठित हो जाता है। यह उपन्यास इन्हीं समस्याओं के आसपास घूमता है। इस उपन्यास में स्त्री पात्र मनचाहा साथी नहीं मिलने के कारण अवैध सम्बन्धों की तरफ झुकती हैं। जिसका उनकी जिन्दगी पर गहरा असर होता है। उपन्यास में कथा कहने वाले केन्द्रीय चरित्र माणिक मुल्ला का अहम स्थान है। वह इसी मध्यवर्ग के मोहभंग को अलग-अलग कहानियों के माध्यम से सुनाता है। यह कहानियाँ एक उदास वातावरण को निर्मित करती है। लेखक ने इसे गहराने के लिए कॉमिक शैली का इस्तेमाल किया है। सारे पात्र गहरी परेशानी अनुभव करने पर उसे हँसी में उड़ाना चाहते हैं। दुनिया की सारी विकृतियों को अस्वीकार करने का एकमात्र समाधान है उन्हें हँसी में उड़ा देना। उपन्यास के केन्द्रीय पात्र माणिक मुल्ला यही करते दिखाई पड़ते हैं। उन्हें लगता हैं कि 'सूरज के सात घोड़ों में से छः तो लगड़े हो गये हैं। केवल एक समर्थ है। वह भी अँधेरी रात का लम्बा सफर तय कर कब दुनिया को रोशनी दिखा सकेगा इसका कोई निश्चय नहीं है। इस प्रकार 'सूरज का सातवाँ घोड़ा' वर्तमान के अन्धकार को चीरकर निकलने वाली प्रकाश की आकांक्षी आँखों में पलने वाले भविष्य के सपने का प्रतीक बन गया है। विश्वास, साहस, सत्य के प्रति उपन्यासकार की निष्ठा इस प्रतीक के माध्यम से व्यक्त हुई है। उपन्यास में राजनीति की गहरी चर्चा, राजनीति में मध्यवर्ग की बढ़ती हुई रूचि का परिचायक है। भारतीय साम्यवादी दल और उसकी राजनीति के प्रति उपन्यासकार का मोहभंग उपन्यास के पात्रों के माध्यम से व्यक्त हुआ है। लेकिन भारती परिदृश्य को बदलने वाला कोई बेहतर विकल्प सुधारने में हिचकते

रहे हैं। यह उनके भावपरक आधुनिकतावादी नज़रिये की सीमा है! इस उपन्यास की चर्चा विशेष रूप से शिल्प को लेकर हुई थी। कहानी के भीतर से कहानी का विकास, कथाओं का अन्तर्मथंन किसी कथा का बीच में छूट जाना, फिर बाद में शुरु हो जाना आदि 'पंचतंत्र', 'दशकुमार चरित्र' आदि की कथा प्रविधि की याद दिलाते हैं। इस शिल्पगत नवीनता से उपन्यास रोचक और ताजगी से युक्त बन पड़ा हैं।

(3)

धर्मवीर भारती ने इस उपन्यास में अद्भुत प्रतीकात्मकता का परिचय दिया है। परिवेश और पात्र की विशेषताओं को उभारने के लिए उन्होंने इस शैली का उपयोग किया हैं —'माणिक मुल्ला के घर के बगल में एक पुरानी कोठी थी। जिसके पीछे छोटा अहाता था। अहाते में एक गाय रहती थी। कोठी में एक लड़की, लड़की का नाम जमुना था। गाय का नाम मालूम नहीं। गाय बूढ़ी थी। रंग लाल था। सींग नुकीले थे। लड़की की उम्र 15 साल की थी। रंग गेहुंआ था (बढिया पंजाबी गेहूँ) और स्वभाव मीठा हँसमुख और मस्त। माणिक जिनकी उम्र सिर्फ 10 वर्ष की थी, उसे जमुनिया कहकर भागा करते थे और वह बड़ी होने के नाते जब कभी माणिक को पकड़ पाती थी तो उनके दोनों कान उमेठती और मौके-बेमौके चुटकी काटकर सारा बदन लाल कर देती।' यह पंक्तियाँ सरल वाक्य हैं लेकिन लेखक ने परिवेश की जटिलताओं और कठिन पात्रों की मनोदशाओं को आसानी से स्पष्ट कर दिया है। इतना ही नहीं, उन्होंने कहानी क्या मोड़ लेगी इसके संकेत भी दिए हैं।

पात्रों का चारित्रिक विकास भी अप्रत्याशित है। 10 साल की उम्र होने के बावजूद माणिक का विकास अपनी उम्र से ज्यादा हो गया है। अपने से बड़ी लड़कियों से वह छेड़छाड करता है और वे लड़कियाँ भी उसे खिलौना समझकर खेलती हैं। ऊपर से सबकुछ हल्का-फुल्का अगम्भीर लगता हैं जबकि लेखक का निहितार्थ गहरा है। वह बताता है कि लड़कियों का मनोविकास भी उसकी उम्र से अधिक हो गया है। इसका कारण 'सस्ते किस्म की प्रेम कहानियों की पत्रिकाएँ' हैं और आसपास ऐसी तमाम लड़कियाँ हैं जिनकी शादी गरीबी और धार्मिक मान्यताओं के कारण नहीं हो पा रही है।

जमुना तन्ना से प्रेम करती है लेकिन तन्ना कथित रूप से 'थोड़े नीच गोत्र का था और जमुना का खानदान सारी बिरादरी में खरे और ऊँचे होने के लिए प्रख्यात था' इतना ही नहीं, वह तन्ना के मुकाबले ज्यादा आकर्षक थी जैसा कि लेखक ने संकेत दिया है। इस सम्बन्ध के टूटने के बाद जमुना बिखर जाती है और 'एक दिन 20 साल की हो जाती है।' लेखक ने फिर उसी खिलन्दड़े अन्दाज में उसकी असली मनोव्यथा को व्यक्त किया है। वह अब बेकाबू संवेगों वाली स्त्री में बदल चुकी है—''एक उसकी बुरी आदत पड़ गयी थी कि चाहे माणिक मुल्ला उसे चिढ़ाए या ना चिढ़ाए वह उन्हें कोने-अन्तरे में पाते ही इस तरह दबोचती थी कि माणिक मुल्ला

का दम घुटने लगता था और इसलिए माणिक मुल्ला उसकी छाँह से कतराते थे" यहाँ पर लेखक जमुना के बहाने निम्नमध्यवर्गीय लड़कियों की मानसिक दशाओं को व्यक्त कर रहे हैं जिन्हें अपने प्रेम का अर्थ सीधे रास्ते चलकर नहीं मिलता और वे जिस रास्ते पर चल पड़ती हैं आखिरकार जमुना की नियति को प्राप्त होती हैं।

उस दौर में स्त्री समाज बदल रहा था लेकिन समाज का मनोविज्ञान तब भी रीतिरिवाजों में जकड़ा हुआ था। स्त्रियाँ अपने गोपन भावों को व्यक्त करना सीख रही थी लेकिन उसके असली अर्थ समझने वाला समाज अभी बनना शेष था। जमुना की शादी ऐसे व्यक्ति से तय करने के लिए उसका परिवार मान जाता है जिसकी दो पत्नियाँ मर चुकी हैं। इतना ही नहीं, वह उनके पिता की उम्र का है लेकिन यह त्रासदी घटित होकर रहती है और जमुना की शादी वहीं हो जाती है। इस सम्बन्ध के पीछे बाकायदा एक आर्थिक समाजशास्त्र काम करता है। ऐसे बेमेल विवाह आज भी होते हैं क्योंकि पुरुष का अर्थतंत्र पर कब्जा है। पैसे वाला होना उसकी सबसे बड़ी लियाकत है। औरत की इच्छा कोई मायने नहीं रखती। ऐसे में क्या होगा? लेखक ने साफ-साफ बताया है कि अगर इस प्रकार जबरन या प्रलोभन देकर औरत को किसी के साथ बाँध दिया जाएगा तो वह एक दिन हकीकत पहचान कर उस नरक से छुटकारे के अपने रास्ते ढूँढ़ेगी। समाज से अपना बदला लेगी जैसाकि जमुना ने लिया। उसके अवैध सम्बन्ध किसी और से कायम हो जाते हैं। इस मायने में यह उपन्यास हमारी मर्यादावादी सोच को झटके देता है और यह सोचने पर विवश करता है कि लैंगिक धरातल पर भेदभाव घर से ही शुरु हो जाते हैं।

सामाजिक रूढ़ियों और भेदभाव को भारती ने बखूबी उजागर किया है। उन्होंने कथित धर्म पर व्यंग्य करते हुए जैसे समाज पर चोट की है। जमुना को मन्दिर ले जाने वाला ताँगेवाला उसके बच्चे का पिता बन जाता है और इसे ईश्वर का वरदान या 'भगवान की माया' कहा है। इसी प्रकार भारती समाजवाद पर भी व्यंग्य करते हैं कि 'किसी भी काम को नीची निगाह से नहीं देखना चाहिए चाहे वह ताँगा हाँकना ही क्यों न हो'। यह उपन्यास कई सारी प्रचलित मान्यताओं से जैसे बदले लेता है और लेखक के पूर्वाग्रहों के पक्ष में दलीलें देता है। भारती यहाँ विवाहेत्तर सम्बन्धों को धार्मिक मान्यताओं के सामने तान देते हैं और जब वे इन्हें ईश्वर की माया कहते हैं तो यह व्यंग्य और भी गहरा हो जाता है। लेखक सवालों का एक सिरा इस तरह खुला छोड़ देता है कि अगर औरत की आजादी को रोका जाएगा तो वह जिस रास्ते को चुनेंगी, वह बड़ा अप्रत्याशित होगा। शायद-एक रास्ता नैतिकतावादी और एक रास्ता आधुनिकतावादी है। नैतिकतावादी नजरिया लगभग तर्कहीन, खोखला और अप्रभावी होता है। आधुनिक नजरिये से लैस औरतें वैध-अवैध सवालों में पड़ती ही नहीं जबकि धर्म और कानून की जंजीरें भी उसे बाँधने के लिए तत्पर हैं। असल में यहाँ लड़ाई परम्परा और आधुनिकता में भी है। लेखक ने किसी का पक्ष नहीं लिया

है। उन्होंने आखिरी निष्कर्ष माणिक मुल्ला की निष्कर्षवादी कहानियों में वास्तविक निर्णय आखिरकार समाज के ऊपर छोड़ दिया है।

'सूरज का सातवाँ घोड़ा' यह आभास देता है कि उपन्यास की कहानी सीधी सरल अभिधापरक है लेकिन इसमें भारती का कौशल इस रूप में उभरकर सामने आता है कि अभिधा का छल करते हुए उन्होंने दरअसल अर्थ को व्यंजित किया है। यही कारण हैं कि उपन्यास के हर तीसरे शब्द में व्यंग्य निहित है और भारती का व्यंग्य अभिधात्मक या लाक्षणिक न होकर विशुद्ध व्यंजनात्मक है–''जमुना की जीवन गाथा समाप्त हो चुकी थी और हम लोगों को उसका दुख ऐसा लगा जैसे सभी रसों की परिणति शान्त या निर्वेद में होती है वैसे ही उस अभागिन के जीवन के सारे संघर्ष और पीड़ा की परिणति ममत्व प्लावित शान्त निष्कंप दीप के समान प्रकाशमान पवित्र निष्कलंक है। यह पंक्तियाँ जिस सामाजिक या व्यक्तिगत समाजशास्त्र को व्यक्त करती हैं, वह व्यंजित अर्थ, चेतना को अन्दर तक हिला देता है। जमुना के जीवन में कई दुर्घटनाएँ हुईं, वह जिससे प्रेम करती थी कथित धार्मिक रिवाजों के कारण उससे विवाह नहीं कर सकी। अपने पिता के उम्र के व्यक्ति से उसका बेमेल विवाह हुआ। इस प्रक्रिया में पति के बजाय उसे संतान सुख किसी और व्यक्ति से मिला। वह 25 वर्ष की होने से पहले ही विधवा हो गयी। इन सामाजिक सच्चाईयों को भारती ने ठंड़ी भाषा में कहकर और भी मारक बना दिया है उन्होंने यह बड़ा सवाल खड़ा किया है कि जमुना की इस दशा का जिम्मेदार कौन है– परिवार, समाज, धर्म या खुद स्त्री। भारती ने नारीवादी हुए बिना स्त्रियों की व्यथा-कथा को व्यक्त किया है। जैसाकि इस उपन्यास का केन्द्रीय पात्र माणिक मुल्ला कहता है– 'हम जैसे लोग जो ना उच्च वर्ग के हैं, न निम्न वर्ग के हैं। उनके यहाँ रूढ़ियाँ, परम्पराएँ, पुरानी विरासत है कि कुल मिलाकर हम सभी पर ऐसा प्रभाव पड़ा है कि हम यंत्र मात्र रह जाते हैं। हमारे उदार और ऊँचे सपने समाप्त हो जाते हैं।'' यह पंक्तियाँ बताती हैं कि जीवन की व्यक्तिगत समस्याएँ भी समाज के द्वारा तय होती हैं।

समाज उदार और प्रगतिशील होगा तो उसमें रहने वाला व्यक्ति भी उसी सोच का बनेगा जबकि समाज बेमतलब के कायदे कानूनों में जकड़ा रहेगा तो मनुष्य मशीन बन जाएगा। वह समाज के हाथों विवश मशीन की तरह चलेगा, न खुद विकसित होगा और न समाज को महान अर्थ देगा। सवाल उठता है कि इस हालात का जिम्मेदार कौन है? क्योंकि पूरा सामाजिक ढाँचा ही भ्रष्ट हो गया हैं। भ्रष्ट तंत्र के हाथों बेकसूर-विवश मनुष्य अपमानित हो रहा है–''यह सच है पर जब पूरी व्यवस्था में बेईमानी है तो एक व्यक्ति की ईमानदारी की एक व्यवस्था लादी गयी सारी विसंगतियों को अस्वीकार करे और उसके द्वारा आरोपित सारी झूठी मर्यादा को ही क्योंकि एक सिक्के के ही दो पहलू होते हैं लेकिन हम यह विद्रोह नहीं कर पाते अतः नतीजा यह होता है कि जमुना की तरह हर परिस्थिति से समझौता करते जाते

है।'' यहाँ पर लेखक एक समस्या सुलझा रहा है– गलत के साथ समझौता नहीं करें; उसका विरोध करें लेकिन बहुसंख्यकजन समझौतावादी लेता है। उसे भ्रष्टतंत्र इस तरह दीक्षित करता है कि ताकतवर के सामने उसे समर्पण के लिए मजबूर होता रहता है। लिली के प्रेम सम्बन्ध इसी समझौतावादी रवैये के कारण किशोर अवस्था के रोमानी सम्बन्ध बनकर रह जाते हैं।

(4)

'सूरज का सातवाँ घोड़ा' एक प्रयोगशील उपन्यास है। इसमें जमुना, लिली औंर सत्ती की प्रेम कहानियाँ हैं। इस उपन्यास में मुख्य चरित्र माणिक मुल्ला दोपहर में अपने दोस्तों को जो कहानियाँ सुनाता है उनके शीर्षक इस प्रकार हैं–(1) नमक की अदायगी (2) घोड़े की नाल (3) और मालवा की युवरानी (4) काले बेंट का चाकू इत्यादि हैं। यह शीर्षक दिलचस्प हैं। लेखक इन शीर्षकों के माध्यम से पात्रों के चरित्र उजागर करता हैं। इसके अलावा वह बिखरे हुए कथा सूत्रों को इन शीर्षकों में ऐसे बाँधता हैं कि सभी कहानिया मिलकर उपन्यास की कथावस्तु को प्रस्तावित करने लगने लगती हैं। दरअसल भारती ने कथानक में एक नई कथा तकनीक का इस्तेमाल करते हुए उपन्यास को सात खंड़ों में बाँटा है। यह बतकही की शैली हैं। माणिक मुल्ला वाचक और दूसरे दोस्तों को दिलचस्प प्रेम कहानियाँ सुनाता है। इन प्रेम कहानियों के पात्र निम्नमध्यवर्गीय लोग हैं। ये बिखरी-बिखरी कहानियाँ उन लोगों के टूटे-बिखरे जीवन का सच प्रस्तुत करती हैं। यह वंचित समाज है लेकिन उनकी भी इच्छाएँ, कामनाएँ, अभाव और मजबूरियाँ हैं। वह भी ऐसे इंसान हैं जो प्रेम करना चाहते हैं। यहाँ पर धर्मवीर भारती प्रेम जैसे आसान विषय के बहाने गरीब लोगों के कठिन जीवन को व्यक्त करते हैं। ऊपर से यह हँसी मजाक लगता है लेकिन उन लोगों के जीवन में हँसी और खुशी के मौके कितने कम हैं; इसे लेखक जाहिर करता है।

माणिक मुल्ला एक ऐसा चरित्र है जो हँसी-दिल्लगी के बहाने इसी समाज के मुश्किल समय, उनके जीवन पर असर डालने वाली राजनीति, उनके दिमाग का जटिल विन्यास इन सबको कहानियों के रूप में कहता है। उनकी उपस्थिति हर अध्याय के बाद उन अध्यायों में दर्ज होती है जहाँ वह इससे पहले कही गयी कहानियों पर टिप्पणी करता है। इसमें कई चरित्र हैं। जिनकी अपनी-अपनी भावनात्मक दुनिया है। यह दुनिया कई तरह की है और एक दुनिया दूसरी दुनिया पर असर डालती है। एक दुनिया माणिक की है। दूसरी दुनिया जमुना और तन्ना की है। तीसरी दुनिया जमुना और रामधन की है। चौथी दुनिया माणिक और लिली की है। पाँचवी दुनिया तन्ना और लिली की और एक दुनिया माणिक और सत्ती की भी है। यह प्रेम की दुनिया है। चरित्र एक से दूसरी दुनिया में भी प्रत्यक्ष-अप्रत्यक्ष आते-जाते हैं। इससे कोई दुनिया अलग नहीं रहती बल्कि सभी एक-दूसरे से जुड़ी

हुई होती हैं। माणिक मुल्ला सभी दुनिया में प्रत्यक्ष मौजूद है। इसलिए वह दुनिया की कहानी के बहाने अपने अफसाने पेश करता है। यह चरित्र कुछ मायनों में एक पुराने प्रसिद्ध चरित्र मुल्ला नसरूद्दीन की याद दिलाता है। मुल्ला नसरूद्दीन कई बार दुनिया का सबसे बड़ा बेवकूफ लगता है और कई बार दुनिया के सबसे चालाक, मक्कार और धूर्त व्यक्ति को भी मूर्ख बना देता है। माणिक मुल्ला भी ऐसा ही चरित्र है। वह कई बार दुनिया का सबसे सताया हुआ इंसान नजर आता है और कई बार सबसे शरीफ आदमी लगता है। वह प्रेम करता है लेकिन प्रेम पर टिका नहीं रहता। कमिटमेंट का अभाव उसे विश्वसनीय और प्रामाणिक मनुष्य नहीं रहने देता। संदिग्धता उसके चरित्र की पहचान है।

इस उपन्यास के स्थापत्य पर हितोपदेश, पंचतंत्र, अलिफलैला जैसे लोकप्रिय किस्से-कहानियों का असर है। यह दरअसल किस्सगोई की ऐसी तकनीक है जो उपन्यास को दिलचस्प बनाती है। पाठक और श्रौता यहाँ एक हो जाते हैं। पाठक यहाँ खुद को ऐसे श्रौता के रूप में पाता है जो जल्द से जल्द निष्कर्ष को जानना चाहता है। इस उपन्यास का एक छिपा हुआ उद्देश्य भी है। हालाँकि लेखक कहीं भी यह प्रभाव नहीं देता है कि यह कहानी कहने का उसका कोई उद्देश्य है फिर भी इसमें हम ऐसी समस्याओं को देख सकते हैं जो हमारे समाज पर असर डालती हैं। लेखक उनके दुष्प्रभावों को उजागर कर पाठक को उनके बारे में सचेत करता है। इसमें अधिकतर स्त्री जीवन की समस्याएँ हैं। जिसमें प्रमुख है जातिगत ऊँच-नीच और दहेज की विकराल समस्या; इसके साथ ही लेखक, समाज और परिवार में औरत की दोयम स्थिति पर ही व्यंग्य करके करूणा जगाता है।

धर्मवीर भारती व्यंग्य की शैली में निम्न मध्यवर्ग की इच्छाओं, लड़ाइयों, हार और जीत का वर्णन किया है। व्यंग्य का इस्तेमाल लेखक ने इस मुश्किल में फँसी जनता के जीवन की दयनीय स्थिति को उभारने के लिए किया है। जिस प्रकार का विषय लेखक ने इस उपन्यास में चुना है, जैसी समस्याओं को उन्होंने उठाया है; उसे वह सीधे-सहज गम्भीर लहजे में कहते तो उपन्यास की कथावस्तु असर नहीं डालती जबकि व्यंग्य-शैली के कारण इस उपन्यास में ऐसे प्रश्न प्रस्तुत होते हैं जिनका जवाब ढूँढने के सिलसिले में पाठक को पात्रों की दुनिया से जुड़ना पड़ता है। और इसके लिए पाठक कोई अतिरिक्त कोशिश नहीं करता है। वह अभावग्रस्त पात्रों की दुनिया से आसानी से जुड़ जाता है। धर्मवीर भारती के 'सूरज का सातवाँ घोड़ा' का कथानक ऐसा है कि छोटे-छोटे सपनों को पूरा करने के लिए हर पल संघर्ष कर रहे लोगों से सहानुभूति होती है लेकिन लेखक का व्यंग्य इस कथ्य को भावुक नहीं होने देता है। उपन्यास में सबसे बड़ा सवाल यह है कि प्रेम जैसी मानवीय भावना पर अमीरों का एकाधिकार है और लैंगिक धरातल पर देखें तो प्रेम पाने का हक स्त्रियों को नहीं है। यह ऐसे सवाल हैं जिनके उत्तर ढूँढ़ने के लिए उपन्यास मजबूर करता है।

'सूरज का सातवाँ घोड़ा' के शीर्षक में भी गहरी सार्थकता है। सूरज के सात घोड़े यानी मनुष्य की आदिम इच्छाएँ हैं। जिन्हें पूरा करने के लिए वह पशुओं की तरह भागता है। दौड़ता रहता है। हाँफते-हाँफते गिर जाता है। यही इच्छाएँ जीवन भर उससे संघर्ष करवाती हैं। इन संघर्षशील पात्रों के माध्यम से धर्मवीर भारती एक प्रकार से अपने समय और समाज के एक बड़े वर्ग का इतिहास दर्ज कर रहे हैं। यहाँ यह याद रखना होगा कि यह उपन्यास पिछली सदी के पाँचवें दशक की शुरुआत में छपा था। आजादी मिले तब बहुत कम वक्त हुआ था। आजादी पाने के लिए सबसे अधिक संघर्ष इसी निम्नमध्यवर्ग ने किया। वह जान हथेली पर लेकर बड़े चाव से बहादुरी के साथ इस जनांदोलन से जुड़ा। आजादी के सपने उसके मन में भी पल रहे थे लेकिन आजादी मिलने के बाद क्या हुआ? इस वर्ग ने क्या हासिल किया? उसके जीवन की परिस्थितियाँ लगातार बदतर होती गयी! उसे भी एक गहरे मोहभंग से गुजरना पड़ा। उन्हें यह समझ में आने लगा कि प्रेम जैसी जरूरी इंसानी एहसास पर सरमादारों का कब्जा है। प्रेम उसी को मिलेगा और वही प्रेम में सफल होगा जिसके पास पैसा, पॉवर और पद होंगे। नहीं तो स्त्री हो या पुरुष, उनका जीवन पेट भरने की छोटी लड़ाइयों में ही नष्ट हो जाएगा जैसाकि इस उपन्यास में लेखक ने स्त्री पात्रों की हास्य की हद तक हिंसक कहानियों में भी उजागर किया है।

अपना प्रेम पाने के लिए उपन्यास की स्त्री चरित्र या तो अपने मन में एक काल्पनिक दुनिया बना लेते हैं। जिसमें वह मन ही मन अपनी इच्छित पुरुष से प्रेम करती हैं या प्रेम पाने के लिए वैध-अवैध रास्तों की परवाह नहीं करती और अपना एक निजी प्रति संसार बना लेती हैं। इसलिए इस उपन्यास में प्रस्तुत स्त्री-छवियाँ बहुत महत्त्वपूर्ण हैं। उन स्त्रियों की भाषा प्रतीकार्थ, आचरण, व्यवहार यह सोचने पर मजबूर करते हैं कि उन्हें भी अपनी आंतरिक शक्ति का पता है और समय आने पर वह भी अपनी इच्छाओं के रास्ते में आने वाली बाधाओं को तहस-नहस कर सकती हैं।

'सूरज का सातवाँ घोड़ा' की केन्द्रीय स्त्री-चरित्र जमुना किशोरवय में ही संसार की अश्लीलता को समझ गयी है। उपन्यास का केन्द्रीय पुरुष-चरित्र माणिक मुल्ला न तो उसके स्तर का है और ना उसकी उम्र का, दोनों में कई धरातलों पर काफी फासला है, फिर भी अपने जीवन की त्रासदियों से घर जमुना उसके नजदीक आ जाती है लेकिन यह प्रेम सफल नहीं होता। धर्मवीर भारती ने सारे प्रेम असफल होते दिखाए हैं। जमुना की शादी तन्ना से नहीं हो पाती क्योंकि जमुना की माँ मानती है कि उन दोनों में जातिगत अन्तराल है। जमुना की शादी ऐसे व्यक्ति से तय होती है जिसकी वह तीसरी पत्नी बनती है। वह इसमें भी अपनी खुशियाँ तलाश लेती है लेकिन अपने पति से सन्तान न होने के कारण वह रामधन से सन्तान पाती है। यानी यह रिश्ता भी बहुत जटिल है। लेखक स्त्री का कठिन मनोविज्ञान जमुना के माध्यम से प्रस्तुत करता है।

धर्मवीर भारती जिस तरह से स्त्री जीवन के विसंगत पहलुओं को उभारते हैं वह देखने लायक हैं। लेखक जमुना के सामने लिली जैसी स्त्री चरित्र खड़ा करते हैं। माणिक के लिए लिली की उपस्थिति बड़ी दिलचस्प है। वह जहाँ जमुना को भावुक मानसिकता वाली स्त्री समझता है, वहीं लिली के अध्ययनशील चरित्र से प्रभावित होता हैं। इन दोनों से अलग तीसरा चरित्र सत्ती का है। उसे अपने ही परिजनों की बुरी नजर का सामना करना पड़ता है। वह अपना घर चलाने के लिए साबुन बनाती और बेचती है। वह भी अपने जीवन में उस मुकाम को हासिल नहीं कर पाती जो किसी भी स्त्री का सपना होता है।

निम्नमध्यवर्ग के मोहभंग का वर्णन करने वाला 'सूरज का सातवाँ घोड़ा' पात्र परिकल्पना की दृष्टि से भी प्रयोगवादी उपन्यास है। लेखक ने अपने पात्र निम्नमध्यवर्गीय संसार से चुने हैं। इसलिए सभी पात्र वर्गीय चरित्र हैं। इन पात्रों को लेखक ने उनकी पारिवारिक और सामाजिक समस्याओं की वर्गीय विशेषताओं सहित प्रस्तावित किया है। यह पात्र स्थितियों से प्रभावित होते हैं और इनकी क्रिया-प्रतिक्रिया, घात-प्रतिघात के कारण इनका निजी चरित्र और दूसरे पात्रों का चरित्र उभरता है। इस सिलसिले में कहानी आगे बढ़ती है। कई स्थानों पर लेखक खुद उपस्थित होकर पात्रों की चारित्रिक विशेषताएँ, उनका सामान्य परिचय, उनका बाहरी व्यक्तित्त्व, उनकी वेशभूषा, पारिवारिक दुनिया, उनकी शिक्षा और व्यवसाय का वर्णन करता है। कई जगह यह भूमिका पात्र निभाते हैं। उपन्यास के पात्र अपने वर्तमान और अतीत के लिए व्यथित हैं। उनकी मजबूरियाँ, उनके सपने, उनका आचरण-यानी उनकी सामूहिक मानसिकता को लेखक संवादों और घटनाओं के माध्यम से प्रस्तुत करता है। इस तरीके से भी पात्रों के चरित्र की अमूर्त-अदृश्य विशेषताएँ सामने आती हैं।

माणिक मुल्ला उपन्यास का केन्द्रीय पात्र है। कहानियों में बंटे इस उपन्यास की कहानियाँ माणिक मुल्ला ही सुनाता है। यानी वह कथावाचक है। इसके साथ ही वह क्योंकि सभी कहानियों में किसी न किसी रूप में जुड़ता है इसीलिए एक व्यक्ति-चरित्र के रूप में भी उभरता हैं। वह पढ़ा-लिखा समझदार आदमी है। वह अक्सर व्यंग्य में बात करता है और खुद को भी नहीं छोड़ता है। वह लोगों की जीवनगत स्थितियों और पात्रें की भाव-भंगिमा पर नजर रखते हुए घटनाओं को कहानी में बदल देता है। वह अपने निष्कर्ष देता है। उसकी निष्पत्तियाँ बेहद दिलचस्प होती हैं। वह कई जगह अधूरे और अधकचरे लगते हैं लेकिन उनमें भी एक संदेश छुपा रहता है। वहाँ व्यंग्य में निहित गम्भीरता मिलती है। वह जीवन की हकीकत से दूर भागने वाले किताबी किस्म के बुद्धिजीवियों पर तीखा व्यंग्य करता है। वह कई जगहों पर एक कमजोर व्यक्ति के रूप में उभरता है, जैसे वह जमुना का बेमेल विवाह होते देखकर भी चुप रह जाता है। लिली से प्रेम करते हुए भी वह कथित आदर्श दिखाते हुए उसके जीवन से हट जाता है। माणिक सत्ती के सामने

इंसानी भावनाओं की कद्र करता है लेकिन मुसीबत में केवल सहानुभूति दिखाते हुए वह सत्ती का साथ नहीं देता है। इतना ही नहीं, सत्ती की मौत की खबर सुनकर वह केवल अपराधबोध का स्वांग करता है। यहाँ सवाल यह है कि लेखक ने क्यों माणिक के चरित्र में इतने अन्तर्विरोध या विसंगतियाँ भरी हैं? दरअसल धर्मवीर भारती माणिक के ऐसे चरित्र-चित्रण के द्वारा मध्यवर्गीय व्यक्ति के चरित्र की दयनीय दशा और निर्णय न ले पाने की कमजोरी को उभारते हैं।

जमुना और लिली इस उपन्यास की केन्द्रीय स्त्री चरित्र हैं। जमुना का चरित्र कुछ ज्यादा जगह घेरता है। विपरीत परिस्थिति के कारण जमुना पढ़ नहीं पाती पर लिली शिक्षा ग्रहण करती है। जमुना प्रेम तन्ना से करती है लेकिन मजबूरी में उसे शादी बूढ़े जमींदार से करनी पड़ती है। लिली माणिक से प्रेम करती है पर विवाह उसे तन्ना से करना पड़ता हैं। दोनों की कहानी एक जैसी है। दोनों अपने प्रेम को नहीं पाती। उनका वैवाहिक जीवन दुखमय रहता है। जमुना विधवा हो जाती है। लिली को तन्ना का घर छोड़ना पड़ता है। ये दोनों चरित्र एक-दूसरे का विस्तार रचते हैं यह परस्पर पूरक चरित्र हैं। लेखक ने स्त्री जीवन के दुखों को सहन करने के लिए एक-जैसे स्त्री चरित्र रखें हैं। एक-जैसी नियति को पाने वाली जमुना और लिली समानान्तर चरित्र हैं।

सत्ती का चरित्र-चित्रण भारती ने मनोयोग से किया है। वह अपनी अलग पहचान को महत्व देती है। वह सुन्दर और स्वाभिमानी है। सत्ती उस पर आश्रित जमुना का पालन-पोषण करती है। जबकि वह उसकी सगी-सम्बन्धी भी नहीं है। वह अपनी आजीविका के लिए खुद कमाती है। साबुन बनाती है, बेचती है और हिसाब-किताब और व्यवहार में कोई गडबड़ी बर्दाश्त नहीं करती। सत्ती ईमानदार और मजबूत स्त्री है। वह हमेशा अपनी कमर में चाकू बाँधकर रखती है। इतना होने पर भी चाचा चमन ठाकुर के लालच और महेशर दलाल की भोगविलास की आदत के कारण उसे जान गँवानी पड़ती है।

तन्ना उपन्यास का गौण पात्र है। वह महेशर दलाल का बेटा है। बचपन में ही माँ को खोने के कारण और पिता के गुस्सैल और विलासी स्वभाव के कारण तन्ना अन्तर्मुखी, संकोची और डरपोक बन जाता है। वह किसी से भी आमने-सामने साफ-साफ बात नहीं कर सकता था। वह हमेशा किसी न किसी काम में लगा रहता है। क्योंकि वह किसी का आमना-सामना करने से बचा रहना चाहता है। जमुना से प्रेम करते हुए भी वह उसे पाने कोशिश नहीं करता और लिली से विवाह होने पर भी वह सम्बन्धों से खुश नहीं रहता है। वह पिता की गालियों, बुआ के अन्याय और बहन के तानों को चुपचाप सहन करता है। वह एक प्रकार से माणिक मल्ला के बहिर्मुखी चरित्र का विलोम चरित्र है।

महेशर दलाल गुस्सैल और लालची किस्म का चरित्र है। वह बिना बात के

नाराज होकर तन्ना को गालियाँ देता है और नियमित रूप से मारता-पीटता है। उसके बेटे विवाह योग्य हैं। इतना होने पर भी महेशर दलाल एक और औरत के चक्कर में पड़ जाता है। वह बुआ कहलाती हैं लेकिन मतलब निकलने के बाद वह उस औरत को घर से निकाल देता है। वह अमीर पिता की संतान लिली का विवाह अपने बेटे तन्ना से कर देता हैं लेकिन मर्यादा को अस्वीकार करते हुए वह लिली की माँ के साथ सम्बन्ध बनाने से नहीं हिचकता है। इतना ही नहीं वह अपनी बेटी की उम्र की सत्ती को खरीद लेता है। इससे अनुमान लगा सकते हैं कि महेशर दलाल का चरित्र कैसा है। इस तरह के चरित्र समाज में हर जगह देखने को मिल जायेंगे, जो पैसे के बल पर सबका शोषण करते हैं।

धर्मवीर भारती ने उपन्यास के चरित्रों के इस शैली में प्रस्तुत किया है कि उनकी चारित्रिक विशेषताएँ उभर सके, कथानक समानान्तर रूप से आगे बढ़े और लेखक का उद्देश्य सार्थक हो सके।

'सूरज का सातवाँ घोड़ा' विवश असफल प्रेम कहानियों का कोलॉज है। सवाल यह है कि मोहभंग के उस दौर में क्या लेखक को कहीं भी उम्मीद की कोई किरण नहीं दिख रही थी क्योंकि यह रचना एक लम्बी उदास कविता का असर डालती है। यहाँ बेमेल विवाह से उपजी निराशा, दुखद पारिवारिक जीवन और पात्रों की मृत्यु एक ऐसे वातावरण का निर्माण करते हैं जिसमें चारों तरफ अंधेरा है। ऐसे में आशा कहाँ बचती हैं– 'अब बचा है सिर्फ एक घोड़ा। जिसके पंख अब भी साबुत हैं जो सीना ताने गर्दन उठाए आगे चल रहा है। वह घोड़ा है, भविष्य का घोड़ा। तन्ना, जमुना और सत्ती के नन्हें निष्पाप बच्चों का घोड़ा, जिनकी जिन्दगी हमारी जिन्दगी से ज्यादा अमन-चैन की होगी, ज्यादा पवित्रता की होगी। उसमें ज्यादा प्रकाश होगा, ज्यादा अमृत होगा, वही सातवाँ घोड़ा हमारी पलकों में भविष्य के सपने और वर्तमान के नवीन आकलन भेजता है ताकि हम इतिहास के नाम पन्ने लिख सके। जिन पर अश्वमेद्य का दिग्विजयी घोड़ा दौड़ेगा।' यहाँ पर लेखक साफ तौर पर भविष्य के प्रति गहरी आस्था और आशा से भरा है। यह सकारात्मक सोच है। वर्तमान हमेशा कष्टों से भरा रहता है लेकिन उसकी पीड़ा से तभी छुटकारा मिलता है जब हम भविष्य के प्रति आशावान रहे। 'सूरज का सातवाँ घोड़ा' इसी लगभग अनश्वर आशा का अनंत प्रतीक बन जाता है।

विपरीत परिस्थितियों में भी लगातार दौड़ते हुए 'सूरज का सातवाँ घोड़ा' हार नहीं मानता, थकता नहीं है। यही मानसिक मजबूती जीवन देती है। लेखक का इशारा इसी तरफ है। वह डरावने वर्तमान के प्रति सजग है। वह जानता है कि जाति और पैसे के आधार पर शोषण की शिकार स्त्रियों का जीवन नर्क हो जाता है। उन्हें पशुओं की तरह जबरन ऐसे आदमी के साथ बांध दिया जाता हैं जो उनके जीवन के अर्थ नष्ट कर देता है या फिर उन्हे मार दिया जाता है। जमुना, लिली ऐसे ही पात्र हैं।

जो बताते है कि सभ्य कहे जाने वाले भारतीय समाज में स्त्रियों के साथ कैसा दुर्व्यवहार किया जाता है। सत्ती अगर पुरुष वर्चस्ववादी दमघोंटू व्यवस्था का विरोध करती है तो उसकी हत्या हो जाती है। दूसरी तरफ पढ़े-लिखे कथित बुद्धिजीवी और साधन-सम्पन्न लोग तमाशायी बनकर यह नाटक देखते रहते हैं। ऐसे में केवल भविष्य के नागरिक ही आशा बचाए रखते हैं। वह सारी सामाजिक रूढ़ियों को तोडने की हिम्मत रखते हैं। तमाम भेदभावों से ऊपर उठकर उनमें लड़ने की ताकत होती है।

आसान भाषा में लेखक ने यह उपन्यास लिखा नहीं है, बल्कि सुनाया है। इस सिलसिले में पाठक उपन्यास की घटनाओं को अपने सामने घटित होते देखता है। उपन्यास के चरित्र उसके सामने हाजिर हो जाते हैं। उनकी आपबीती पाठक को अपनी ही कहानी लगती है। यही इस उपन्यास की लोकप्रियता का कारण है। इसमें कोई सुविचारित शिल्प नहीं है। और न कोई भाषा सम्बन्धी पूर्वाग्रह है। लेखक ने अपने जाने-पहचाने अनुभव संसार से पात्र, भाव और भाषा लेकर एक दिलचस्प कहानी कही है।

(5)

'सूरज का सातवाँ घोड़ा' उपन्यास की केन्द्रीय समस्या प्रेम है। लेखक माणिक मुल्ला के माध्यम से एक जटिल मानवीय समस्या को हँसी-दिल्लगी में उड़ाता दिखता है जबकि ऐसा नहीं है। लेखक ने आज से लगभग आधी सदी पहले युवा स्त्रियों की मानसिक बनावट और उनके जीवन में प्रेम की भूमिका को आधुनिक सन्दर्भों में विश्लेषित किया है। हर बात को हँसी-मजाक में कहने की शैली को भारती से पहले अमृतलाल नागर ने इस्तेमाल किया है और भारती के थोड़े समय बाद इसे मनोहरश्याम जोशी ने विकसित किया था। वही किस्सागोई की शैली इस उपन्यास में दिखायी देती है। माणिक के यह शब्द देखिए, 'अब यही प्रेम की बात लो, यह सच है कि प्रेम आर्थिक स्थितियों से अनुशासित होता है लेकिन मैंने जो जोश में कह दिया था कि प्रेम आर्थिक निर्भरता का ही दूसरा नाम हैं। यह केवल आंशिक सत्य है– इससे कोई इंकार नहीं कर सकता है कि प्यार आत्मा की गहराईयों में समाए हुए सौन्दर्य के संगीत को जगह देता है। हम में अजीब सी पवित्रता, नैतिकता, निष्ठा और प्रकाश भर देता है।' यहाँ लेखक अपने केन्द्रीय चरित्र के माध्यम से प्रेम के मुश्किल पक्षों को और जीवन में उसकी अनिवार्यता को भी समाहित किए हुए है।

भारती ने प्रेम को अलौकिक या फिल्मी नहीं बनाया है। उनके कहने के ढंग में रोमानीपन जरूर है लेकिन उन्होंने इसे असली दुनिया की ठोस हकीकत के रूप बयान किया है। इस उपन्यास के पुरुष पात्र स्त्री चरित्रों के मुकाबले कमजोर और दब्बू दिखायी देते हैं जबकि स्त्री चरित्र दबंग हैं। इसका कारण यह है कि लेखक

ने पुरुषों की उस मनोवृति को खोलकर रख दिया हैं कि वे प्रेम सहित दूसरे निर्णायक मौकों पर चुप हो जाते हैं या पीछे हट जाते हैं।

धर्मवीर भारती बुनियादी तौर पर रोमानी भाव-बोध के लेखक हैं। उनके यहाँ किशोरवय का स्वच्छन्द प्रेम धड़कता है। यह प्रेम जटिल रूढ़ियों को नही तोड़ता है। उनकी जकड़ की तरफ इशारा करता है और जटिलता को हँसी-मजाक में कह देता है। इसीलिए भारती के यहाँ प्रेम और स्त्री-पुरुष सम्बन्ध भी रूढियाँ बन जाते हैं। दरअसल लेखक के पास समस्याएँ है लेकिन वह स्थाई समाधान ढूँढ़ने की मुश्किल कोशिश से कतरा जाता है। इसका बड़ा कारण एक यह है कि उनके यहाँ कोई मजबूत वैचारिक आधार नहीं है। इसलिए प्रेम भी एक रोमानी विचार बनकर रह जाता है। हालाँकि कई जगह उन्होंने प्रेम की मुश्किलों के सामाजिक सन्दर्भ देने की कोशिश की है लेकिन दृष्टि और विचारों का धुंधलापन स्पष्टता में समस्या को समझा नहीं पाता है। लेखक को मनुष्य की अनिवार्य जरूरत प्रेम की समस्या के हल देने थे, पर वह दार्शनिक वक्तव्य में फँस जाता है। जैसे– 'अगर हम दोनों जीवन में एक-दूसरे के निकट आये... अगर एक-दूसरे को बल दे, प्रकाश दे और दुनिया की कोई भी ताकत, कभी भी पवित्रता को हीन नहीं कर सकती।' यहाँ पर लेखक सतही निष्कर्ष दे रहा है। पूरे उपन्यास में धर्मवीर भारती ने स्त्री भाव और पवित्रता की धज्जियाँ उड़ाई हैं। यहाँ भी प्रेम की मजबूरियों को वह भावुक पवित्रतावाद में बदल रहे हैं, लगता है जैसे कोई आध्यात्मिक उपदेशक आत्मा, प्रकाश, प्रेरणा, सम्पूर्णता इत्यादि शब्दों को अर्थहीन प्रवचन में बदलकर केवल भावुक श्रोताओं को बहका रहा है। लेखक को पवित्रता की इतनी चिन्ता होती तो वह कम-से-कम नैतिकतावादी आध्यात्मिक बहस करता जबकि स्त्री-चरित्रों के प्रसंग में वह जीवन की आलोचना से बचता है। स्त्री-पात्र फैंटेसी में रहते और जीते हैं। वे समाज और धर्मशास्त्र द्वारा थोपी गयी तमाम कथित नैतिकताओं और पवित्रता को तार्किक हुए बिना भावुकतावादी ढंग से अस्वीकार करते हैं। उपन्यास के स्त्री चरित्र अपने मानसिक और जैवकीय जरूरतों को पूरा करने के लिए परिस्थितियों के अनुसार कदम उठाते हैं। जमुना के सामने पराए पुरुष से सम्बन्ध बनने से कोई पवित्रतावादी नियम बाधक नहीं बनता क्योंकि वही उसकी एकमात्र जरूरत है। उसका यह कदम निंदनीय भी नहीं लगता क्योंकि घर और समाज ने ही उसके जीवन में ऐसी समस्या उत्पन्न की है।

'सूरज का सातवाँ घोड़ा' स्त्रियों की बोल्डनेस के लिए चर्चित रहा है। जमुना, लिली और अन्य स्त्री चरित्र अपने संवेगो को छुपाती नहीं हैं। जमुना के बारे में जमुना की माँ से की गयी रामों की यह शिकायत देखें– ''हरे राम राम, बिटिया की बाढ़ तो देखा! जैसन नाम तैसन करनी।' यहाँ पर एक पुरानी स्त्री, नयी स्त्री के जीवन में आये बदलाव को बर्दाशत नहीं कर पा रही है। जमुना क्योंकि विद्रोही है इसलिए अपने सहज स्वभाव के कारण वह औरत को बाँधने वाली जंजीरों को तोड़ देती है।

रास्ता रोकने वाली मान्यताओं को अगूँठा दिखाती है तो इस विद्रोही को कौन बर्दाशत करेगा? यहाँ लेखक एक बदलती हुई स्त्री जीवन को खुली आँख से देख-परख रहा है लेकिन स्त्री और पुरुष की वास्तविक दुनिया क्या होनी चाहिए? ऐसे सवालों पर विचार करना होगा। भारती के यहाँ इसके संकेत देखने को मिल जाते हैं।

(6)

नए उपन्यास का प्रयोगवादी भाषिक शिल्प

स्थापत्य और भाषा प्रणाली की दृष्टि से 'सूरज का सातवाँ घोड़ा' एक उल्लेखनीय रचना है। भारती ने यहाँ ऐसा भाषिक विधान रचा है जिसमें अभिधापरक शब्दावली अर्थ को व्यंजित करती है। सतह पर आसान लगने वाले शब्द अनेक अर्थ-संकेतों को उजागर कर देते हैं। लेखक ने पात्र और उनकी मनोदशाओं, उनके समाज के अर्थतंत्र और उनकी संस्कृति की पृष्ठभूमि को गहराई से समझते हुए भाषा को रचा है। घटनाएँ केवल चरित्रों के चरित्र को ही नहीं बदलती, भाषा प्रणाली को भी परिवर्तित कर देती है। इसमें भारती ने किस्सागोई की शैली अपनाई है। लेखक पात्रों के माध्यम से कहानी सुनाता है। यह वर्णन प्रधान शैली है। इसमें व्यंजना या लक्षणा की बजाय लेखक अभिधापरक सीधे-सपाट शब्दों में अपनी बात कहता हैं– 'समय बीते कितनी देर लगती है। कहांनियाँ पढ़ते-पढ़ते और सिनेमा के गीत याद करते-करते जमुना 20 वर्ष की हो गयी और माणिक 15 वर्ष के और भगवान की माया देखो कि जमुना का विवाह कहीं तय ही नहीं हुआ।' यह पंक्तियाँ जमुना को लेकर चिंतित उसके संतप्त परिजनों की चिन्ता और भारतीय समाज में एक स्त्री की हैसियत पर प्रकाश डालते हैं। लेखक ने शुद्ध अभिधा में ऐसे व्यंग्य भाव को प्रस्तुत किया है कि एक सरल वाक्य के अनेक अर्थ सम्भव हो जाते हैं।

लेखक ने वर्णन के शिल्प में ऐसी बातचीत की भाषा प्रस्तुत की है। जिसमें पात्रों का अन्दरूनी और बाहरी व्यक्तित्त्व यथार्थ रूप में साकार हो जाता है। पाठक पात्रों की संवेदना से जुड़ जाता है और पात्रों को अपने ठीक सामने एक जीवित इकाई के रूप में पाता है।

भारती ने दिलचस्प कथा शिल्प में अद्भुत सरसता उपस्थित की हैं– "जमुना के पति तिहाजु यानि पुख्ता दीवार, पर उनमें और जमुना में उतना ही अन्तर था। जितना पलस्तर उखड़ी हुई पुरानी दीवार और लिपे-पुते तुलसी के चौंतरे में," यहाँ पर भारती ऐसी शब्दावली का इस्तेमाल करते हैं जिससे पता चलता है कि आगे घटनाक्रम क्या मोड़ लेगा। तुलसी का चबूतरा पक्का नहीं होता लेकिन साफ-सुथरा और सुघड़ होता है। जबकि दीवार से पलस्तर का उखड़ना यह सूचना देता है कि दीवार कभी भी गिर सकती है। कहानी नाटकीय मोड़ लेती है। जिसके सूत्र लेखक पहले ही व्यंजित कर

देता हैं। जमुना के शारीरिक सम्बन्ध तांगे वाले से हो जाते हैं। लेखक भारतीय समाज में स्त्री के साथ घटित हादसे को मजाक नहीं बनने देता बल्कि वह उन लोगों पर चोट करता है जो स्त्री के साथ ऐसा सुलूक करते हैं। जिस ठंडी भाषा में भारती जमुना और तांगे वाले के सम्बन्धों को विवेचित करते हैं वह एक तीखे नश्तर की तरह मर्मस्थल को चाक कर देती है। भारती ने भाषा को एक ऐसा औजार बना दिया है जिसे संवेदना से अलगाया नहीं जा सकता बल्कि उसके रास्ते रचना के सत्य को पाया जाता है।

इस उपन्यास में जिस शिल्प की जरूरत थी उसके अनुरूप लेखक ने भाषा अर्जित की है– 'इन कमबख्तों को मेरा खाना-पीना, उठना-बैठना, पहनना-ओढ़ना अच्छा नहीं लगता। खुद बड़े-बड़े नवाबों की तरह रहते हैं।' बुआ के ये शब्द विपरीत स्थितियों को आमने-सामने तान देते हैं। जिससे संवेदना का रूप-विन्यास नाटकीय हो जाता है और भाषा पात्र की मानसिकता को उजागर कर देती है। यानी लेखक परिस्थितियों को गहरा और संवेदना तथा अर्थ को अनेकायामी बना देता है। इसके लिए लेखक ने कहीं भी अतिरिक्त या आलंकारिक शब्दावली का प्रयोग नहीं किया है बल्कि यथार्थ को विश्वसनीय बनाने के लिए भाषा की स्थानीय ताकत और अर्जित शब्दावली को रचनात्मक तरीके से जोड़ा है। उन्होंने गाँव-देहात, छोटे कस्बों की आम भाषा का इस्तेमाल किया हैं। यहाँ तक कि शिक्षित स्त्री-भाषा, स्त्रियों द्वारा प्रयुक्त मुहावरें-लोकोक्तियों और अपशब्दों तक का भी बेहतरीन इस्तेमाल धर्मवीर भारती ने किया है। उन्होंने सहज भाषा से असाधारण अर्थ व्यंजित किया हैं।

(7)

'सूरज का सातवाँ घोड़ा' में लेखक ने ऐसी संवेदना को विषय रूप में प्रस्तावित किया हैं जो अपना शिल्प स्वयं निर्मित करती है। शिल्प को लेकर लेखक ने कोई कसरत नहीं की है। प्रसंग के अनुसार दृश्य बदलते हैं। दृश्य के अनुसार भाषा बदल जाती है। जहाँ लेखक निमर्म यथार्थ को व्यक्त करता है वहाँ उसकी भाषा वैसे ही बेधड़क हो जाती है। कोमल कथा-प्रसंगों में भाषा में उच्छल रोमान आ जाता है– 'उसकी रूखी अलके, खारे आँसू से छिले गालों को छूकर सिहर उठती है। ...उदास उंगलियाँ रह-रहकर उसके व्यक्तित्त्व के मृणाल तन्तुओं के संगीत को झकझोर रही थी।''– यहाँ धर्मवीर भारती का प्रयोगवादी कवि उपस्थित हो जाता है। भाषा में अजीब लचीली तराश आ जाती है। अर्थ पारदर्शी होकर चमकने लगते हैं। वातावरण जीवन के नाटक के पर्दों की तरह खुल जाती है। बिम्ब गतिशील दृश्य में बदल जाते हैं 'मेज के नीचे सिनेमा के आधे फटे हुए टिकट आँधी की वजह से तमाम कमरे में घायल तितलियों के जोड़े की तरह इधर-उधर उड़कर दीवारों से टकरा रहे थे।' इस कथा-प्रसंग की केन्द्रीय चरित्र लिली की मनोव्यथा को यह पंक्तियाँ एक करूणामय दृश्य में बदल देती हैं। लिली को माणिक का प्रेम नहीं मिल पाता है। ऐसे में जो

बिम्ब उपस्थित होता है उसे भारती गहरा प्रतीकार्थ देते हैं। उनकी प्रतीकात्मकता सुविचारित होने के बावजूद अनायास लगती है। यहाँ वे प्रेम के परम्पारित रूपकों का नया भाष्य करते हैं। आधे फटे हुए टिकट देवदास फिल्म के हैं। लिली का दर्द फिल्म की ठुकराई हुई नायिका की पीड़ा से जुड़ जाता है। एक सामान्य लगने वाले निपट फिल्मी प्रसंग को लेखक ने अपनी दक्षता से औसत आख्यान की बजाय कविता में बदलकर अर्थ के स्तर पर निम्न मध्यवर्ग के जीवन, उसका रहन-सहन, उसकी भाषा-बोली को मूर्त कर दिया है। माणिक मुल्ला की कई कहानियों का शिल्प जीवन की विसंगतियों, सामाजिक, सांस्कृतिक असंगतियों को असफल प्रेम कहानियों के द्वारा व्यक्त कर देता है। जटिल परिवेश से उत्पन्न तनाव और दबाव मनुष्य को तोड़ देता है। उसका व्यक्तित्त्व कुंठित हो जाता है। उसके व्यवहार में कई विकृतियाँ आ जाती हैं। उसे भारती साकार कर देते हैं। पात्रों का अनिर्णित द्वन्द्व, उनके जीवन की घुटन, धीरे-धीरे कटते हुए पशु की तरह उनका तड़पना और दयनीय मृत्यु; इन सबको लेखक उजागर कर देता है। तन्ना का चरित्र हो या लिली का रोमानी व्यक्तित्त्व, दूसरी तरफ जमुना और सत्ती के संघर्षो से भरे जीवन; इन सबको भारती बिल्कुल नये शिल्प में नियोजित करते हैं।

भारती प्रयोगवादी कवि हैं। भाषा-शैली का नयापन उनके यहाँ मिलता है। उनसे पहले प्रेमचन्द की उपन्यास शैली का आदर्श प्रतिदर्श मिलता है। इस शैली से प्रेरित कई लेखक घटनाओं के विवरण दर्ज करते हुए पात्रों की चारित्रिक विशेषताएँ उभारते थे। दूसरी शैली जैनेन्द्र और अज्ञेय की आत्मप्रस्तावित करने वाली ऐसी शैली थी जिसके केन्द्र में समाज की जगह व्यक्ति था। भारती ने सामाजिक घटना केन्द्रित प्रेमचन्द्रीय शैली और व्यक्ति प्रधान आत्मोंमुख जैनेन्द्रीय शैली से अलग नए शैली शिल्प का विधान किया। उनका नयापन विषय वस्तु दोनों धरातलों पर दिखाई देता है। उपन्यास के विशिष्ट शिल्प के सन्दर्भ में रनधीर सिन्हा कहते हैं, 'यह नयापन उपन्यास के शिल्प और लक्ष्य में साफ-साफ दृष्टिगोचर होता है। प्रेम के माध्यम से निम्नमध्यवर्ग का पूरा चित्र जिस प्रकार यह उपन्यास हमारे सामने प्रस्तुत करता है वैसा चित्र अज्ञेय कृत 'शेखर : एक जीवनी' का केन्द्रीय पात्र शेखर का चरित्र प्रस्तुत नहीं करता। शेखर का प्रेम समाज या वर्ग को नहीं केवल व्यक्ति को स्पष्ट करता है। इस तरह व्यक्ति को समाज से, आर्थिक न्याय को बौद्धिकता से, शारीरिकता को मनःस्थितियों से संपृक्त कर यह उपन्यास एक तीसरे माध्यम का अंवेषण करने में समर्थ रहा है।'' दरअसल 'शेखर : एक जीवनी' में अज्ञेय केन्द्रीय चरित्र शेखर के माध्यम से अपनी दार्शनिक निष्पतियों को परिभाषित करते हैं। जबकि भारती ने 'सूरज का सातवाँ घोड़ा' में निम्नमध्यवर्गीय यथार्थ को विश्लेषित करने के सिलसिले में मध्यवर्गीय व्यक्ति का दर्शन प्रस्तावित करते हैं। उन्होंने व्यक्ति के माध्यम से समाज की समस्याओं की पड़ताल की है। ऐसा नहीं कि उनके यहाँ समाज

के समीकरण अनुपस्थित हैं, बल्कि सामाजिक अन्तर्द्वन्द्व, विसंगतियाँ और जटिलतायें यहाँ उनका कथ्य बनती हैं। जिसे अभिव्यक्त करने के लिए भारती एक नया शिल्प आविष्कृत करते हैं।

भारती जिस प्रकार से अपने पात्र, घटनाएँ और रोजमर्रा के जीवन से लेते हैं। उसी प्रकार सामान्य जीवन प्रसंगों से भाषा और कहने की शैली भी अर्जित करते हैं। यह शब्द गाँवों, कस्बों, छोटे शहरों की उन जगहों से लेखक हासिल करता है जहाँ समाज के कई तबकों के लोग इकट्ठा होते हैं। उन्होंने लिखा हैं कि यह उपन्यास, इसके विषय, भाषा इत्यादि अड्डेबाजी से लिए गये हैं। हिन्दी प्रदेशों में अड्डेबाजी की परम्परा बहुत कम है लेकिन बांग्ला इत्यादि के लेखक अपने रचनात्मक अनुभवों को इन्हीं जगहों से उठाते हैं। इस उपन्यास में जो दिलचस्प रोमांचित करने वाले कथा-आख्यान हैं वह हँसी-मजाक के अन्दाज में की गयी किस्सा-वार्ता नहीं हैं। उनके अर्थ-संकेत अत्यन्त सघन हैं।

लेखक ने कहानी सुनाने के अन्दाज में मध्यवर्गीय जीवन की मुश्किलों को आसानी से प्रस्तुत किया है। लेखक का शिल्प संश्लिष्ट है। उसकी शैली इतनी गतिशील है कि हर कथा मोड़ के बाद पाठक के मन में उत्सुकता जागी रहती है। लेखक ने अपना शैली-शिल्प उसी रास्ते से अर्जित किया है जिस रास्ते लोक साहित्य का रचनाकार अपने आख्यान के विषय, पात्र, उनकी भाषा और अपने कहने का कथ्य रूप हासिल था। भारती ने कहा है– 'हर अड्डे पर मौहल्ले की कहानियाँ कही जाती थीं। ऐसे अन्दाज में कि गहरी से गहरी ट्रेजड़ी में भी हँसाने की बेलौस अदा। अमूमन कहानियाँ बीच में ही अधूरी छूटती थी और फिर जब अड्डा जुड़ता था तो वह कहानियों के बिखरे हुए सूत्र और कहानियाँ आगे बढ़ती हैं लेकिन साहब अपने लाल बुझक्कड़ की कहानी सुनी हैं ना। गहरे से गहरे सवाल, सूक्ष्म से सूक्ष्म समस्या का कोई न कोई हल वे उसी समय जरूर पेश कर देते।'' उपन्यास के माणिक मुल्ला दरअसल भारतीय कथा परम्परा के लाल बुझक्कड़ टाइप चरित्रों-मुल्ला नसीरूद्दीन, शेख चिल्ली, अवंती, तेनाली रमन, गोनू झा, बीरबल इत्यादि का मिला-जुला नया अवतार है। उसके माध्यम से लेखक ने मामूली लोगों के मामूली जीवन की साधारण घटनाओं को उपन्यास की शक्ल दी है। आकर्षक शैली में भारती ने पात्रों का अन्तर्द्वन्द्व उजागर किया है। पाठक पात्रों के सराकारों से, उनके समूचे जीवन से जुड़ जाता है। यहाँ लेखक की शैली की सफलता दिखाई देती है। इस उपन्यास में भारती ने कथा-प्रसंगों को संकेतात्मक सन्दर्भ दिए हैं। कई कहानियाँ मिलकर उपन्यास को रचती हैं। यह रचाव सीधा-सरल लेकिन कलात्मक है। पाठक को ऐसे महसूस होता है जैसे लेखक या कथावाचक माणिक कहानी नहीं सुना रहा बल्कि वह अपनी आँखों से अपने सामने घटनाओं को घटित होते देख रहा है। यह बातचीत का शिल्प है।

यह उपन्यास पूर्ववर्ती दिग्गजों प्रेमचन्द, जैनेन्द्र और अज्ञेय के शिल्प– साँचे

को तोड़ देता है। भारती हिन्दी उपन्यास के पुराने अवशेषों को ढहाकर नई इमारत बनाते हैं। माणिक आख्यान सुनाने के बहाने किस्से-कहानी को बाँचता है। वह ऊपर से मामूली प्रेम कथा लगती है। ऐसा लगता है लेखक ने एक कल्पित दुनिया चुनकर कल्पना-कथा सुनाई है। उस दुनिया के पात्र अवास्तविक हैं। उनके जीवन में कोई और रोजगार नहीं हैं। हल्की-फुल्की बतकही के इस शिल्प में गम्भीरता है। सात दोपहर तक जो कहानियाँ चलती हैं उसकी विषय-वस्तु विविध-कथा चित्रों से बुनी हुई है। लेखक ने प्रेम-प्रसंगों को मानवीय मूल्यों और परिवेश के विरोधाभासों के बीच में तान दिया है। बहुत कुछ उन्होंने पाठक की समझदारी पर छोड़ दिया है। पाठक वास्तविक और अवास्तविक दुनिया के बीच या कहें पात्रों की मानसिक दुविधा के बीच झूलता है।

लेखक की शैली और भाषा बतकही या बोलचाल की है। इसमें पात्र आपस में बहसबाजी करते और नौंक-झौक करते परिवेश के यथार्थ के साथ जूझते कहानी को आगे बढ़ाते हैं। यह यथार्थ अपनी अनेक परतों सहित उजागर हो जाता है। इसे पहचानते हुए नेमिचन्द्र जैन के शब्द उल्लेखनीय हैं– 'इनमें से प्रत्येक कथा अपने आप सम्पूर्ण और सार्थक होने के साथ-साथ उन सभी की समग्रता में एक भिन्न स्तर की अंविति और अर्थवत्ता होती है। आधुनिक युग के बहुस्तरीय जटिल यथार्थ को प्रक्षेपित और संप्रेक्षित करने में यह कथारूप बहुत प्रभावी हो सकता है।' भारती ने इस शिल्प की ताकत को पहचान कर उसका बेहतरीन इस्तेमाल किया हैं।

उपन्यास की भूमिका में अज्ञेय ने लिखा हैं, ''सूरज का सातवाँ घोड़ा' एक कहानी में अनेक कहानियाँ नहीं, अनेक कहानियों में एक कहानी है। वह एक पूरे समाज का चित्र और आलोचना है और जैसे उस समाज की अनंत शक्तियाँ परस्पर संबंद्ध, परस्पर आश्रित और परस्पर संभूत हैं; वैसी ही उसकी कहानियाँ भी प्राचीन चित्रों में जैसे एक ही फलक पर परस्पर कई घटनाओं का चित्रण करके उसकी वर्णनात्मकता को संपूर्ण बनाया जा सकता है। उसमें घटना चित्र की स्थिरता के बदले एक घटना-क्रम की प्रवाहमयता लाई जाती है। उसी तरह इस समाज क्षेत्र में एक ही वस्तु को कई स्तरों पर कई लोगों से और कई कालों में देखने और दर्शाने का प्रयत्न किया गया है। जिससे उसमें देश और काल दोनों का पक्ष प्रतिबिम्बित हो सके।'' इन पंक्तियों में अज्ञेय ने इस उपन्यास की शैलीगत संभावनाओं की अनन्तता की तरफ इशारा किया है।

भारती ने इस उपन्यास में काव्य-भाषा का सधा हुआ इस्तेमाल किया हैं। लिली और माणिक के प्रेम-प्रसंग दरअसल कविता के बिम्ब हैं– 'लिली कभी चुपचाप लजाती हुई खिड़की के बाहर, कभी लजाती हुई अन्दर माणिक की तरफ देखती हुई बौछार में खड़ी रही। जब बिजलियाँ चमकती तो ऐसा लगता जैसे प्रकाश के झरने में काँपता हुआ नीलकमल' ऐसी कई पंक्तियाँ इस उपन्यास के शिल्प को परोक्ष

कविता का उदाहरण बनाती हैं। यहाँ लेखक गद्य के लालित्य को अर्जित कर लेता है। इस प्रकार यह उपन्यास अपने अपूर्व नये शैली-शिल्प का एक उदाहरण बनता है। आज भी इसमें ताजगी है। यह ताजगी हमेशा रहेगी क्योंकि लेखक ने स्वच्छन्द मानवीय अनुभूतियों को व्यक्तिगत रोमांस से ऊपर उठाकर वर्गीय यथार्थ से जोड़ दिया है। पाठक जब रोमान के रचनात्मक भ्रम से बाहर आता है तो उसका सामना हकीकत की ठोस दुनिया से होता हैं। वह स्त्रियों की मानसिक जटिलताओं से परिचित होता है और जान जाता है कि दुनिया असल में पुरुषवादी है। स्त्री को ही सारे त्याग और बलिदान करने होते हैं। फिर भी उसके हिस्से में केवल जीवन के शापित पक्ष आते हैं। यानी दुनिया का सारा अँधेरा उसके मन में और मस्तिष्क पर छाया रहता है। इस उपन्यास में लेखक ने कविता की बारीकी में कहानी का विवरण सिनेमा की शैली में प्रस्तुत किया है। इस शिल्प के सहारे वह काव्य भाषा में सच्चाई के परतें उधेड़कर रख देता है। इस धरातल पर उपन्यास अपने आगे का सच और शिल्प प्रस्तावित करने वाली कथा कृति में बदल जाता है।

फणीश्वरनाथ रेणु : मैला आँचल (1954)
सपने, छल और सच्चाईयाँ

फणीश्वरनाथ रेणु के 'मैला आँचल' का केन्द्र बिहार स्थित पूर्णिया जिला है। रेणु को बिहार की संस्कृति, राजनीति और जीवन लगातार परेशान करते रहे हैं। 'मैला आँचल', 'परती परिकथा', 'दीर्घतपा' और 'जूलूस' जैसे उपन्यासों में रेणु लगातार दृश्य-अदृश्य तरीके से बिहार सरीखे उर्वर प्रदेश के बदहाल से विचलित होते हैं। यह संभावनाओं के आशंकाओं में बदलने की पड़ताल भी है।

'मैला आँचल' का मेरीगंज एक बड़ा प्रतीकार्थ भी ग्रहण कर लेता है। यह जूझते हुए लोगों का सोया हुआ गाँव है। जिस प्रकार बिहार के बारे में कहा जाता है कि राज्य तो अमीर है लेकिन वहाँ के लोग गरीब हैं। उसी प्रकार मेरीगंज अपने आसपास की दुनिया से अलग-थलग कटा हुआ भू-भाग नजर आता है लेकिन इसके अन्दर बसे हुए लोग एक-दूसरे के इतने नजदीक हैं कि आपस में टकरा रहे हैं। यह शहर इतना बेसुध है कि 1942 के आसपास घटित होने वाली स्वाधीनता संग्राम की हाहाकार मचाने वाली घटनाओं को भी अनसुना कर देता है।

रेणु ने स्वाधीनता मिलने से कुछ वर्ष पहले धीरे-धीरे जाग रहे मेरीगंज के जन-जीवन की घटनाओं से उपन्यास का कथा-सूत्र बुना है। इस पिछडे हुए गाँव में 'कथाओं से ज्यादा चर्चित परिकथाएँ हैं। लोग अपनी रूढ़ियों को ही ढो रहे हैं। चारों तरफ अंधविश्वास कायम है।' लेखक के अनुसार यह बहुजातीयता सम्पन्न गाँव हैं। 'जहाँ बारहों बरन के लोग रहते हैं।' उन सबकी आपसी ईर्ष्या-द्वेष और राजनीति है। राजपूतों में झगड़े होते आये हैं। ब्राह्मणों की संख्या कम हैं। इसीलिए वे हमेशा तीसरी शक्ति का कर्त्तव्य पूरा करते है। अभी कुछ दिनों से यादवों के दल ने भी जोर पकड़ा है।' स्पष्ट है कि रेणु खुली आँखों से उस अंचल की जातिगत जटिलताओं और सामाजिक जकड़बंदियों के बीच हो रहे धीमें और बारीक परिवर्तनों को पकड़ लेते हैं। इस अंचल की संस्कृति वस्तुतः राजनीति है। जो जातियों के आधार पर मनोरंजक लेकिन नियमहीन और भंयकर खेल की तरह खेली जाती है। हर जाति

के अपने गुट हैं। जो स्वार्थो को साधना ही अपना जीवन समझते हैं। व्यक्तिगत और सामाजिक जीवन पूरी तरह से ठहरा हुआ है। लोग अशिक्षित हैं। इसीलिए सोच-समझ से उनका कोई वास्ता नहीं हैं। शिक्षा का आलम यह है कि "सारे मेरीगंज में दस आदमी पढ़े-लिखे है। पढ़े-लिखे का मतलब हुआ अपना दस्तखत करने से लेकर तहसीलदारी करने तक की पढ़ाई। नए पढ़ने वालो की संख्या है 15/"– स्पष्ट है कि अज्ञानता का ही सहारा है!

रेणु ने उस पिछड़े समाज में फैली विसंगतियों को विश्लेषित किया है। मठ के महन्त व्यभिचार में आकंठ लिप्त हैं। रेणु की नजर बार-बार इस अपसंस्कृति पर जाती है–जो क्षेत्र के सबसे बड़े ज्ञानी और परम साधु समझे जाते हैं। शास्त्र पुराणों के पंडित सेवादार– वे एक स्त्री को रखैल के रूप में रखकर उसका भोग करते हैं और एक दूसरे भद्र पुरुष भी औरतों को ललचाई नजर से देखते हैं। औरतों के लिए राहत की उम्मीद कोई दिखाई नहीं देती है।

तहसीलदार विष्णुनाथ प्रसाद के सामंती अत्याचार लोगों के जीवन में असहनीय कष्टों में इजाफा करते हैं। इतनी निमर्म धार्मिक-सामाजिक और आर्थिक-सामाजिक परिस्थितियों के बीच जीवित लोगों को जब जहरीली राजनीति को झेलना पड़ता है तो उनका जीवन नरक हो जाता है।

रेणु ने इतनी छोटी सी जगह में इतने सारे राजनीतिक दलों की उपस्थिति दिखाकर यह साफ करने की कोशिश की है कि जितने लोग हैं उतने ही दल है। हर व्यक्ति का अपना निजी दल है। फिर भी मुश्किल से बचाव की कोई सूरत नजर नहीं आती क्योंकि राजनीति कोरमकोर, जातिवादी समीकरणों पर टिकी है। इस हलचल को मलेरिया सेन्टर में डॉ. के रूप में आये प्रशान्त कुमार की उपस्थिति और भी गहरा कर देती है। वह एक आदर्शवादी पढ़ा-लिखा युवक है जो अपनी जड़ों से उखड़कर यहाँ अपने आदर्शो या दिवास्वप्नों के चलते जुड़ जाता है– 'डॉ. पर यहाँ की मिट्टी का मोह सवार हो गया उसे लगता है मानो वह युग-युग से इस धरती को पहचानता है।' प्रशान्त यहाँ नैतिक कारणों से जुड़ता है लेकिन जल्दी ही समझ जाता है कि लोग यहाँ शारीरिक और मानसिक तौर पर ही नहीं, आर्थिक तौर पर भी बीमार है। वहाँ की सबसे बड़ी बीमारी गरीबी है। एक डॉ. का संघर्ष कई धरातलों पर शुरु हो जाता है। वह कमला के करीब आता है। स्थानीय परिस्थितियों से जुड़ना चाहता है लेकिन वहाँ की विसंगतियाँ उसका पीछा नहीं छोड़ती हैं। सबसे बड़ी विडम्बना तब घटित होती हैं जब देश के आजाद होते ही प्रशान्त को कम्युनिष्ट कहकर गिरफ़्तार कर लिया जाता है।

रेणु ने इस उपन्यास में एक पिछड़े हुए समाज की मुश्किलों की बारीकी से पड़ताल की है। उनकी जाँच केवल राजनीतिक धरातल तक ही सीमित नहीं है बल्कि वे उस जटिल समय में स्त्री-पुरुष के उलझे हुए सम्बन्धों को भी समझाते हैं। वह

भूमिहीन किसानों के पक्ष में अपने पात्रों के माध्यम से जो दलीलें देते हैं, वैसे ही तर्क अपनी भावभूमि से बेदखल कर दी गयी औरतों के पक्ष में भी देते हैं। किसान की दीनहीन छवि को रेणु बेहद कम शब्दों में उजागर कर देते हैं " बेजमीन आदमी, आदमी नहीं, यह तो जानवर है" रेणु इस भयावह यथार्थ को भी प्रस्तुत करने में नहीं हिचकते कि आजादी का विरोध करने वाले ही आजादी की मलाई खा जाते हैं। भ्रष्टाचारी बड़े-बड़े पद हथिया लेते हैं। लुटेरे नेता बन जाते है। ईमानदार मनुष्य हाशिये पर स्तब्ध खड़ा इस खौफनाक दृश्य को देखता है।

रेणु के लेखकीय सरोकार साफ हैं। वह स्वाधीनता, आजादी, स्वतन्त्रता जैसे बड़े शब्दों के बीच दबे हुए कमजोर आदमी की आवाज मुखर करते हैं। आजादी के एकदम बाद जनता में व्याप्त गहरे असन्तोष और मोहभंग की पीड़ा पूरे उपन्यास में अन्तर्निहित है। आँचलिक उपन्यासों की शास्त्रीय आलोचना प्रणालियों के द्वारा विश्लेषित करने से 'मैला आँचल' के समग्र सच या मर्म तक नहीं पहुँचा जा सकता। आँचलिकता तो कहने का एक तरीका भर है। मुख्य बात यह है कि रेणु ने एक अँचल के पिछड़ेपन, जहालत और भोले लोगों के शोषण को अपना कथ्य बनाया है। इस कथ्य को बाँचने वाला स्वयं अँचल है। वह धूल-मिट्टी का ढेर नहीं है। अँचल एक जीवित समुच्चय है। इसीलिए वह अपनी व्यथा-कथा खुद व्यक्त करता है। इस उपन्यास का केन्द्रीय चरित्र अँचल को मानने के पीछे यही समझ काम करती है। दूसरे मानव चरित्र उसकी अभिव्यक्ति के माध्यम बन जाते हैं। उपन्यास में कई कथाओं और उपकथाओं का संश्लेषण है। एक कहानी दूसरी कहानी की शुरुआत करती है और दूसरी कहानी तीसरी कहानी में विलीन होकर चौथी को जन्म देती है। इसीलिए इस उपन्यास की कथा का विन्यास सीधा सरल नहीं है। उसमें कई घटनाएँ हैं। जिनमें अनेक चरित्र अपनी सक्रिय उपस्थिति दर्ज करवाते हैं। उनकी चारित्रिक रेखाएँ अँचल के चरित्र को भी उजागर करती हैं। सामाजिक और निजी विसंगतियों को उठाने वाला यह जटिल उपन्यास आश्चर्यजनक रूप से दिलचस्प और पठनीय है।

'मैला आँचल' का कथात्मक साँचा या कहे कि वस्तु संगठन ठोस नहीं है। उसमें घटित हर घटना या क्रिया का प्रत्येक पात्र के सन्दर्भ में बहुस्तरीय अर्थ सम्भव होता है। सामाजिक घटनाओं का व्यक्तिगत अर्थ इसलिए सम्भव होता है। कथावस्तु के बिखरा हुआ होने या परस्पर असम्बद्ध होने की बात भी 'मैला आँचल' के सन्दर्भ में की जाती है। यह दरअसल खुला कथानक है। उसमें पहले से तय कुछ भी नहीं, सब कुछ अनायास ऐसे घटता है जैसे अघटित घट रहा हो। इस धरातल पर उपन्यास में नाटक और कविता की उपस्थिति महसूस होती है।

रेणु ने ऐसे समाज का चित्रण किया है जो आधुनिक जीवन की छाया से दूर अंधकार युग में नष्ट हो रहा है। रेणु ने नगर बनाम गाँव का किताबी संघर्ष चित्रित नहीं किया है। इसलिए उनके यहाँ गाँव का फार्मूलाबद्ध चित्रण नहीं है। यहाँ मेरीगंज

की कोठी को रेणु एक उजड़ी हुई दुनिया का प्रतीकार्थ देते हैं– 'झरबेरी के घने जंगलों के बीच ईंट-पत्थरों का ढेर बनकर रह गयी हैं। यहाँ 'गंगा-स्नान करके तीर्थ यात्रियों की गाड़ियाँ कुछ देर के लिए रूक जाती हैं। 'गाडियों में युवतियाँ और बच्चे निकलकर डरते-डरते खंडहरों के पास जाते हैं। बूढियाँ जंगलों में जड़-बूटी खोजती है।' यानी सब कुछ खंड़हर हो चुका हैं। इस डरावने परिवेश में उदासी का सृजन करने के लिए लेखक 'बूढी कोसी' को ले आते हैं। नदी, वह भी सूखी हुई। दरअसल रेणु अपने समय की तबाही और बेबसी को स्थानीय अनुभवों में बदल देते हैं। उनकी रचनात्मक जुगत इतनी कारगर है कि सायास या प्रयत्न-साध्य होते हुए भी उनकी यह कथा-युक्ति अनायास और इसीलिए मौलिक तथा कलात्मक लगती है। उन्होंने परिवेश को डिटेल्स के साथ उकेरा है–'कोठी के बगीचे में अंग्रेजी फूलों के जंगल में आज भी मेरी की कब्र मौजूद है। कोठी की इमारत ढह गयी है। नील के हौज टूट-फूट गये हैं। पीपल, बबूल तथा अन्य जंगली पेड़ों का एक घना जंगल तैयार हो गया हे। लोग उधर दिन में भी नहीं जाते। कलमी आम का बाग, वह तहसीलदार साहब ने बन्दोबस्त में ले लिया हैं। इसलिए बाग साफ-सुथरा है किन्तु कोठी के जंगल में तो दिन में भी सियार बोलता है।' यहाँ कब्र जंगल इत्यादि जिस वातावरण को रचते हैं, वह उपन्यास का केन्द्र है। लेखक ने इस पर बार-बार कई तरीके से फोकस किया है। यहाँ 'जिन्दगी का आनन्द सिर्फ तीन आने में बिकता हैं।' यही वहाँ के गरीब लोगों का भोग-विलास है। वे थोड़ी सी पीकर ही जमाने भर की हकीकत को भूल जाने का स्वाँग करते हैं। भूल फिर भी नहीं पाते हैं।

रेणु ने भावुक हुए बिना दिखाया है कि यह भू-भाग बेढब है। यहाँ के लोग अनपढ़-अंधविश्वासी हैं। जीवन यहाँ पर नरक है। यह समाज आपसी रंजिशों, पुश्तैनी दुश्मनी, भेदभाव, बदला, ईर्ष्या और क्षुद्रता का विन्यास है। हर कोई हर किसी से लड़ रहा है। बिना यह जाने कि इससे क्या हासिल होगा! एक तरफ हवेली है। दूसरी तरफ जमीन को जीवनदायिनी बनाने वाली जमात के पास जरा भी जमीन नहीं है–'यहाँ इनकी बड़ी कमजोरी हैं'–डॉ. प्रशान्त के सामने तिल-तिल कर, घुट-घुटकर मरने के लिए उन्हें जिलाना करना बहुत बड़ी क्रूरता होगी क्योंकि यहाँ इंसान हैं कहाँ? अभी पहला काम है जानवर को इंसान बनाना।' यहाँ ऐसा विद्रूप उजागर हुआ है जो इशारा कर रहा है कि इसे समूचा नहीं बदला गया तो यह ढह जाएगा। 'दरार पड़ी दीवार कह रही है उसे गिरने दो। यह समाज कब तक टिका रह सकेगा?' यहाँ भी ऐसी दृष्टि है जो बदलाव देखती है लेकिन यह आखिरी रास्ता नहीं है। रेणु हवाई समाजवाद का तिलिस्म नहीं रचते। उन्होंने नहीं दिखाया कि भूखे अतृप्त इंसानों की आत्मा कभी भ्रष्ट नहीं हो सकती या कभी विद्रोह नहीं कर सकती! दरअसल ऐसी आशा करना बेवकूफी है। रेणु बदलावों के फिल्मी हवाई सपने नहीं दिखाते लेकिन 'मैला आँचल' में उन्होंने तिलमिलाती सच्चाईयों को भी अनदेखा नहीं किया है।

बहुत कम उपन्यासों में गाँवों में व्याप्त शोषण, ज़हालत और कामचोरी का ऐसा यथार्थ चित्रण मिलता है।

रेणु पिछड़े हुए समाज का उनींदापन ही नहीं देखते बल्कि उसमें होने वाली हलचलों को भी महसूस करते है। वह सदियों से सोये हुओं का जागना देख रहे हैं। इसके लिए उन्होंने गाँवों में डॉ. प्रशान्त का प्रवेश कराया है। इसके अलावा चरखा सेंटर के खुलने में जो आहट होती है उसके भी बड़े अर्थ रेणु देखते हैं। मामूली आदमियों का गैर-मामूली तरीके और सलीके भी रेणु ऐसे नियोजित करते हैं कि वह विद्रोह की शक्ल ले लेता है। 'हल जोतने वाला साफ कहता है कि पिछले साल का बकाया साफ कर दीजिए तो हल उठायेंगे।' नए सामाजिक विवेक का जागना और साँस्कृतिक समझ का विकसित होना यह दर्शाता है कि धीमी गति से ही सही, बदलाव आ रहा है। राम प्यारिया को एक वर्ग विशेष अपने निर्बाध भोग के लिए मठ की दासी बनाना चाहता है लेकिन गाँव के नौजवान इसका पुरजोर विरोध करते हैं। नए महंत रामदास लक्ष्मी को दासी बनाना चाहते है लेकिन वह 'चुप कुत्ता'! कहते हुए हाथ छुड़ाकर रामदास के मुँह पर थप्पड़ जड़ देती है। मठ ऐसी धार्मिक प्रथा का प्रतीक बन गया हैं जहाँ मठाधीश स्त्रियों को वस्तुओं की तरह इस्तेमाल करते हैं। मठाधीशों के प्रति विद्राह और अमीरों के शोषण के खिलाफ साधारण लोगों की एकजुटता रेणु दिखाते हैं। इस बहाने वह सामंती उत्पीड़न का विरोध दर्ज करते हैं। 'मैला आँचल' ऐसा पाठ बन जाता है जिसमें आमूलचूल सामाजिक-राजनीतिक परिवर्तन की अनंत संभावनाएँ झलकने लगती हैं।

रेणु ने अपने निहितार्थ को व्यक्त करने के लिए 'मैला आँचल' में ऐसी वस्तु-संरचना निर्मित की है जिसमें कई कथाएं मिलकर एक बड़ी कहानी बन जाती है। डॉ. प्रशान्त-कमला, कालीचरण-मंगला, रामदास-रामप्यारिया जैसे पात्रों के युग्म दरअसल प्रच्छन्न कथासूत्र हैं। इनके अलावा तहसीलदार, खिलावन सिंह, जोतखीजी और महंत सेवादास भी चरित्रों के रूप में कहानियाँ हैं।

रेणु ने कुछ चरित्रों का विकास रोककर केवल अँचल के चरित्र को उभारा है जबकि लेखक के पास चरित्रों को उभारने के पर्याप्त अवसर थे। दरअसल रेणु के लिए व्यक्तियों की कहानियाँ नहीं बल्कि अँचल की महागाथा महत्त्वपूर्ण रही है। पात्रों के आपसी टकराव से जो घटनाएँ और कथा प्रसंग उभरते हैं वह 1945 से 1948 तक फैली निमर्म सच्चाईयों का बयान है।

यहाँ स्त्री-पुरुषों के आपसी सम्बन्ध और नए मनुष्य की वैचारिकी समझने के लिए डॉ. प्रशान्त की उपस्थिति महत्त्वपूर्ण है। वामनदास, कालीचरण, बलदेव के द्वारा राष्ट्रीय भावना का उभार, तहसीलदार इत्यादि के द्वारा जटिल सामाजिक जीवन पर टिप्पणी, सेवादास रामदास जैसे चरित्रों के द्वारा धर्म की अन्दरूनी सच्चाईयों का परिचय और सबसे बड़ी बात खुद अँचल उपस्थित हाकर कहानी को बाँचता है। इस

उपन्यास में इसीलिए मुख्य चरित्र केवल कथा प्रसंग है जबकि अँचल सम्पूर्ण औपन्यासिक सन्दर्भ है।

प्रशान्त के रूप में रेणु ने ऐसे नए मनुष्य को परिकल्पित किया है जो शोषण, अन्याय और अन्धविश्वास पर टिकी व्यवस्था में बदलाव चाहता है। वह राजनीति को समझता है और गलत को ठीक करना चाहता है। दूसरी तरफ वह कमला से प्रेम करता है लेकिन उसके लिए जीवन के अर्थ कुछ और हैं। इस सिलसिले में प्रशान्त और कमला की चारित्रिक व्याख्याएँ ऐसे उभरती हैं कि उनकी कथा, कृति के निहितार्थ की केन्द्रीय कथा बन जाती है। इस प्रासंगिक कथा के अलावा कालीचरण, मंगला, बलदेव, लक्ष्मी की भी आंतरिक कथाएँ हैं।

रेणु बार-बार प्रेम के सामने राजनीति को तान देते हैं। प्रेम नितान्त निजी और राजनीति कतई सार्वजनिक है। इससे चरित्र तीव्र हलचल करते हैं। कथा सूत्र में गति आ जाती है। क्या रेणु स्त्री-पुरुषों की प्रेम कथाओं के बहाने जिन यौन सम्बन्धों को प्रस्तावित कर रहे थे उनका भी कोई बड़ा आशय हैं? दरअसल रेणु का मुख्य एजेंडा प्रेम-प्रसंगों की प्रस्तुति है ही नहीं! वह इनके द्वारा मुख्य चेतना को सघन करते हैं। प्रेम सम्पन्न जीवन का सच है जबकि वहाँ चारों तरफ दरिद्रता और अभाव बिखरे हुए हैं। मुख्य कथा भाग वहाँ हैं जहाँ जमीन के नीचे आग जल रही है। यह आग गाँधी के अहिंसा, प्रेम और शान्ति पर कम विश्वास करती है और पूँजीवाद का नाश करना चाहती है। यह आग कालीचरण के शब्दों में तथा प्रशान्त के कार्यो में है और उन सब लोगों के हाव-भाव, व्यवहार में मौजूद है जो बेजुबान असहाय और सताए गये हैं। बावनदास गाँधी के मानसिक प्रतिरूप के रूप में सामने आते हैं। उनकी अपनी थ्योरी है। उनकी आत्मा भारत माता के जार-बेजार लोगों के दर्द से छटपटाती है। वह इस सपने पर भोला विश्वास करती है कि एक दिन जमींदारी प्रथा खत्म हो जाएगी लेकिन यह भी देखती है कि "यह कांग्रेसी जमींदार क्या करेंगे? सब मील खोलेंगे, शायद इसीलिए प्राय हर एक छोटे बड़े नेता के साथ एक मारवाड़ी घूमता है।" यानी बावनदास का गाँधीवाद चरमरा जाता है। वह निराश होकर बलिदान की यात्रा पर चल देता है। भ्रम टूट जाता है। यह गाँधीवाद का किताबी आदर्श है। बावनदास ठीक सड़क के बीच खड़ा है। लेखक ने उसकी शहादत को त्रासद रूपक बना दिया है। बावनदास का त्रासद अन्त स्पष्ट करता है कि बदलाव के विचार को अगर जनता से नहीं जोड़ा गया तो उसका परिणाम क्या होगा!

प्रशान्त का रोमांटिक यथार्थ बदलाव की बात तो करता है लेकिन किसी ठोस नतीजे तक नहीं पहुँचता और बावनदास का आदर्शवाद मुनासिब कार्यवाही नहीं होने से टुकड़े-टुकड़े हो जाता है। रेणु ने अपनी तरफ से कोई समाधान नहीं दिया है। उन्होंने उपन्यास का खुला रूप रखकर पाठक की समझदारी पर विश्वास जताया है। इसीलिए 'मैला आँचल' ऐसा उपन्यास बन जाता है जिसके कई आरम्भ हैं और कोई

सुनिश्चित अन्त नहीं है। यह उस जनता की महागाथा है जिसके दुख अनन्त हो जाते हैं और कष्टों का अन्त नहीं होता।

'मैला आँचल' में रेणु ने प्रशान्त और बावनदास के रूप में दो अविस्मरणीय पात्र परिकल्पित किए हैं। अपनी उत्कृष्ट पात्र परिकल्पना के लिए प्रेमचन्द के बाद शायद इसीलिए रेणु का नाम लिया जाता है। रेणु ने चरित्रों की रूप और रंगरेखा इस प्रकार से प्रस्तावित की है कि उपन्यास के चरित्र शुरुआत में ही साकार उपस्थित हो जाते हैं। हालाँकि उन्होंने कहीं भी एकरेखीय या टाइप पात्र नहीं दिए हैं। जीवित मनुष्यों की तरह रेणु के पात्र भी सजीव लगते हैं। रेणु ने उन्हें जीवन से लिया है। इसीलिए जीवन के तमाम पक्ष वहाँ मौजूद हैं। उनके पात्र एक सन्तुलन में उभरते हैं लेकिन वहाँ भी उनकी अच्छाई-बुराई, आशा-निराशा यानी व्यक्तित्त्व के लगभग सभी पक्ष उजागर हो जाते हैं।

इस मायने में रेणु की भाषा अपना कमाल दिखाती है। कई जगह वाचक के द्वारा और कई जगह दूसरे पात्रों के द्वारा चरित्र और कथा समझ में आ जाते हैं। इतनी बेहतरीन कविता, औपन्यासिक गद्य में बाद में चलकर निर्मल वर्मा के यहाँ मिलती है। निर्मल वर्मा के यहाँ पहाड़ी झरनों की गति है तो रेणु के यहाँ मैथिली उर्वर खेतों का संगीतात्मक गद्य है। लगभग ऐसा ही गद्य विद्यासागर नौटियाल के कथा साहित्य में मिलता है। इस धरातल पर भी रेणु की रचनात्मक स्थानीयता रेखांकित की जा सकती है। यहाँ तक कि पात्रों का सृजन भी इस सन्दर्भ में मदद करता है। प्रशान्त और बावनदास शायद इसीलिए भी यादगार चरित्र बन जाते हैं कि दोनों में एक स्वच्छन्द 'हीरोइक' मौजूद है। जो इन पात्रों को केन्द्रीय बना देता है। डॉ प्रशान्त सारी सीमाओं को तोड़कर कमला से प्रेम करता है। यह प्रेम सामंतशाही के खिलाफ प्रशान्त को मजबूती से खड़ा करने में स्तम्भ का काम करता है। प्रेम वस्तुतः विद्रोह होता है। इसे रेणु, प्रशान्त और कमला के प्रसंग में परोक्ष-अपरोक्ष तरीके से व्यक्त करते हैं। प्रशान्त अन्याय का विरोध करता है और खुद को महाजनी सभ्यता के खिलाफ खड़ा पाता है। प्रश्न उठता है कि रेणु अन्याय का विरोध करते हुए अगर बावनदास के राजनीतिक प्रतिपक्ष को महत्त्व देते थे तो उन्होंने डॉ. प्रशान्त को स्पष्ट और खुले रूप से बगावती क्यों नहीं दिखाया? दरअसल रेणु प्रशान्त के रूप में मनुष्य की सबसे कोमल भावना प्रेम को सबसे मजबूत हथियार बना देते हैं। यह शायद गाँधी का प्रभाव हो हालाँकि प्रेमचन्द वाले गाँधीवादी हृदय-परिवर्तन के सिद्धांत को रेणु कहीं भी कारगर मानते दिखाई नहीं देते हैं। प्रशान्त इस उपन्यास में उस प्रतिरोध का प्रतीक बन जाता है जो सतह पर न दिखाई देते हुए भी वास्तविक रूप में अधिक कारगर होता है। दूसरी तरफ बावनदास राजनीतिक स्वेच्छाचारिता का समाजवादी प्रतिपक्ष उपस्थित करता है। यह स्वेच्छाचारिता समूचे समाज में व्याप्त है। राजनीति भी उससे अछूती नहीं है लेकिन इस उपन्यास में ऐसे कई साफ संकेत हैं जो बताते

हैं कि जैसी जनता होगी वैसा ही समाज होगा। उस समाज से निकलने वाले नेता जनता की तरह ही आजादी और मानवीय मूल्यों का मनमाना दुरूपयोग करेंगे।

बावनदास के अन्त से रेणु यह संकेत देते हैं कि समाज और राजनीति की परिवर्तनकामी शक्तियों का क्या अंजाम हो सकता है। बावनदास गाँधीवादी है। उसके सिद्धान्त और आदर्श इसी लीक पर चलते हैं। वह अपने विचारों के लिए मारा जाता है। उसकी पीड़ा "भारत माता बार-बार जार-बेजार हो रही है– 'मैला आँचल' का केन्द्रीय कथ्य या पंचलाईन बन जाती है। बावनदास घनघोर आशावादी है। वह यह सपना देखता है कि दुनिया बदल जाएगी लेकिन जब वह यथार्थ से टकराता है तो अपने इस सपने हो लहूलुहान पाता है। दरअसल वह व्यक्तिगत तौर पर तो जागरूक मनुष्य है लेकिन जाग्रति की चेतना को और अन्याय के विरूद्ध व्यक्तिगत आवाज को सामूहिक नहीं बना पाता। यानी समाज तक नहीं पहुँचा पाता। यही उसकी कमी दिखाई देती है कि वह अपने विद्रोह को संगठन के स्तर पर नियोजित नहीं कर पाता।

रेणु ने प्रशान्त और बावनदास के माध्यम से उपन्यास को सोचा है; देखा है और प्रस्तुत किया है। ये दोनों एक प्रकार से यहाँ वाचक की भूमिका में है लेकिन इनकी अपनी भी कहानियाँ हैं। रेणु ने इन सारी कथाओं को महाकाव्यात्मक शिल्प में समन्वित किया है।

'मैला आँचल' से पहले और बाद में ऐसी कई रचनाएँ लिखी गयी हैं जिन्हें स्वाभाविक तौर पर आँचलिक उपन्यासों के वर्ग में गिना गया लेकिन जितनी प्रतिष्ठा 'मैला आँचल' को मिली इतनी किसी और को नहीं मिली। उपन्यास के शीर्षक से 'अंचल' शब्द लेकर 'आँचलिक' उपन्यास एक नया वर्ग अस्तित्त्व में आया यानी किसी अंचल विशेष की पृष्ठभूमि पर आधारित औपन्यासिक रचना को आँचलिक उपन्यास कहा जाने लगा।

लेखक ने 'मैला आँचल' शीर्षक प्रसिद्ध छायावादी कवि सुमित्रनंदन पंत की एक कविता से लिया था। जिसका उल्लेख उन्होंने उपन्यास के शुरुआती संस्करणों से किया था। रेणु ने इस रचना के माध्यम से कई कमाल किए हैं। जिसमें सबसे बड़ा कमाल था कि उपन्यास में नायक-नायिका के बदले अँचल-विशेष केन्द्र में आ गया। उस अँचल की समस्याएँ, वहाँ के शोषित लोगों का संघर्ष भरा जीवन, स्वार्थी राजनीतिकों की शातिर चालों और उनकी साजिश इत्यादि के प्रामाणिक चित्रण से पहली बार यह भी पता चला कि जिन्हें हम निरक्षर समझते हैं : वह मामूली लोग राजनीति को कथित पढ़े-लखे लोगों से बेहतर समझते हैं।

रेणु ने इस उपन्यास में सब कुछ अच्छा-अच्छा ही नहीं दिखाया है बल्कि लोगों के अन्धविश्वास को निशाना बनाने के साथ ताकतवरों की राजनैतिक जोड़तोड़ और सामाजिक तिकड़म तथा जातिगत भेदभाव की भी खबर ली है। अपने दूसरे उपन्यासों

'परती परिकथा', 'दीर्घकथा', 'जुलूस' और 'पलटू बाबू रोड़' इत्यादि में भी रेणु ने 'मैला आँचल' में कथ्य रूप का ही विकास किया है। रेणु ने इसके कथानक का केन्द्र बिहार के मोतिया जिले को माना है। दरअसल आँचलिक उपन्यास को डॉ. बच्चन सिंह ग्रामांचल का उपन्यास मानते हैं जबकि रेणु ने अँचल को गाँव तक सीमित नहीं रखा है, फिर भी भारत के गाँवों के पिछड़ेपन और उनकी जहालत को समझना हो तो रेणु के उपन्यास सबसे अधिक मदद करते हैं। प्रेमचन्द जहाँ अपने उपन्यासों में गाँवों के किसानी जिन्दगी को रखते हैं, रेणु उससे आगे की कहानी कहते हैं। इस कहानी में गहराई और व्यापकता मिलती है।

रेणु ने आजादी के आसपास उभरने वाले स्वार्थी नेताओं के सामने सच्चे सामाजिक कार्यकर्ताओं को रखकर एक नई उदार राजनीतिक स्थिति की भी कल्पना की है। गाँव का उद्धार कैसे होगा? वंचित लोग कैसे आगे बढ़ेंगे? यह चिन्ता भी रचनाकार के मन में रही है। उनकी ग्रामीण संवेदना ऐसी ही भावनाओं से निर्मित हुई है। मेरीगंज के बहाने रेणु अपनी इन चिन्ताओं को प्रस्तावित करते हैं। मेरीगंज जैसी छोटी जगहों में नई आजादी का एहसास है। पराधीन चिन्ताओं से लोग मुक्त हो रहे हैं लेकिन अज्ञान से लोगों की सोच अन्तर्विरोधग्रत है। यानी ऐसी औसत भारतीय सोच जो आधुनिक दिखना चाहती है लेकिन आधुनिकता से डरती है। इसी कथावस्तु के आसपास रेणु ने अपना औपन्यासिक केनवॅस फैलाया है। इसके मूल में यह वैज्ञानिक सोच सक्रिय है कि देश को भौतिक आजादी अवश्य मिली लेकिन लोग मानसिक तौर पर पराजित और बंधक हैं। लोहिया और दूसरे समाजवादियों ने जिस अधूरी आजादी का बार-बार उल्लेख किया उसकी छाप भी उपन्यास में मौजूद है।

प्रेमचन्द के गाँव और रेणु के गाँव में काफी फर्क है। रेणु नए और पुराने मनुष्य के नैतिक और मानसिक संघर्ष को सूक्ष्मता से प्रस्तुत करते है। प्रेमचन्द के यहाँ ऐसी बारीकी केवल उन स्तरों पर मिलती है जहाँ वे गाँव और शहर के अन्तर को झलकाते हैं। इतना ही नहीं, तत्कालीन राजनीतिक समस्याओं और समाज के अन्तर्द्वन्द्व को रेणु बेहतर तरीके से पकड़ते हैं। रेणु कई जगह शाब्दिक वर्णन के बाहर केवल संकेतों में अपनी बात कहते हैं। प्रेमचन्द अपने 'गोदान' तक उपन्यास को एक गद्यात्मक विवरण बनाए रखते हैं जबकि रेणु अपने इस पहले उपन्यास में ही कविता की सूक्ष्मता का समावेश गद्य में करते हैं। इसीलिए 'मैला आँचल' विषयवस्तु के धरातल पर आज भी समकालीन लगता है क्योंकि यह उपन्यास अपने समकाल को एक आसान लेकिन विराट रूपक में व्यक्त करने में सार्थकता पा जाता है। यहाँ ग्राम्य संस्कृति लोक-संस्कृति में बदल जाती है।

उपन्यास का केन्द्रीय चरित्र डॉ. प्रशान्त मेरीगंज में मलेरिया उन्मूलन के लिए जाता है लेकिन वहाँ जाकर वह स्तब्ध रह जाता हैं कि वहाँ कई प्रकार के विषाणु मौजूद हैं। जमींदार और मठ लोगों का शोषण कर रहे हैं। स्त्रियाँ जातिगत, आर्थिक

तथा लैंगिक आधार पर पुरुषों के शोषण का शिकार हो रही है। उन्हें बालविवाह या बूढ़ों के साथ शादी के नाम पर जबरन घर से बेदखल किया जा रहा है। भ्रष्टाचार सामाजिक भी है और उसमें राजनीतिक अपमूल्यों के कीटाणु भी मौजूद हैं। डॉ. प्रशान्त समझ जाता है कि मलेरिया से ज्यादा विषाक्त कीटाणु इन समस्याओं के हैं। जिनसे वह अनेक धरातलों पर लड़ता है।

रेणु ने बावनदास जैसे चरित्र के नाम से जैसे गाँधीवाद और समाजवाद का विरोध नहीं बल्कि धालमेल दिखाया है। वह राजनीतिक मूल्यहीनता से गाँधीवादी तरीके से लड़ता है और समाज तथा देश का भविष्य समाजवादी प्रणाली में देखता है। यहाँ रेणु प्रत्यक्ष रूप में गाँधीवाद का विस्तार समाजवाद में दिखा रहे हैं। उपन्यास का अन्त एक खुला हुआ नाटकीय अन्त है। उपन्यास का नायक दोराहे पर खड़ा है। उसके जीवन के सवालों में कमला, ममता और उसके बच्चे भी शामिल हो चुके हैं। भविष्य की सुरक्षा के लिए उसका मध्यवर्गीय दिमाग पटना जाना चाहता है। इस तर्क को निर्मित करने में कमला और ममता जिम्मेदार हैं जबकि प्रशान्त एक साहसिक निर्णय लेता है और वह गाँव में ही रहने का फैसला करता है क्योंकि वह पहचान चुका है, बदलाव का रास्ता वहीं से निकलेगा। यह उसकी सकारात्मक सोच है या रेणु की आस्थावादी दृष्टि से निष्पन्न तर्क है। ऐसे ही कई दूसरे निष्कर्ष रेणु पाठकों पर छोड़ देते हैं कि वे आखिरी नतीजे निकालें।

रेणु का यह उपन्यास मैथिली की गीतात्मक शब्दावली के साथ-साथ अपनी नाट्य संरचना के कारण गहरा असर डालता है। रेणु ने इस रचना के द्वारा जो रास्ता दिखाया है। उस पर बाद में कई रचनाकार चले। कुछ बिल्कुल रेणु के पदचिन्हों पर चलें और कुछ उनसे टकराकर लेकिन रेणु से बचकर कोई आँचलिक कथाकार नहीं चल सका है।

यशपाल : झूठा-सच (1) 1958 (2) 1960

वतन और देश का मतलब

यशपाल का कथा साहित्य हिन्दी समाज की वैज्ञानिक समझ से सम्पन्न प्रगतिशील आलोचना है। यह समाज दूसरे भाषा-भाषी भारतीय समाजों की तरह रूढ़ि-जर्जर वर्णों, वर्गों और जातियों में बँटा हुआ हताश-परास्त समाज है। ऐसे समाज में बराबरी के विचार की पक्षधरता करने वाले यशपाल प्रगतिशीलधारा के सशक्त कथाकार हैं। उन्होंने प्रेमचन्द की आदर्शोन्मुख कथा-परम्परा के आदर्शवादी यथार्थ की धुंध को साफ किया और उसे ठेठ यथार्थ का आईना दिखाया। इस मायने में उनकी खासियत यह है कि पहली बार उनकी आँखों से हिन्दी कथा सहित्य ने आलोचनात्मक यथार्थ की महत्ता को देखा और पहचाना। प्रेमचन्द के बाद कहानी और उपन्यास की धारा सूखती दिखाई दे रही थी। उसे गतिशील बनाए रखने वाले यशपाल ने अपनी शुरुआती कहानियों और उपन्यासों में नई जमीन तोड़ी; उसे उर्वर प्रदेश में बदला। उन्होंने अपने उपन्यासों– 'दादा कामरेड', 'पार्टी कामरेड' और 'देशद्रोही' में अपने वक्त को ही नहीं बल्कि भविष्य की राजनीति की दशा को समझने का संकेत दिया है। शुरुआत से ही यशपाल ने रोमान के अपने स्वभाविक झुकाव के बावजूद यथार्थ के संघर्ष को अनदेखा नहीं किया। इस मायने में वे हिन्दी के पहले प्रतिबद्ध कथाकार हैं।

यशपाल ने यह नया सच भी प्रस्तावित किया कि यथार्थ एकतरफा नहीं होता, उसकी कई परतें होती हैं। कई बार जो दिखाई देता है, वह पूरा या असली यथार्थ नहीं होता। उनके यहाँ इस तरह की कई जटिलताएँ थी। उन्होंने जटिलताओं को ही चुना, इसलिए यथार्थ के जटिल पैटर्न उनके यहाँ मिलते हैं। यह उनके जीवन से ही उपजे हैं। जीवन में क्रान्तिकारी विचारों में मार्क्सवादी और लेखन में प्रगतिशील यशपाल (सन् 1903-1963) जेल से मुक्त होने पर सशस्त्र क्रान्ति के प्रतिबद्ध समर्थक हो गये। इस वर्ष उन्होंने मार्क्सवादी विचारों के लिए 'विप्लव' नाम से पत्र निकाला। डॉ. बच्चन सिंह के अनुसार, 'यशपाल मूलतः प्रेमचन्द परम्परा के उपन्यासकार हैं। प्रेमचन्द की परम्परा का ही उनमें गुणात्मक परिवर्तन हैं।'' इस

निष्कर्ष को अन्तिम नहीं माना जा सकता। यशपाल प्रेमचन्द से सीखते, ग्रहण करते हैं तो उनसे टकराते भी हैं। प्रेमचन्द से उस दौर में या थोड़े समय बाद जैनेन्द्र भी टकरा रहे थे लेकिन यशपाल की टकराहट इसलिए सार्थक है कि प्रेमचन्द से जूझते हुए वे प्रगतिशीलता छोड़े बगैर उसे आगे ले गये और रास्ता ही दूसरा चुना इसलिए प्रेमचन्द के बाद के कथाकारों में अपनी विशिष्ट विचारधारा और सर्जनात्मकता की वजह से यशपाल ने अपना स्वतंत्र लेखकीय व्यक्तित्त्व विकसित कर लिया। प्रेमचन्द अपने लगभग आखिरी दौर में 'गोदान' में जिस आदर्शवाद से छटपटाकर छूटते हैं और मुक्त होकर जिस यथार्थवादी रूझान को दिखाते हैं, यशपाल ने अपनी शुरुआत में ही उसके पक्ष में अपना हाथ उठाया। यानी प्रेमचन्द ने जहाँ अन्तिम निष्पत्ति दिखायी, यशपाल ने अपना आरम्भ वहाँ से किया।

यशपाल ने तमाम आदर्शो को नये सन्दर्भ में अपर्याप्त सिद्ध करते हुए ठेठ यथार्थ को प्रस्तावित किया। उनका शुरुआती जीवन क्रान्तिकारी दल से जुड़ा रहा इसलिए उन पर मार्क्सवाद का सहज प्रभाव देखा जा सकता हैं। अपने पहले उपन्यास 'दादा कामरेड़' (1941) से लेकर 'देशद्रोही' (1941) 'पार्टी कामरेड़' (1947)– इस सब में यशपाल अपने वैचारिक रूझान को खुले तौर पर व्यक्त करते हैं। केवल दो ऐतिहासिक उपन्यासों 'अमिता' और 'दिव्या' में उनके यहाँ ऐसा प्रखर समाजवादी चित्रण नहीं मिलता फिर भी यशपाल ताउम्र मार्क्स के बराबरी के विचार से जुड़े रहे।

'दादा कामरेड़' में लेखक की निजी उपस्थिति रेखांकित की जा सकती है। यहाँ पर वह स्वयं उपस्थित हैं। निजत्व का रचनात्मक रूपांतरण लेखक के यहाँ दिखाई भी देता हैं। दादा और कामरेड़ दोनों में अन्तर हैं। दादा व्यावहारिक क्रान्तिकारी है जबकि कामरेड़ मार्क्सवादी। कामरेड़ का मुख्य एजेंड़ा मजदूरों को संगठित कर पूँजीवाद का विरोध करना है। यह उपन्यास वैचारिक धरातल पर बेहद सपाट है। इसमें अनुभव की कमी के कारण विषय का प्रस्तुतीकरण रचनात्मक नहीं हो पाया है। लेखक ने अतिक्रान्तिकारिता के भावुकतावादी अतिरेक में मजदूरों को जैसा विजयी दिखाया है, उसके कारण लेखक की यथार्थवादी दृष्टि ही रचनात्मक नहीं रह पायी है। वह अपने मनचाहे निष्कर्ष पर पहुँचना चाहता है। इसलिए उपन्यास का अन्त भावुकतावादी लगता है। उपन्यास के पात्र मशीनी लगते हैं, विशेषकर नारी पात्र व्यक्तित्त्वहीन रह गये हैं।

यशपाल के यहाँ मजदूर वर्ग की भौतिक समृद्धि का सपना और देश की आजादी के समकक्ष या समानान्तर प्रेम की मुक्ति का विचार रहा है। इसी उपन्यास में लेखक औरत को इच्छित पुरुष चुनने की आजादी देने की सिफारिश करता है, लेकिन जिस समय यह उपन्यास लिखा गया, उस समय न तो ऐसी स्त्रियाँ थी और न साम्राज्यवाद से मुक्ति के अलावा किसी दूसरे स्वतन्त्रता संघर्ष की कल्पना लोग कर रहे थे।

लेखक ने शैला और हरीश के सम्बन्धों में जैसा खुलापन दिखाया है वह लगभग 70 साल बाद समाज में दिखाई देता हैं। 40 के दशक में स्त्री-पुरुष के ऐसे खुले दैहिक सम्बन्धों का वर्णन नैतिकतावादी आलोचकों ने पसन्द नहीं किया। यही कारण है कि यशपाल की इस नारी-मुक्ति भावना में विशुद्ध काम भावना देखी गयी। इसके अलावा 'दादा कामरेड़' में पूँजीवाद तथा गाँधीवाद के विरोध के साथ क्रान्तिकारियों के आतंकवाद का भी विरोध किया गया। इसलिए भले लेखक के नजरिये से हम पूरी तरह सहमत न हो फिर भी उनसे यह श्रेय छीना नहीं जा सकता कि उन्होंने पहली बार मुक्ति को एक स्त्री के जीवन से जोड़कर देखा और यह साबित करने की कोशिश की कि अपनी इच्छाओं को व्यक्त करना और उनको पूरा करने का हक औरत को भी है। इस विचार ने बाद में आने वाले उपन्यासों को प्रभावित किया। प्रेम और विशेषकर जिस्मानी प्रेम की वकालत यशपाल से थोड़ा पहले जैनेन्द्र भी कर रहे थे। लेकिन जैनेन्द्र इस धरातल पर बिल्कुल दार्शनिक हो जाते हैं। वह एक स्त्री की नहीं, एक दार्शनिक पुरुष की आवाज में यह इच्छा व्यक्त करते हैं। यशपाल इंसानी यौन इच्छाओं को न तो कोई किताबी मनोवैज्ञानिक पर्दे में छिपाते हैं और न उसे दर्शन की शास्त्रीयता में ले जाते हैं।

यशपाल पर साफ तौर पर मार्क्सवादी विचारधारा के प्रभाव से इंकार नहीं किया जा सकता लेकिन यशपाल ने अपने उपन्यासों में राजनैतिक विचारों को रचनात्मक तरीके से ऐसे प्रस्तुत किया है कि वह आरोपित नहीं लगते। उनके सामने यह तथ्य बिल्कुल साफ था कि वे पार्टी मैनिफेस्टो नहीं प्रस्तुत कर रहे थे बल्कि उस समय के भारतीय समाज में मार्क्स के बराबरी के सिद्धान्त की रचनात्मक व्याख्या कर रहे थे। यही कारण है कि उनके उपन्यासों में स्पष्ट विचारधारा होने के बावजूद कोई सिद्धान्तवादिता नहीं है। यशपाल ने असली कला वहाँ दिखाई है, जहाँ वे सताये हुए भारतीय समाज और हाशिये पर पड़े लोगों की रोजमर्रा मुठभेड़ों और लड़ाई के बहाने समाज की विसंगतियों को प्रस्तावित करते हैं। यशपाल ने बहुत ही मामूली घटनाओं में कहानी खोजी है। ये कहानियाँ मामूली लोगों के असाधारण रूप से मुश्किल जीवन जीने की इच्छा की साक्ष्य हैं। इस प्रकार यशपाल मामूलीपन में कथानक खोज लेते हैं। यहाँ तक कि पात्रों की भाषा भी उन्हें आसपास के जीवन से मिल जाती है।

वस्तु और रूप-गठन दोनों धरातलों पर यशपाल का एक बड़ा योगदान है। यशपाल दरअसल राजनीति को नहीं, समाज को केन्द्र बनाते हैं। समाज की प्रमुख इकाई व्यक्ति को वह सामाजिक परिप्रेक्ष्य में रख देते हैं। दिलचस्प यह है कि लगभग उनके साथ जैनेन्द्र भी मानव जीवन विशेषकर स्त्री जीवन की टकराहटों को लिख रहे थे। उनकी खोज भी आधुनिक स्त्री थी। फर्क इतना था कि जैनेन्द्र का प्रोसेस एक दार्शनिक का रहा इसलिए वे स्त्री की अमूर्त, हवाई और काल्पनिक छवि तक ही अक्सर पहुँचे जबकि यशपाल ने सच्चे अर्थो में स्वाधीन स्त्री की भूमिका को

जाँचा-परखा। इस पड़ताल में उन्होंने जिस स्त्री छवि को पेश किया वह बिल्कुल असली है। सवाल उठता है कि दोनों लेखक स्त्री-जीवन के परिप्रेक्ष्य में स्त्री-मुक्ति की बात उठा रहे थे तो दोनों के संसार में इतनी भिन्नता क्यों हैं? कारण बिल्कुल साफ है। यशपाल वैज्ञानिक तरीके से अपने समय का क्रिटीक पेश करते हैं जबकि जैनेन्द्र गाँधीवादी प्रवाह में बह जाते हैं या बांग्ला कथा नायिकाओं के रूमान में स्त्री-मुक्ति के रास्ते तलाशते हैं। यशपाल स्त्री को पुरुष से नहीं, पुरुषवादी संस्कारों, वर्जनाओं और कथित मर्यादाओं से आजाद करने का विचार रखते हैं। यही कारण है कि अपने समाज की इस समस्या को लेकर वे उस समय के राजनैतिक गलियारों तक भी जाते हैं और संस्कृति के अभिजात भद्रलोक में तोड़-फोड करते हैं। इसलिए उनके चरित्र किसी एक धरातल तक सीमित नहीं हैं। विशेषकर उनके स्त्री चरित्रों की चेतना का प्रवाह जीवन के कोने-किनारों तक भी हैं। इसलिए यह पात्र सामाजिक, राजनैतिक, और सांस्कृतिक दृष्टि से सजग और सतर्क हैं। उनका व्यक्तिगत जीवन समाज पर असर डालता हैं। डॉ. चमनलाल के अनुसार यशपाल के उपन्यासों की घटनाएँ उनके निजी जीवन से प्रभावित हैं। 'दादा कामरेड़' का विशद विवेचन करते हुए चमनलाल कई ओझल तत्त्वों को उजागर कर देते हैं।

यशपाल के साहसी चरित्र इतने प्रत्यक्ष हैं कि पढ़ते हुए साक्षात उपस्थित दिखाई देने लगते है। वह यशपाल का कौशल है। उन्होंने एक व्यक्ति के रूप में भी काफी जोखिम उठाये हैं। क्रान्तिकारी दल का सक्रिय सदस्य होने के बावजूद यशपाल ने कायर और विलासी होने का आरोप झेला। इसके लिए उन्हें मृत्युदंड देने की सजा भी तय हुई लेकिन किसी प्रकार प्राण रक्षा तो हो गयी फिर भी यह तथ्य उनका बराबर पीछा करता रहा। यह उनके सबसे बड़े महत्त्वाकाँक्षी उपन्यास 'झूठा-सच' में अधिक नुकीला होकर सामने आया। यानी यशपाल ने अपने उपन्यासों के विषय, पात्र, विचार, भाषा और रूप जीवन की कीमत पर अर्जित किए हैं लेकिन कहीं भी वैचारिक धरातल पर उनमें कोई विचलन नहीं दिखाई देता। 'झूठा-सच' में यशपाल सामाजिक, राजनैतिक साँस्कृतिक प्रश्नों के कटघरे में अपने समय और खुद को खड़ा करते हैं। आधुनिक की वैज्ञानिक समझ के कारण यह उपन्यास उनके दूसरे उपन्यासों में अलग है।

यशपाल की राजनैतिक वैचारिक पक्षधरता स्पष्ट है लेकिन वह लाउड नहीं है। वह दरअसल पार्श्व संगीत के रूप में मौजूद है। यशपाल एकाग्र होकर मानव जीवन के सबसे बड़े द्वन्द्व प्रेम और काम-इच्छा के जटिल संघर्ष को उपन्यास का अनुभव बनाते हैं। जैनेन्द्र या इलाचन्द्र जोशी जहाँ प्रेम को अशरीरी बनाने के प्रयास में बिल्कुल नकली बना देते हैं वहाँ यशपाल प्रेम की उदात्तता को अधिक तर्कसंगत होकर विवेचित करते हैं। बच्चन सिंह ने यहाँ तर्क दिया हैं कि यशपाल प्रेम को इतना दैहिक बना देते हैं कि वह भी एक पूर्वाग्रह जैसा लगता है। दरअसल यशपाल मनुष्य जीवन की जकड़बंदियों को तोड़ने के सिलसिले में कई जगह ऐसे प्रसंगों और

पात्रों को रख देते हैं जो अचानक चौंका देते हैं जबकि यह समस्या उस समाज की समस्या है जो जातिगत और आर्थिक धरातल पर ही भेदभाव नहीं करता बल्कि लैंगिक आधार पर भी पुरुष को उच्चतर और औरत को हीन मानता है। इसलिए 'झूठा-सच' दो पारस्परिक विचारों को ऐसे विमर्श में रचता है जहाँ दोनों विचार एक-दूसरे के सामने तन जाते हैं।

रूढ़ि-जर्जर, वर्ग-विभाजित, हताश-परास्त समाज में बराबरी का विचार देने वाले यशपाल प्रगतिशील धारा के सशक्त कथाकार हैं। उन्होंने प्रेमचन्द की आदर्शोन्मुख कथा-परम्परा को यथार्थोन्मुख बनाया है। इस मायने में उनका वैशिष्ट्य यह है कि उन्होंने हिन्दी कथा-साहित्य में आलोचनात्मक यथार्थ की महत्ता को पहचाना। उपन्यास की जो धारा भटकती और लुप्त होती दिख रही थी उसे गतिशील बनाये रखने वाले यशपाल ने अपनी प्रारम्भिक कथा-कृतियों 'दादा कामरेड़', 'पार्टी कामरेड़', 'देशद्रोही' में अपने समय की ही नहीं बल्कि भविष्य की राजनीति की दशा-दिशा को समझने का संकेत दे दिया था। शुरुआत में ही उन्होंने अपने रोमान के झुकाव के बावजूद यथार्थ के संघर्ष को अनदेखा नहीं किया हैं। 'देशद्रोही' (1941) कम्युनिस्ट पार्टी की उस नीति के समर्थन में लिखा गया था जिसके तहत पार्टी ने कांग्रेस के 'भारत छोड़ो' आन्दोलन के विरूद्ध विश्वयुद्ध में रूस के शामिल हो जाने के कारण अंग्रेजों की मदद की थी। 'पार्टी कामरेड़' (1947) अपेक्षाकृत साफ-सुथरा उपन्यास है। पर मताग्रह और यौनासक्ति का प्राधान्य इस उपन्यास में भी है। 'देशद्रोही' क्रान्ति से सम्बद्ध उपन्यास है। यशपाल को 'दिव्या' के लिए भी याद किया जाता है। चन्द्रकांत वांदिबड़ेकर के शब्दों में 'दिव्या' में परिवेश पौराणिक काल का है लेकिन केन्द्रीय समस्या सर्वकालिक है। इसमें उन्होंने नारी की स्वतंत्रता की दिशाएँ कौन-सी हो सकती है, इसका चिन्तन किया है। सामंतशाही में सभी धर्म एवं शासन सत्ताएँ नारी पर कैसे अन्याय कर रही थी। इसका बड़ा प्रभावी चित्रण करते हुए नारी मुक्ति की दिशा का संकेत दिया है। वातावरण का निर्माण, प्रसंगों का कलात्मक रचाव, शक्तिशाली व्यक्तिरेखाएँ प्रभावपर्ण अनुभव व्यक्त करने वाले प्रसंग, वैचारिक प्रौढ़ आशय और शैली का प्रौढ़ गौरवपूर्ण विन्यास सभी दृष्टियों से यह उपन्यास एक श्रेष्ठ उपन्यास हो गया है। विश्वनाथ त्रिपाठी के अनुसार 'दिव्या' मार्क्सवादी नजरिए से इतिहास को देखने का रचनात्मक उपक्रम है। इतिहास तो एक है किन्तु इसे देखने और पुनः रचित करने की दृष्टियाँ अनेक हैं। आधुनिक विचारधाराओं का उपयोग इतिहास की व्याख्या करने के लिए भी होता है। मार्क्सवाद को विशेष रूप से इतिहास को समझने की पद्धति कहा जाता है।

यशपाल ने उपन्यास केवल राजनीतिक विचारों के संघर्ष के आधार पर नहीं रचे गये बल्कि राजनीतिक चिंतन और संघर्ष इन उपन्यासों की कथा-योजना का अंग बनकर प्रस्तुत हुए हैं, आरोपित ढंग से नहीं। राजनीतिक चिंतन इन उपन्यासों का

एक पक्ष ही है, यद्यपि यह पक्ष काफी महत्त्वपूर्ण हैं। उपन्यासों का आधार तो हमारे आसपास के जीवन की घटनाएँ हैं। मानव-जीवन की सभी भावनाओं– प्रेम-घृणा, दुख-सुख, वीरता-कायरता आदि को इनमें स्थान मिला है। राजनीतिक विचारों के संघर्ष के साथ-साथ इन उपन्यासों में सामाजिक मूल्यों और संस्कारों का संघर्ष भी चलता है। मानवीय सम्बन्धों और मानवीय व्यवहारों में क्या उचित है और क्या अनुचित? पुराने संस्कारों, व्यवहारों को तोड़कर नये संस्कारों, विचारों के सृजन पर उपन्यासकार का ध्यान अधिक केन्द्रित है। इन उपन्यासों के चरित्र राजनीतिक संघर्षो से भी अधिक सामाजिक-साँस्कृतिक संघर्ष करते और पीड़ाएँ झेलते हैं। किन्तु उन चरित्रों की साँस्कृतिक संघर्ष की चेतना, राजनीतिक संघर्षो से अलग नहीं है। यह उनकी समूची चेतना की ही दूसरे स्तर पर अभिव्यक्ति है। चेतना का निर्माण केवल राजनीतिक क्षेत्र तक ही सीमित नहीं हैं। वह जीवन के प्रत्येक व्यवहार और पक्ष को अपनी लपेट में लेता है, इसी से सच्ची क्रान्तिकारी चेतना का निर्माण होता हैं।

यशपाल का सर्वाधिक महत्वाकांक्षी उपन्यास है 'झूठा सच'। बच्चन सिंह इसकी रचना के पीछे राजनीतिक साँस्कृतिक पृष्ठभूमि मानते हुए यशपाल के अद्‌भुत कथा सामर्थ्य को रेखांकित करते है कि यशपाल कें कथा कहने की अद्‌भुत क्षमता है पर पूर्वनिर्मित विचारधारा को रूपायित करने की उत्कृष्ट प्रेरणा के फलस्वरूप उनके उपन्यासों की पात्र, स्थितियाँ और परिणतियाँ भी पूर्वनिर्मित हो गयी है वस्तुतः वे प्रेम को कामेच्छा के अतिरिक्त और कुछ नहीं मानते, ऐसी स्थिति में वे आपने बाड़े के बाहर जीवन को बृहत्तर आयामों में देख पाने में असमर्थ रहे हैं। 'झूठा सच' के प्रकाशन ने सिद्ध कर दिया कि यशपाल बहुत विशाल फलक पर जीवन के विविध रूपों, आयामों, समस्याओं और टिलताओं को अपने ढंग से प्रभावशाली रूप में प्रस्तुत कर सकते हैं। इसलिए इसे औपन्यासिक महाकाव्य की संज्ञा दी जा सकती है यद्यपि इसमें जितनी व्याप्ति हैं उतनी गहराई नहीं है। यह उपन्यास 'वतन और देश' तथा 'देश का भविष्य' शीर्षक दो भागों में प्रकाशित हुआ है। देश विभाजन की पृष्ठभूमि में इतनी बड़ी कृति की परिकल्पना और सामयिक, सामाजिक, राजनीतिक वातावरण को यथासम्भव ऐतिहासिक यथार्थ के रूप में चित्रित करना यशपाल के ही वश की बात थी। उपन्यास का पहला भाग देश के यथार्थ विघटन को रूपायित करता है, तो दूसरा संगठन को। विघटन का दृश्य उपस्थित करने के लिए जिस यथार्थवादी दृष्टि की आवश्यकता है, वह यशपाल को प्राप्त है। इसलिए प्रथम खंड अपेक्षाकृत अधिक प्रामाणिक, यथार्थ और मार्मिक बन पड़ा हैं। संगठन के लिए यथार्थ की अपेक्षा विधायक कल्पना की आवश्यकता होती है। कहना न होगा कि यशपाल में इसकी कमी दिखाई पड़ती है और इसीलिए दूसरे खंड में चित्रित पात्रों की सफलताएँ सपाट हो गयी है। फिर भी, इस खंड में देशव्यापी भ्रष्टाचार को अत्यन्त निपुणता से चित्रित करते हुए विश्वसनीय बनाया गया है। किन्तु दोनों-भागों में कम्युनिस्ट

पार्टी को जो तरजीह दी गयी है वह लेखक की पक्षधरता की सूचक हैं। यद्यपि इस उपन्यास में स्थान-स्थान पर भाषा विडम्बनात्मक (आइरेनिकल) होकर मार करने वाली धार को और पैना बना देती है, किन्तु मार्क्सवाद को केन्द्रीय विषयवस्तु मान लेना था जीवन और जगत को सीधी रेखा स्वीकार करने का फल यह हुआ है कि उन्हें सत्यान्वेषण में संलग्न होने और किसी जटिल मार्ग से गुजरने की जरूरत नहीं पड़ी और न ही कलागत नवीन प्रविधियों का प्रयोग करना पड़ा। अपनी इन कमजोरियों के कारण 'झूठा सच' को अपेक्षित रचनात्मक ऊँचाई नहीं मिल सकी, फिर भी यह हिन्दी का महाकाव्यात्मक उपन्यास माना जायेगा। 'झूठा सच' में यशपाल सरीखा बड़ा रचनाकार आपने वैचारिक अन्तर्विरोधों के साथ मौजूद है। बच्चन सिंह इस तरफ ठीक इशारा करते हैं। इसका पहला भाग 'वतन और देश' हैं जो देश है वह वतन नहीं हैं। इस प्रकार के विभाजन की जिम्मेवारी किस पर है? साम्राज्यवादी अंग्रेजों पर? स्वार्थान्ध देशभक्तों पर? धर्मान्ध फिरकापरस्तों पर? पिछड़ेपन और अज्ञान पर? आर्थिक वैषम्य पर? विभाजन के लिए जिम्मेदार इन सभी कारणों का समावेश इसमें हुआ है। किन्तु इसमें पारस्परिक सन्तुलन मान लेने के कारण लेखक ने आर्थिक विषमता पर अधिक बल दिया है। विभाजन का दोष कांग्रेस पर हैं। किन्तु इस सन्दर्भ में मुस्लिम लीग और जिन्ना का पर्दाफाश नहीं किया है। बल्कि लीग की तरह ही लेखक मुस्लिम लीग को मुसलमानों की पार्टी तथा कांग्रेस को हिन्दूओं की पार्टी कहता है। जाहिर है, मतवादी आग्रह के कारण यह इतिहास को मनमाना अर्थ ही नहीं देता है बल्कि कथा का आंतरिक सन्तुलन भी बिगाड़ देता है। फिर भी प्रथम भाग में विभाजन का भयावह दृश्यालेख यथार्थवादी ढर्रे पर प्रस्तुत किया गया है। एक बात द्रष्टव्य और महत्त्वपूर्ण है कि इस अंधकारपूर्ण सर्वनाश में सब कुछ स्वाहा हो जाने पर भी लेखक उस मानवीयता को, उसकी एक चिनगारी को, बचा लेता है। हत्या के इस अभूतपूर्व मनुष्य-मेध्य में कुछ हिन्दू-मुसलमान ऐसे भी हैं जो सम्प्रदाय के ऊपर उठकर एक-दूसरे की सहायता करते हैं। इस चिनगारी को बचाये रखने की जरूरत है। तमसाच्छन्न देश को इसी से प्रचुर प्रकाश मिलेगा।

उपन्यास के दूसरे भाग में विभाजन के फलस्वरूप पाकिस्तान से आये हुए शरणार्थियों की समस्याओं को केन्द्र में रखकर नये आर्थिक, सामाजिक, राजनीतिक, सांस्कृतिक संकटों को उठाया गया है। शरणार्थियों ने अपने श्रम और पौरूष के बल पर अपनी आर्थिक समस्याएँ हल कर ली। किन्तु उनका दबाव यहाँ के व्यवसायों पर पड़ा। शरणार्थियों को बसाने के लिए कुछ पैसे लेकर जिन किसानों ने अपनी जमीन छोड़ी थी उनका भटकाव बढ़ गया। कांग्रेसी नेता और मंत्रिगण आत्मनिष्ठ और भ्रष्ट हो गये। पंजाबियों की संस्कृति का गहरा प्रभाव उत्तर भारत की संस्कृति पर पड़ा। स्त्रियों में अपने पैरों पर खड़े होने की शक्ति आयी। इसके साथ ही स्वैराचार और संकीर्णता भी आयी। यशपाल ने अपने पात्र और उनका जीवनगत पर्यावरण यहीं

से उठाया। नयी परिस्थितियों में कुछ पात्र टूटते हैं और कुछ जूझते रहते है। इनके साथ विभिन्न वर्गो की भूमिकाओं पर भी यशपाल की दृष्टि गयी है। उनके पास यथार्थ को पकड़ने का एक वैज्ञानिक दृष्टिकोण है। पर विधायक कल्पना का अभाव है। तथ्यों का बेमेल जमावड़ा और इतिवृत्तात्मक भाषा उपन्यास के प्रभाव को कम कर देते हैं। इन सीमाओं के बावजूद चन्द्रकांत बांदिबड़ेकर इसे श्रेष्ठ उपन्यास मानते हैं। विभाजन का परिणाम सामान्य जन-जीवन पर कितने भयावह रूप में पड़ा और विभाजन की दुर्घटना से राजनीतिक लाभ प्राप्त करने वाला वर्ग कैसे आत्मालिप्त रहा इसका बहुत हृदयद्रावक चित्रण यशपालजी ने किया है। विस्थापितों की समग्र दुर्दशा का चित्रण यशपाल ने किया है। विस्थापितों की समग्र दुर्दशा का चित्रण हिन्दी उपन्यास की एक उपलब्धि है। विभिन्न स्वभाव के व्यक्तियों की मानसिकता का सूक्ष्म अंकन और स्त्री-पुरुष सम्बन्धों के बनते-बिगड़ते विविध रूप एवं विभाजन की ट्रेजड़ी की दर्दनाक प्रतीतियाँ उपन्यास की मूल्यवत्ता को बढ़ा देती है।

स्वतंत्रता से पहले 'देशद्रोही', 'दिव्या', 'पार्टी कामरेड', 'दादा कामरेड' जैसे उपन्यास यशपाल ने लिखे तो स्वतन्त्रता के बाद 'मनुष्य के रूप' और 'झूठा सच' जैसे विपुल आकारपरक उपन्यास लेखन की तरफ यशपाल का रूझान बढ़ा। 'मनुष्य के रूप' और 'मेरी तेरी उसकी बात' के आधार पर कुछ आलोचक यशपाल को सक्षम उपन्यासकार की बजाय समर्थ कहानीकार मानते हैं। लेकिन इससे उनके उपन्यासों का महत्त्व कम नहीं हो जाता। बल्कि यशपाल सिखाते हैं कि उपन्यास के महाकाव्यात्मक फलक में साम्यवाद जैसे महान विचार की सफल और सशक्त प्रस्तति कैसे सम्भव है। उनके उपन्यास इस तथ्य का प्रमाण बनते हैं कि लेखक को सामाजिक उपयोगिता से जुड़ना ही होगा। उन्होंने प्रेमचन्द की तरह लेखक को ऐसा रचनात्मक श्रमिक माना जो समाज की बेहतरी के लिए रचनात्मक श्रम करता हैं। भारतीय स्वतंत्रता संघर्ष, सामाजिक प्रतिबद्धता, प्रगतिवादी जीवन मूल्य, संघर्ष, विद्रोह और क्रान्ति की प्रस्तुति की दृष्टि से यशपाल के उपन्यासों का निर्विवाद महत्व हैं।

1947 अखंड देश के खंड़ित होने का वर्ष भी है। आजादी के साथ बंटवारे का दंश भी भारतीय जनमानस को झेलना पड़ा। नासमझ बर्बर साम्प्रदायिक दंगों से उखड़े-बिखरे लोग और देश का दर्द यशपाल ने 'झूठा सच' में प्रस्तुत किया। उपन्यास का पहला खंड़ 'वतन और देश' और दूसरा खंड़ 'देश का भविष्य' में बंटा 'झूठा सच' आजादी से पहले और उसके बाद के सामाजिक राजनीतिक यथार्थ की बेलौस मीमांसा करता है। यशपाल की रोमापरक यथार्थवादी शैली ने मन्मथनाथ गुप्त, रांगेय राघव जैसे उनके समकालीन उपन्यासकारों के साथ रामेश्वर शुक्ल अंचल, नागार्जुन, राही मासूम राजा जैसे बाद के लेखको को गहरे प्रभावित किया है। साहित्येत्तर टेक्स्ट की पुनर्रचना और ऐतिहासिक डिटेल्स की रचनात्मक प्रस्तति जैसी यशपाल के उपन्यास कला की बारीकियाँ उदय प्रकाश जैसे कुछ ही समर्थ परवर्ती उपन्यासकारों में भी दिखती हैं।

श्रीलाल शुक्ल : रागदरबारी (1968)

समकालीन विद्रूपताओं की पैरोडी

विद्रूप और विसंगतियाँ जब असहनीय हो जाती है तब कॉमेडी भी राहत नहीं देती यानी एक हद तक विसंगतियाँ और विद्रूपताओं की कॉमिकल उपस्थिति थोड़ी बहुत राहत देती है। उसके बाद उसका असर कमजोर हो जाता है। पैरोड़ी कॉमेडी के बाद की उपस्थिति है। व्यंग्य पर भी व्यंग्य करना पैरोड़ी है। यह व्यंग्य की ऐसी बानगी है जिसमें विद्रूपताओं का लापरवाही से मजाक उड़ाया जाता है। भारतेन्दु का 'अन्धेर नगरी' इसका क्लैसिक उदाहरण बनता है। श्रीलाल शुक्ल के 'रागदरबारी' में भी इसका बेहतरीन इस्तेमाल किया गया है। श्रीलाल शुक्ल प्रदर्शित करते हैं कि देश को आजाद कराने के लिए लड़ी गई तमाम लड़ाईयाँ, शहादते, त्याग इसलिए बेकार चले गए कि आजाद भारत में कोई रामराज्य अवतरित नहीं हुआ। साम्राज्यवादियों से छुटकारा पाने के बाद भी दूसरी गुलामियों ने सामान्य जन का पीछा नहीं छोड़ा। सुख-सुविधा और ऐश्वर्य-विलास की बात तो छोड़ ही दीजिए। उसके जीवन की बुनियादी जरूरतें भी पूरी नहीं हो सकी। रोटियाँ केवल अमीरों के हिस्से आयी। गरीबों के तन से कपड़ा गायब हो गया और सिर से छत उड़ गयी। स्वराज या सुराज एक कपोल कल्पना बनकर रह गयी। नये देशी प्रशासक अंग्रेजी शासकों से भी क्रूर निकले। उन्होंने अपना चौतरफा विकास करने के लिए जनता का भरपूर विनाश किया। असली लोकतंत्र नहीं आया बल्कि जाति, वर्ण, वर्ग, धर्म और आर्थिक विषमताएँ अधिक विकराल हो गई। समाज-व्यवस्था राजनीतिक-व्यवस्था की तरह चरमर्रा गई। नैतिक मूल्यों की बात करना मजाक हो गया। तंत्र में सत्ता-लोलुप मतलबपरस्त भ्रष्टाचारी ताकतवर हो गए और मानव-कल्याण करने वाली संस्थाएँ शोषण, अनीति और अत्याचार का केन्द्र बन गई। मोहभंग और विसंगतियाँ लगातार भयावह होते गए।

श्रीलाल शुक्ल ने 'रागदरबारी' में शिवपालगंज के बहाने देश की पतन गाथा की व्यथा प्रस्तावित की है। कस्बे में बदल चुका एक गाँव शिवपालगंज देश का

पर्याय बन गया। उसमें व्याप्त भ्रष्टाचार, भाई-भतीजावाद, घूस-खोरी, धाँधली और झूठ आज तक के कथित समाज सेवक बनाए हुए है। 'रागदरबारी' में लेखक ने कहानी उस तरह से कही है कि उनके मन-मस्तिष्क को जकड़ी हुई कुंठाओं की ग्रंथियाँ खुलती जाती हैं। श्रीलाल शुक्ल के अनुसार, ''रागदरबारी' की शुरुआत 1960 के आस-पास हुई पर मुझे इसकी उपयुक्त सरंचना या स्वरूप का पता न था, यह तक कि तय नहीं कि मेरे दिमाग में इसकी विधा भी स्पष्ट थी या नहीं और शीर्षक तो मुझे अन्त तक नहीं मिल पाया। इसके लेखन के पीछे दो तत्त्व काफी सक्रिय थे। पहला, अपने ग्राम-जीवन के प्रति जिसे मैं भारतीय जीवन की प्रमुख धारा मानता हूँ- मेरा अतिशय लगाव और दूसरा, हिन्दी साहित्य में ग्रामीण जीवन के प्रति बनी या बनती हुई रूढ़ियाँ जो मेरी बर्दाश्त से बाहर है। मैं ग्रामीण जीवन से संबंधित लेखन को सामान्य तथा आँचलिक नहीं मानता क्योंकि मैं उस जीवन को भारतीय जीवन की मूल धारा मानता हूँ। भारतीय ग्रामीण जीवन की औसत कहानी मेरे लिए सामान्य जीवन के अनुभवों की कहानी है, किसी दुर्गम प्रांतर और किसी दुर्लभ समुदाय का नृशास्त्रीय अध्ययन है।' डॉ. रामदरश मिश्र मानते हैं कि, ''रागदरबारी' एक निर्मम निस्संगता से गाँव के क्रूर यथार्थ को देखता है। वह ग्रामीण यथार्थ की क्रूरता को बहुत निर्मम भाव से उजागर कर सका है। वह अपनी अरूमानी दृष्टि और व्यंग्यात्मक शैली के कारण अपना विशिष्ट स्थान बनाता है किन्तु उसकी व्यंग्यात्मकता बहुत आरोपित और अनावश्यक लगती है।' श्रीलाल शुक्ल ने जाने-पहचाने पात्रों को लेकर रोज घटित होते नाटक को नए कथानक में पिरोया है। उपन्यास की उलझी घटनाओं के खुलने साथ निर्मम-व्यवस्था का मकड़ जाल भी दिखने लगता है। उपन्यास के पात्र जीवन के अनेक क्षेत्रों से आये हैं।

जिसे हम समाज या उससे बढ़कर देश कहते हैं; वह ग्राम-पंचायत सहकारी संघ, स्कूल, कॉलेज, न्यायपालिका इत्यादि संस्थाओं से मिलकर बनता है। इन संस्थाओं की जिम्मेदारी थी कि भ्रष्टाचार मुक्त रहकर ऐसे नागरिकों का निर्माण करें जो देश को तरक्की की राह पर तेजी से ले जाए लेकिन दुर्भाग्य से ऐसे आदमियों का उत्पादन हो गया जो इन संस्थाओं में सर्वे-सर्वा होने के बावजूद इन संस्थाओं और देश से बलात्कार करते थे। अपनी ताकत का दुरूपयोग करने वाले ये लोग जनता को हिस्सेदार बनाने के बदले उसका एक ऐसे औजार और जिन्स के रूप में कायान्तरण करने लगे जिसे इस्तेमाल कर फेंक दिया जाता है। उपन्यास में दिखाया है कि चुनाव लोकतंत्र में ताकतवर लोगों की भागीदारी सुनिश्चित करने के लिए होते हैं। यह चुनाव चाहे कॉपरेटिव यूनियन के हों, कॉलेज छात्र संघ के हों या ग्राम पंचायत के; इनमें वही जीतते रहे हैं जिनके पास धन और बाहुबल हो। गुंडागिरी जीत की सबसे बड़ी गारंटी और योग्यता है। कॉलेज में मैनेजर का चुनाव तमंचे के जोर पर होता है। जिनसे डर है कि वे वैद्यजी को वोट नहीं देंगे; उन्हें गेट से ही लौटा दिया जाता

है। भ्रष्टाचारी ताकतवर वैद्यजी कथित सर्वसहमति से विजयी हो जाते हैं। इस प्रक्रिया में लोकतंत्र के कपड़े उतर जाते हैं। नाजायज तरीके से जीता हुआ भ्रष्ट व्यक्ति संस्थाओं को विकसित नहीं करता बल्कि उन्हें नष्ट करता रहता है। गबन के कारण वैद्यजी को त्यागपत्र देना पड़ता है तो उनकी जगह उनसे बड़ा गुंडा उनका बेटा बद्री पहलवान मैनेजिंग डायरेक्टर का पद हथिया लेता है। इस अवसर पर गाँधी और भारत माता की जयकार जिस पैरोड़ी का सृजन करते हैं वह करूणा की चरम-अवस्था है। उसमें मामूली व्यक्ति का विलाप गूँजता है। ग्राम सभा का प्रधान जड़ मूर्ख शनिचर को बना दिया जाता है। प्रजातांत्रिक प्रणाली असफल और अर्थहीन होती रहती है। तिकड़मी लोग बाहुबल और गुटबंदी के रास्ते हमेशा व्यवस्थाओं के शीर्ष पर काबिज रहते है- 'वैद्यजी थे, हैं और रहेंगे।' यह संवाद इस शोकगीत का स्थाई या टेक बनकर गूँजता रहता है। शिवपालगंज के तीन सत्ता केंद्र वैद्यजी के हाथों में ही हैं। चुनाव जीतने के लिए वे गाँधी का नाम लेकर हिंसा करते हैं। यह चुनाव-प्रणाली के खोखलेपन को उजागर करने वाले घटना-प्रसंग हैं।

'रागदरबारी' दिखाता है कि कार्यपालिका और न्यायपालिका में जो भ्रष्टाचार है उसके लिए नौकरशाहों की लालफीताशाही और राजतंत्र की निकम्मी दुव्यर्वस्था जिम्मेदार है। स्वास्थ्य विभाग के कर्मचारी, मलेरिया-उन्मूलन-तंत्र, सैनेंटरी और परिवार नियोजन के कर्मचारी ये सब भ्रष्टाचार के प्रतीक हैं। इन्हें अपने दायित्व नहीं निभाने क्योंकि इनका मानना है कि इनके कोई कर्त्तव्य हैं ही नहीं। इन्हें हर कीमत पर अपने हकों की रक्षा करनी है। इन कूढ़मगजों की कारगुजारी देखिए- ये सत्ता-घोषित परजीवी लोगों को जागरूक करने वाले विज्ञापनों को अंग्रेजी में छापते हैं। इनकी अनेक कल्याणकारी योजनाएँ केवल कागजों पर चलती हैं। हर कोई सेवा करने के नाम पर रिश्वत ले रहा है। कोई ट्रक वाले से रिश्वत माँगता है। नकल वाला लंगड़ से रिश्वत माँगता है और सैनेंटरी इंस्पेक्टर वैद्यजी रामस्वरूप के साथ मिलकर गबन करते हैं। किसी न किसी बहाने रिश्वत ली और दी जाती है। लड़ाई तब होती है जब कीमत तय नहीं हो पाती। पैरोड़ी की पराकाष्ठा है कि लेने और देने वाले दोनों पक्ष धर्म के नाम पर लेते और देते हैं और इसे धर्म की लड़ाई कहते हैं। कार्यपालिका के साथ-साथ न्यायपालिका का व्यवस्था-तंत्र भी अपनी धुरी से उखड़ गया है। ईमानदारी और निष्पक्षता की कोई कदर नहीं करता। न्याय करने में जानबूझकर इतनी देरी की जाती है कि कथित रूप से न्याय मिलने पर भी उसका कोई अर्थ नहीं रह जाता है। निष्पक्षता, सत्य, पवित्रता और उदारता आदि न्याय-व्यवस्था के ये मूल्य निष्प्राण हो गए हैं। काम है- कानून, ईमानदार और बेकसूर को सजा देने के काम आते हैं। न्याय-व्यवस्था का हाथी टेढ़ी और मन्द चाल से चलकर कमजोर और मजलूमों को कुचल देता है। लंगड़ सात साल से न्याय पाने के लिए लड़ रहा है लेकिन उसकी अपंगता से न्यायपालिका अधिक अपाहिज और

अपूर्ण है। शिवपालगंज के ग्राम पंचायत के पंच निपट निरक्षर हैं और वे गुंडों की सिफारिश के आधार पर कथित न्याय करते हैं। वैद्यनाथ जैसे व्यक्ति पुलिस तंत्र के पक्ष में तैनात ऐसे स्थायी गवाह हैं जो झूठी गवाहियाँ देते हैं। दूसरी तरफ शहरी अदालतों में खन्ना जैसे शिक्षक अन्याय के शिकार होते हैं। 'रागदरबारी' में आए ये बोलते चित्र हमारे सामाजिक, राजनीतिक और सांस्कृतिक पतन की तस्वीरे हैं।

'रागदरबारी' का व्यंग्य-भाव इतना सघन है कि वह यथार्थ का यथावत प्रस्तुतिकरण करते हुए भी बदलाव की तरफ इशारा करता है। वह बताता है कि भ्रष्ट राजनीति जन-संहार करने की सबसे बड़ी मशीन है। निरपराध दरोगा का तबादला करना, गयादीन की लड़की को सरेआम बेइज्जत करना, मास्टर खन्ना को बेगुनाह होते हुए भी त्याग पत्र देने के लिए मजबूर करना- ये सभी राजनीति के केन्द्र-बिन्दु वैद्यजी की दुर्दमनीय ताकत के जीवंत हवाले हैं। वे धर्म और भक्ति का भी अश्लील इस्तेमाल करते हैं- 'पिताजी गीता की बात कर रहे हैं, अब देखे दरोगा बच के कहाँ जाते हैं।' वे सभी क्रूरताओं के केन्द्र हैं जबकि दूसरे नागरिक उनकी गुलाम प्रजा है- यह सब क्यों हैं?- इसे भी 'रागदरबारी' व्यंग्य के माध्यम से उजागर करता है। श्रीलाल शुक्ल हँसी-दिल्लगी के लापरवाह अन्दाज में इस समस्या का अंदरूनी सच उद्घाटित कर देते हैं। देश के कर्णधार और भविष्य; छात्र पढ़ने के अलावा सभी दूसरे कामों में रूचि लेते हैं। वे अपना पाठ पढ़ने के बजाय फिल्मी पत्रिकाएँ पढ़ते हैं। नये फैशन के कपड़े पहनते हैं और प्रेम-फंतासियों में खोये रहते हैं। सस्ते किस्म की कुंजियों से उत्तर रटकर या नकल के सहारे वह पास होने का जुगाड़ करते रहते हैं। गाँव और शिक्षा संस्था की राजनीति में भाग लेना ही उनके जीवन का मुख्य लक्ष्य हैं। दूसरी तरफ ईमानदारी से पढ़ाने वाले अध्यापक भी कम हैं। वे गुटों में बँटकर टुच्ची राजनीति करते रहते हैं या अपना कोई बिजनेस चलाते हैं। ऐसे भ्रष्ट अध्यापकों के प्रतिनिधि मास्टर मोतीलाल हैं। इन भ्रष्ट लोगों के सिर पर वैद्यजी हैं। वह शिक्षण संस्था को अनुशासनहीनता और अव्यवस्था का अड्डा बना देते हैं। शिक्षा तंत्र के मुखिया भी उनसे डरते हैं। शिक्षण संस्थाओं में अनुशासनहीनता और अराजकता से भ्रष्ट तत्त्वों का निहित स्वार्थ सिद्ध हो रहा हैं।

श्रीलाल शुक्ल के 'रागदरबारी' में व्यंग्य के अनेक पक्ष हैं। गाँव सड़ रहे हैं। चिकित्सा सुविधाओं और जानकारी के अभाव में बीमारियाँ फैल रही हैं। व्यापारी मिलावट कर रहे हैं। मनमाने दामों पर चीजें खरीद और बेच रहे हैं। युवा पीढ़ी जुआ खेल रही है और नशे में गर्क है। श्रीलाल शुक्ल ने इन जटिल स्थितियों के बदलाव की संभावनाओं की तरफ इशारा किया है। पूरे उपन्यास में हँसी-मजाक के बावजूद निराशा का अन्धेरा छाया हुआ हैं। मानवीय मूल्यों के ह्रास की चीखें असहनीय कोलाहल मचा रही हैं। अनास्था के इस दमघोंटू परिवेश में कुछ लोग हैं जो संवेदनशील बौद्धिक हैं। वे भरसक पीड़ा झेलते हैं। लड़ते हैं लेकिन घुटन को देर

तक न सह पाने के कारण आखिरकार पलायन कर जाते हैं। उनकी व्यवस्था के प्रति घृणा आज के उस पीड़ित बुद्धिजीवी की मनोदशा है जो व्यवस्था से असहनीय मार झेल रहा है लेकिन कुछ कर नहीं पा रहा है। अधिकतर लोग केवल अपने बारे में सोचते हैं। अपने मतलब को हल करने के लिए किसी भी हद तक गिरने के लिए तैयार रहते हैं। वैयक्तिक धरातल पर सभी सुविधावादी हैं। रंगनाथ का पलायन क्या बौद्धिकों की विवश नियति है या श्रीलाल शुक्ल की अतियथार्थवादी दृष्टि! यह प्रश्न 'रागदरबारी' में उभरता हैं। इसी में बदलाव के बीज छुपे हैं। उपन्यास के अन्त में मुँह फुलाये बन्दर और मदारी का रूपक इतना व्यंग्यपूर्ण है कि वह भी यथार्थ की पैरोड़ी बन जाता है। बन्दर मदारी की धुन पर नहीं भरतनाट्यम के संगीत पर नाचेंगे जबकि मदारी उन्हें अपने इशारों पर नचाना चाहता हैं। बन्दर बुद्धिजीवी हैं और मदारी सत्ता का प्रतीक हैं। श्रीलाल शुक्ल ने एक तरफ रंगनाथ के पलायनवादी रूप को रखा है दूसरी तरफ गयादीन का पक्ष है। वहाँ भी कुछ न कर पाने की विवशता है। क्या यह न कर पाने की पीड़ा है? क्या यह अनास्थावाद व्यवस्था के निठल्लेपन और भ्रष्टाचार से उपजा है- 'नया आदमी कुछ करना चाहे तो क्या करेगा? कुछ होगा तो तभी जब कोई कुछ करने दे। आज के जमाने में कोई किसी को कुछ करने देता है?' यह प्रश्नात्मकता बंजर या निरर्थक है क्योंकि उत्तर खोजने की ललक इसमें नहीं है। यह उन लोगों का तर्क है जो बदलाव नहीं होने देना चाहते। यह असल में आजाद भारत के मध्यवर्ग का मनोविज्ञान है। श्रीलाल शुक्ल ने व्यंग्य के माध्यम से ऐसी ही मानसिकता पर प्रहार किया है। यह प्रहार काफी अर्थपूर्ण है। लेखक ने अपनी तरफ से कोई सुझाव नहीं सुझाया है। केवल हकीकत को बेपर्दा कर सामने रख दिया है। उस पीढ़ी के सामने जिसे देश को बचाना है और आगे भी ले जाना है। साथ में उन्होंने यह डर भी दिखाया है कि क्या उनकी नियति गयादीन की तरह नियतिवादी होगी या रंगनाथ की तरह पलायनवादी? या उन्हें कोई तीसरा रास्ता खोजना होगा क्योंकि अभी दूसरी आजादी मिलनी बाकी है।

श्रीलाल शुक्ल का 'रागदरबारी' इसी दूसरी आजादी को पाने के लिए तीसरे रास्ते की तरफ इशारा करता है और बताता है कि देश में फैला भ्रष्टाचार व्यक्ति से शुरू हुआ और समाज से लेकर देश तक फैल गया है। जब निजी भ्रष्टाचार दूर होगा तभी शिवपालगंज असली अर्थो में जनकल्याणवारी लोकतंत्र पर कायम मजबूत देश बनेगा।

हिन्दी में हास्य और व्यंग्य की स्थिति सन्तोषजनक नहीं है। सतही हास्य ने तीसरे-चौथे दर्जे के मंचीय चुटकुलेबाजों को मौसमी रोजगार हासिल करने में थोड़ी भूमिका निभाई है लेकिन चुनौतीपूर्ण होने के कारण व्यंग्य के साम्राज्य में प्रवेश करने की हिम्मत गम्भीर रचनाकारों ने कम ही प्रदर्शित की है। इसलिए हिन्दी में एक विद्या के रूप में व्यंग्य उपेक्षा का शिकार होता रहा है। व्यंग्य को शैली माना जाए या विद्या इसे लेकर भी एक सवाल उठता रहा है लेकिन व्यंग्य शैली और विद्या दोनों

दृष्टियों से विकसित नहीं हो पाया। शैली के रूप में लगभग हर रचनाकार ने इसका थोड़ा-बहुत इस्तेमाल जरूर किया है। व्यंग्य-लेख या व्यंग्यात्मक गद्य लिखने का प्रयास कुछ गद्यकारों और कहानीकारों ने किया है। लेकिन इस विद्या में जो अथाह संभावनाएँ थी उसका दोहन नहीं हो पाया। हरिशंकर परसाई, शरद जोशी, रवींद्रनाथ त्यागी की तिकड़ी के बाद ज्ञान चतुर्वेदी, हरीश नवल, प्रेम जनमेजय जैसे व्यंग्यकार, व्यंग्यपरक लेखन करते रहे। ज्ञान चतुर्वेदी ने अभी हाल ही में राजनीति की पैरोड़ी करने के साथ-साथ तंत्र की विसंगतियों से उपजा तिलमिलाता व्यंग्य करने वाले 'नरक यात्र' सरीखे उपन्यास लिखे लेकिन अभी तक औपन्यासिक कैनवस स्वर 'रागदरबारी' जितनी विराट, भव्य और लगभग दिव्य उपस्थिति किसी अन्य रचना की नहीं दिखाई दी। इस अकेले उपन्यास ने व्यंग्य का दर्जा शैली मात्र से बढ़ाकर उसे एक स्वतंत्र और सशक्त विद्या के रूप में स्थापित कर दिया।

श्रीलाल शुक्ल ने इस उपन्यास का साँचा और उसको प्रस्तावित तथ्य दोनों ही हिन्दी उपन्यास के रूढ़ पैटर्न को तोड़ते हैं। इसकी सबसे बड़ी खासियत यह है कि यह चिर-परिचित घटनाओं और जाने-पहचाने चेहरों के साथ हमारे समय और समाज की चुभती हुई सच्चाईयों को ऐसे प्रस्तुत करता है कि वह मजाक लगने लगता है। 'अगर 'रागदरबारी' परिहासात्मक अवज्ञा व्यंग्य या 'हाई कॉमेडी' के मूड में लिखा गया है तो यह बात गाँवों के उस मूड से मेल खाती है जहाँ विपत्तियों और संघर्षो के बावजूद लोग हर छोटी-छोटी बात से अपने को खुश रखने की कोशिश करते है। राग दरबारी लिखते हुए मेरे सामने दो ही विकल्प थेः या तो मैं उसे 'ऐंग्री यंगमैन' की मनःस्थिति में लिखता जो कि मैं नहीं था, या उसे सनीचर, रूप्पन बाबू, प्रिंसिपल, वैद्यजी आदि के साथ बैठने-उठने वाले पढ़े-लिखे गंवार की तरह लिखता जो कि मैं था। तभी 'रागदरबारी' जिस तरह लिखा गया उसके सिवाय मैं उसे किसी दूसरी तरह नहीं लिख सकता था।' लेखक के यह शब्द इस उपन्यास की रचना-प्रक्रिया की तरफ इशारा करते हैं। श्रीलाल शुक्ल जीवन के वास्तव को अवास्तव लगने वाले शिल्प में व्यक्त कर ऐसे प्रस्तुत करते है कि कई जगह वह अतियथार्थ लगने लगता है। यह दरअसल पाठक को विसंगत यथार्थ के प्रति सचेत करने का व्यंग्यात्मक सलीका है।

उपन्यास के कई दृश्य ऐसे हैं जो हमारी चेतना को झटके देते हैं। वर्णित घटनाएँ और वस्तु स्थिर हो या गतिशील वह चेतना को देर तक झकझोरते रहते हैं। नेमिचन्द जैन ने इस उपन्यास में व्यक्त आधुनिक भारतीय जीवन की और स्थितियों के प्रभावशाली चित्र देखते हुए कहा कि 'यह हमारे अति परिचित अनुभव को फिर से ताजा कर जाते हैं।' लेखक ने वस्तुओं से भी कमाल पैदा किया है- 'वहीं एक ट्रक खड़ा था उसे देखते ही यकीन हो जाता था इसका जन्म केवल सड़कों के साथ बलात्कार करने के लिए हुआ है। कह सकते थे कि सड़क के बीच में खड़ा है, दूसरी ओर से ड्राइवर देख कर कह सकता था कि वह सड़क के किनारे पर है। चालू फैशन

के हिसाब से ड्राइवर ने ट्रक का दाहिना दरवाजा खौलकर डैने की तरह फैला दिया था। इससे ट्रक की खूबसूरती बढ़ गई थी, साथ ही यह खतरा मिट गया था कि उसके होते हुए कोई दूसरी सवारी भी सड़क के ऊपर से निकल सकती है।' यहाँ पात्रों का आपसी संवाद नहीं है केवल एक विवरण है लेकिन श्रीलाल शुक्ल विवरण की नीरसता को तोड़ देते हैं। इसमें व्यंग्य बड़ा कारगर सिद्ध होता है। उन्होंने संवादों में भी यह जुगत इस्तेमाल की है- 'कुछ रोककर वे समझाने के ढंग पर बोले हमारी यूनियन में गबन नहीं हुआ था। इस कारण लोग हमें सन्देह की दृष्टि से देखने लगे थे। अब तो हम कह सकते है कि हम सच्चे आदमी हैं। गबन हुआ है और हमने छिपाया नहीं है। जैसा है, वैसा हमने बता दिया है।' यहाँ संवाद सूचनापरक है लेकिन उसमें भी व्यंग्य-भाव ऐसा हरकत भरा भाव पैदा कर देता है कि उसका असर सघन और दूर तक होता है। श्रीलाल शुक्ल ने व्यंग्य को थोपा नहीं है बल्कि परिस्थितियों के दबाव में वह उत्पन्न हुआ है- 'दरोगा जी गुनगुनाते हुए किसी को गाली देने लगे थोड़ी में उसका यह मतलब निकला की काम के मारे नाक में दम है। इतना काम है कि अपराधों के जाँच नहीं हो पाती। मुकदमों का चालान नहीं हो पाता, अदालतों में गवाही नहीं हो पाती। इतना काम है कि सारा काम ठप्प पड़ा है' निकम्मी व्यवस्था में काम के अलावा सब कुछ होता है। काम करने का केवल दिखावा किया जाता है और शोर मचाया जाता है।

पैरोड़ी को कथात्मक साँचे में प्रस्तुत करना कठिन है लेकिन श्रीलाल शुक्ल ने यह हुनर दिखाया है। बार-बार वे व्यक्ति के माध्यम से सामाजिक तंत्र और व्यवस्था के विद्रूप को व्यंग्य का निशाना बनाते हैं- 'वैद्यजी थे और रहेंगे। अंग्रेजों के जमाने में वे अंग्रेजी के लिए श्रद्धा दिखाते है। देशी हुकूमत के दिनों में वे देशी हाकिमों के लिए श्रद्धा दिखाने लगे। वे देश के पुराने सेवक थे।' असल में व्यंग्य के लिए समर्थ लेखक को कहीं और नहीं जाना पड़ता है। उसे केवल महसूस कर व्यक्त करना पड़ता है। इस उपन्यास में भी यह खूबी दिखाई देती है। कई जगह श्रीलाल शुक्ल 'रागदरबारी' में वहाँ भी व्यंग्य आविष्कृत कर लेते हैं जहाँ उसकी संभावना नहीं होती- 'उन दिनों में गाँव में लेक्चर का मुख्य विषय खेती था। इसका यह अर्थ कदापि नहीं कि पहले कुछ और था। वास्तव में पिछले कई सालों से गाँववालों को फुसलाकर बतलाया जा रहा था कि भारतवर्ष खेतिहर देश है। गाँव वाले इसका विरोध नहीं करते थे, पर प्रत्येक वक्ता शुरू से यह मानकर चलता था कि गाँव वाले इस बात का विरोध करेंगे। मिसाल के लिए, समस्या थी कि भारतवर्ष एक खेतिहर देश है और किसान बदमाशी के कारण अधिक अन्न नहीं उपजाते।' यहाँ भी श्रीलाल शुक्ल किसानों की बदहाली और उनकी गरीबी के सामने व्यवस्था के टुच्चेपन को तान देते हैं। मार्मिकता तभी उभरती है जब शब्दार्थ घोर विरोधी लगते आशयों के बीच व्यंजित होता है। व्यंग्य की यह मर्मभेदी उपस्थिति पाठकीय चेतना को उत्तेजित करती है।

असल में श्रीलाल शुक्ल; क्या कहा जाये, कितना कहा जाये तथा क्यों कहा जाये और किससे कहा जाये?- इन अनुपातों को साध्य लेते हैं। कई जगह वे बलाघात लेकर संतुलन स्थापित करते हैं- 'आज के भावुकतापूर्ण कथाकारों ने न जाने किससे सीखकर बार-बार कहा है कि दुख मनुष्य को मांजता है। बात कुछ इतनी नहीं है। सच तो यह है कि दुख मनुष्य को पहले फींचता है फिर फींचकर निचोड़ता है, फिर निचोड़कर उसके चेहरे को घुग्घू जैरो बनाकर उस पर दो चार काली सफेद लकीरें खींच देता है। फिर उसे सड़क पर लम्बे-लम्बे डगों से टहलने के लिए छोड़ देता है। दुख इंसान के साथ यही करता है और उसे गोंडा के रिक्शावाले के साथ भी यही किया था। पर शहरी रिक्शा वाले पर इसका कोई असर नहीं हुआ। सिगरेट फेंककर उसकी ओर बिना कोइ-ध्यान दिये, उसने अपना रिक्श तेजी से आगे बढ़ाया।' कथा-प्रसंग बलाघात के कारण ध्यान खींचते हैं। उसके कारण अर्थ अलग से चमकने लगता है। 'रागदरबारी' की वस्तु पर टिप्पणी करते हुये 'आधुनिक हिंदी उपन्यास' में कमलेश ने ठीक ही कहा है कि इस उपन्यास का कथा-तत्व आजाद हिंदुस्तान की विसंगतियों से निर्मित हुआ है।

श्रीलाल शुक्ल ने 'रागदरबारी' में 'नेरेशन' या वर्णनात्मकता का अतिरेकी इस्तेमाल किया है। वह मामूली घटनाओं और पात्रों के संवाद, उनके क्रिया-व्यापारों और यहाँ तक वस्तुओं में भी व्यंग्य के लिए स्पेस तलाश लेते हैं। कई जगह व्यंग्य, मामूली हास्य-व्यंग्य बनकर रह जाता है। सवाल यह उठता है कि किसी दिल्लगी या मखौल मजाक उड़ाने में लेखक कहीं स्थिति की गंभीरता नष्ट तो नहीं कर रहा है? असल में श्रीलाल शुक्ल जीवन की वास्तविकताओं में अतिवास्तविकता आविष्कृत कर लेते हैं। व्यंग्य ऐसे में गंभीर होकर कथा-तत्व, प्रसंग और अर्थ को सीमित कर देता है या नष्ट करने लगता है। सच्ची घटनाएँ भी कृत्रिम लगने लगती हैं। पात्र व्यर्थ के या गैरजरूरी लगने लगते हैं। घटनाओं में वस्तुहीनता झलकने लगती है। कई जगह वर्णन फालतू फैलाव के कारण बोझिल हो जाता है। लेखक के अपने निष्कर्ष तटस्थ टिप्पणियों में बदल जाते हैं। डॉ. नित्यानन्द तिवारी ने इस उपन्यास में व्यंग्य के शैलीबद्ध हो जाने की बात कही है- 'रागदरबारी' में वर्णन का ढब इतना छाया हुआ और एक रूप है कि 30-40 पृष्ठों में ही वह फार्मूलेबाजी लगने लगता है। लेखक की संपृक्ति इस ढब में इतनी ज्यादा महसूस होने लगती है कि वास्तविकता से उसका सम्बम्ध छूटने लगता है। घटनाएँ छोटी हों या बड़ी वे इस ढब के लिए इस्तेमाल की जाती है। इस द्वन्द्व के बिना वस्तु का निर्माण नहीं होता क्या? यह कहा जा सकता है कि यह उपन्यास वस्तुहीन घटनाओं, कार्यों और चरित्रों का जंजाल है? लेखक अपने वर्णन में अनुपात का ध्यान बहुत कम रख पाता है, यह एक बड़ा कारण लगता है कि जिसे वस्तु निर्मिति से अलग वर्णन की स्वतन्त्रता उभरने लगती है।' डॉ. तिवारी मानते है कि श्रीलाल शुक्ल के पास सक्षम भाषा है

और उनकी पात्र-परिकल्पना गज़ब भी है-'इसमें संदेह नहीं कि 'रागदरबारी' क लेखक के पास सक्षम भाषा है। (स्थितियों को भेदने वाली) दृश्यों और घटनाओं की सही पहचान है लेकिन उनके साथ कितना खेलता है, उसके उचित अनुपात का बोध नहीं है। इसी कारण उसकी चोट का प्रभाव क्षीण होने लगता है। इस उपन्यास के किसी पात्र पर अवास्तविक होने का आरोप नहीं लगाया जा सकता। रंगनाथ, बद्री, वैद्यजी, रूप्पन बाबू, प्रिंसिपल ये सभी हमारे समाज के जाने-पहचाने लोग है।' लेकिन डॉ. तिवारी यह भी मानते हैं कि, 'आज की हिन्दुस्तानी लोगों की मुख्य धारा और उसके अनेक पहलुओं की ठीक पहचान होने के बावजूद, व्यंग्य की तीखी ताकत का इस्तेमाल और भाषा के दो टूक होने के बावजूद यह उपन्यास वास्तविकता का वह परिपार्श्व उभारते-उभारते रह जाता है।' डॉ. लक्ष्मीसागर वार्ष्णेय मानते हैं कि, ''उपन्यास में मानवतावादी दृष्टिकोण व्याप्त है। चारों ओर फैले अन्याय, अत्याचार, भ्रष्टाचार, आर्थिक शोषण, नैराश्य, कुंठा, विघटनकारी तत्त्वों, नैतिक अवमूल्यन आदि का निराकरण समष्टिगत मानवतावादी दृष्टिकोण अपनाने से ही हो सकता है किन्तु हास्य-व्यंग्य के आधिक्य के कारण लेखक का मूल दृष्टिकोण ओझल हुआ-सा दृष्टिगोचर होता है और अनेक स्थलों पर उपन्यास पेपर-क्लिपिंग्स का संकलन मात्र प्रतीत होता है। उपन्यास कुछ बिखर-सा गया है और जीवन का संकटबोध घनीभूत होकर व्यक्त नहीं होता। भाषा-सशक्त और विषय के अनुरूप है।' डॉ. आदित्यनाथ प्रसाद त्रिपाठी के अनुसार, ' कृति अपने रचना बंध की अंतिम परिणति-बिन्दु से कुछ ही पहले एक 'पलायन संगीत' की महफिल के आयोजन द्वारा हमारी सामाजिक विद्रूपता के संदर्भ में बुद्धिजीवियों की निष्क्रियता और उनकी खस्ता हालत की बड़ी गहराई से पड़ताल करती है। मदारी, डुगडुगी, दो मुँह फैलये बन्दर- इस व्यंग्यात्मक प्रतीक के द्वारा आज के मध्यवर्गीय शिक्षित युवक की नियति को बड़ी निर्ममता से उभारा है। कृति का यह यथार्थवादी निष्कर्ष ही उसकी उपलब्धि है। हास्य-मिश्रित व्यंग्य की रविश पर चलते हुए खीझ, करूणा, बेचैनी, दुख और पीड़ा पूरी कथा-यात्र में हमारे साथी बन जाते हैं। यही कृति की सामर्थ्य है। 'रागदरबारी' की रचना हास्य कोटेड व्यंग्य की धार पर खड़ी है। हिन्दी उपन्यास में पहली बार व्यंग्य को इतना विस्तार मिला है। 'रागदरबारी' औपन्यासिक परंपरा की हदों को तोड़ती हुई अपनी शिल्पगत प्रविधि को 'टोन' में व्यंग्यात्मक के नयेपन की झोंक पर सर्जनात्मकता की नई सरहदों का स्पर्श करती है जो इस विधा के संप्रेषण की कलात्मकता में एक नया मोड़ है जिसमें व्यंग्य के सामर्थ्य की पहचान और गहरी होती है। रागदरबारी हमारी स्वतन्त्रता के पीछे बीस वर्षों के प्रगतिशील नारों की छाया में घिसट रही उस जिन्दगी का प्रामाणिक दस्तावेज है जो एक ग्राम इकाई के रूप में उभरकर अपनी व्याप्ति से राष्ट्रीय क्षितिज को स्पर्श करती है।' जहाँ श्रीलाल शुक्ल वस्तुओं और व्यक्तियों के गुणात्मक सम्बन्धों को व्यक्त करने में सफल होते हैं ऐसे स्थल मार्मिक और

अर्थगर्भित बन जाते हैं। जहाँ वे केवल शैली-बाजी हैं, वहाँ व्यंग्य की धार कम हो जाती है। जहाँ व्यंग्य आमने-सामने कही हुई विपरीत परिस्थितियों और परस्पर विरोधी व्यक्तियों की आपसी रगड़ से पैदा होता है, वहाँ उपन्यास ऊँचा उठ जाता है।

श्रीलाल शुक्ल 'रागदरबारी' में व्यंग्यार्थ का ऐसा खेल खेलते हैं कि वहाँ गहरे तिलमिलाने वाला भेदक व्यंग्य प्रहार करने लगता है। वहाँ यथार्थ का जादुई स्पर्श या कहें जादुई यथार्थ की उपस्थिति उपन्यास को बड़े अर्थ की ओर ले जाती है। डॉ. भगवानदास वर्मा के अनुसार, 'रागदरबारी' का बहुर्मुखी विवरण हमें अंतर्मुख कर देता है। चरित्र और उसकी बाहरी रिपोर्टिंग अपना बर्हिगत स्तर लाँघकर समग्र देश की जिंदगी की टूटन से निर्मित करूणा का संकेत करने लगती है। ये सारे चरित्र अंततोगत्वा किसी एक महाकाव्य चरित्र अर्थात गाँव और उसके भी आगे देश और उसके भी आगे आगे आधुनिक समय बोध में परिणत हो जाते हैं। हास्य-मिश्रित व्यंग्य यहाँ अन्तर्धारा की तरह बहता है। व्यक्तिगत तथा सामाजिक विकृतियों के बाहरी तत्त्वों से लेकर जीवन-पैर्टन की भयंकर विसंगतियों तक इसका क्षेत्र व्याप्त है। इसीलिए तो 'रागदरबारी' का व्यंग्य कलात्मक बन सका है। गाँव के चरित्र क्षणिक चलचित्रों की भाँति गुजरते चले जाते हैं, उभरते है, हट जाते हैं। यह क्रम निरन्तर चलता है किन्तु प्रत्येक झाँकी अपना स्थायी बिम्ब अंकित करके ओझल हो जाती है। प्रत्येक बिम्ब इस प्रकार परस्पर में विलीन होकर एक कड़ी बनाते हैं- संवेदनाएँ धूमिल होती जाती हैं और मानस बिम्ब उभरते चले जाते हैं। प्रत्येक चरित्र की एक कहानी है- सम्पूर्ण कहानी लेकिन प्रत्येक चरित्र अपनी कहानी में रामवेत दूसरे चरित्र से जुड़ता चला जाता है। अंततोगत्वा अनेक कहानियों की अन्विति से रागदरबारी की औपन्यासिक कथा बनती है।' डॉ. ओमप्रकाश शर्मा 'प्रकाश' के अनुसार, "श्रीलाल शुक्ल का उपन्यास 'रागदरबारी' परिवेश की कुरूपता को व्यंग्य के धरातल पर उभारता है। व्यंग्य इस उपन्यास की शैली ही नहीं, संपूर्ण रचना है। लेखक का उद्देश्य न तो कथा सुनाना है, न चरित्र का विशेष को नायकत्व की मर्यादा में बाँधना-सँवारना है और न ही अतीत गौरव का पुनराख्यान करना है। इन सबके विपरीत वह समकालीन जीवन के संक्रणकारी माहौल को व्यंग्य की लय में प्रस्तुत करता है। रागदरबारी में व्यंग्य भाषिक-संरचना का स्वभाव बनकर ध्यानाकर्षित करता है। उपमा, अंतर्विरोध, क्रियाशीलता तथा विपर्यय आदि को आत्मसात करती भाषा सूच्याग्र जैसी हो गयी है। वाक्य ही नहीं, पद-रचना तक में इस प्रवृति को लक्षित किया जा सकता है, फूहड़ता को उपजीव्य बनाकर व्यंग्य पैना करने की शैली भाषा को प्रभावित करती है।' लेखक चालाकी और सरलता के आपसी खेल में चालाकी या कुटिलता को विजयी दिखाते हुए असल में सरलता की लाचारी प्रदर्शित करता है। इसमें उनकी मदद परिस्थितियों को यथावत रूप में व्यर्थ करने वाली समर्थ कथा-भाषा करती है। वे घटनाओं और दृश्यों की मार्मिकता पहचानने वाले व्यंग्यकार

हैं। नाटकीय दृश्यों में उनकी चोट गजब की होती है। वे अव्यवस्था के गलित पक्षों पर चोट कराते हैं। ऐसे में व्यंग्य का अनिवार्य महत्त्व उभरता है और अर्थ को व्यापक कर देता है।

अर्थ को व्यंजित करने वाला यह उपन्यास हमारे आसपास के चिर-परिचित चरित्रों का चरित्र उद्‌घाटित करते हुए कथा-वस्तु को विकसित करता है। इस दिलचस्प उपन्यास के पात्र बेहद रोचक हैं। डॉ. चन्द्रकान्त बांदिबडेकर के अनुसार, 'श्रीलाल शुक्ल के चरित्रांकन की पद्धति लक्षणीय है। वे अपनी ओर से पात्रों के बारे में कम बोलते है। परिवेश की प्रतिक्रिया में पात्रों में को प्रस्फुटित होने देते हैं। प्रत्येक पात्र का वैशिष्ट्य उसकी भाषा तथा वार्तालाप की शैली से प्रकट होता है। इन लोगों की कुल संवेदना भोंथरी है। सूक्ष्म कल्पना या विचार से वंचित है। इनके प्रति सहानुभूति उत्पन्न करना मुश्किल है, न लेखक को यह अभीष्ट है कि इनके सुख-दुख में पाठक शामिल है।' रंगनाथ वैद्यजी के भांजे हैं। रंगनाथ किताबी किस्त के आदर्शवादी है। वैद्यजी के नाम से प्रसिद्ध प. बैजनाथ है। उपन्यास की कहानी इनके चारों ओर ही घूमती है। रूप्पन बाबू वैद्यजी के छोटे पुत्र हैं। बद्रीनाथ उनके बड़े बेटे हैं। उनकी विशेषताएँ हैं- बात को सीधे रूप में न कहकर सांकेतिक रूप में कहना। भूदानी झोला लेकर घूमते हैं। यह आंदोलन से सतही तौर पर जुड़ने का संकेत है। छोटे पहलवान और उनके पुत्र के पुत्र गंगादयाल की उपस्थिति भी व्यंग्यात्मक है। जागनाथ-जुवारी है। वे रूप्पन बाबू के मित्र हैं। गयादीन की बेटी के साथ कॉलेज के अधिकारी वैद्यनाथजी के दोनों पुत्रों का चक्कर है। लंगड़ परिस्थितियों का मारा हुआ पात्र है। वह घूस नहीं देना चाहता। कालिका प्रसाद परम धूर्त भ्रष्टाचारी है। खन्ना, मालवीयजी, मंगलदास इत्यादि कॉलेज से जुड़े शिक्षित लोग हैं। सनीचर, मंगल बड़े लोगों के सर्वेंट हैं। उपन्यास के तमाम पात्र असामान्य हैं। कथानक भी सहज-सामान्य नहीं है। सरल कथा कहने की आभासी मुद्रा, निहितार्थ में ज्यादा घुमाव लाती है। उपन्यास उस पर भी व्यंग्य करता है; जो विशिष्ट नहीं; सामान्य है। विशिष्ट की तो पैरोड़ी बनती है। रंगनाथ, वैद्यजी, रूप्पन, बद्री ये सभी वास्तविक चरित्र हैं। इनके जीवन की असली घटनाओं के विद्रोह को उजागर करते श्रीलाल शुक्ल अपने समय और समाज की विसंगतियों पर चोट करते हैं। ठंडी लेकिन मारक व्यंग्य-भाषा में व्यंग्य के माध्यम से व्यंजित होने वाले कई सवाल है जो मुश्किल में डालते हैं।

'रागदरबारी' में त्रासदी के माध्यम से जिस कॉमिक रिलिफ को श्रीलाल शुक्ल रचते है उसके केन्द्र में जटिल समय का भयावह यथार्थ है। उपन्यास में वर्णित शिवपालगंज वैद्यजी, बद्री पहलवान, रामधीन, भीकम तेलगी, रूप्पन बाबू, छोटे पहलवान, खन्ना, सनीचर, गयादीन, लंगड़, रंगनाथ इत्यादि अपनी सीमित स्थानीयता को अतिक्रमित कर समुच्चे देश के समकालीन इतिहास को व्यक्त करने लगते हैं।

लगभग 50 साल पहले लिखा यह उपन्यास तकलीफदेह दारूण वास्तविकताओं की ऐसी प्रामाणिक प्रस्तुति है जिसे हम वर्तमान में भी देख सकते हैं। शिवपालगंज अपनी तमाम विडम्बना और विसंगतियों में आज भी विद्यमान है। हमारा समाज औपनिवेशिक अवशेषों और सामन्ती ध्वंसों की कब्र पर खड़ा हुआ है। शिवपालगंज इसलिए अनाथालय और पागलखाने का मिला-जुला रूप लगता है। वहाँ आखंड भ्रष्ट-कुटिल लोग शासन व्यवस्था के सूत्रधार हैं दूसरी तरफ गरीब पिछड़े और गुलाम मानसिकता वाले मामूली लोग जीवन की अपरंपार तकलीफों की मार से कीड़ों की तरह बिलबिला रहे हैं। ऐसे में लेखक आसानी से उपदेशक बन सकता है। लेकिन श्रीलाल शुक्ल सचेत बौद्धिक रवैया दिखाते हुए किसी से सहानुभूति नहीं दिखाते या मूल्यों के पतन का विलाप नहीं करते बल्कि विकारों के मूल कारणों की पड़ताल करते हुए बेहतर दुनिया के लिए जरूरी बदलाव हो रेखांकित करते हैं। छंगामल इन्टर कॉलेज के भ्रष्टों की नौकरी हो या ग्राम पंचायत के प्रहसन श्रीलाल शुक्ल सच के अन्दर का सच ढूँढ़ते हैं और व्यवस्था के छल-कपट, निक्कमेपन, कदाचार, दमन और शोषण को मामूली लगती घटनाओं रिश्वतखोरी, नशेबाजी, चोरी इत्यादि के माध्यम से बेनकाब कर देते हैं। 'रागदरबारी' बताता है कि हमारा समाज नियतिवादी कमजोरों का कथित गणतन्त्र है जिसमें ताकतवर लोग लगातार ताकतवर होते जाते हैं। उपन्यास का कथानक इन्हीं विसंगतियों को लेकर बुना गया है। कुछ नहीं कर पाने की लाचारी और चारों तरफ व्याप्त मनहूसियत के कारण उपन्यास में गहरा विषाद व्याप्त है। इसमें प्रजातन्त्र के कपड़े फट गए हैं। लोकतांत्रिक संस्थाएँ नष्ट हो गई है। सत्ता में बेईमान, अवसरवादी, निक्कमें लोग बैठे हुए हैं। चालाक व्यक्ति सफल हो रहे हैं। मामूली आदमी के लिए उम्मीद की सूरत नजर नहीं आती, चारों तरफ विचारहीनता है। जनता की आकांक्षाएँ कुंठित हो गई हैं। भ्रष्ट अयोग्य लोग सत्ता द्वारा पुरस्कृत किए जा रहे है और देखते ही देखते शक्ति के केंद्र बन जाते है। तमाम मूल्यों और व्यवसायों का केन्द्र रही शिक्षण व्यवस्था विशेष पर समझौता परस्त प्रतिक्रियावादी काफी समझौते है- 'वर्तमान शिक्षा पद्धति रास्ते में पड़ी हुई कुतिया है। जिसे कोई भी लात मार सकता है।'- इस सोच की इंतहा यह है कि रामधीन भीखम खेड़की जैसे निहायत अशिक्षित, जाहिल लोग, आदर और श्रद्धा के पात्र हैं'- 'वहाँ वे अपने क्षेत्र के आदमियों में काफी मशहूर थे। लोग उनकी अशिक्षा की तारीफ करते थे और उनका नाम लेकर समझाने की कोशिश करते थे कि अकबर आदि अशिक्षित बादशाहों ने किस तरह बखूबी से हुकूमत चलाई है।' शिक्षा संस्थाएँ वैचारिक आन्दोलनों का केन्द्र होती है। बड़े सामाजिक, राजनीतिक, सांस्कृतिक बदलाव के बीच वहीं बोये जाते हैं। लेकिन 'रागदरबारी' बताता है कि ये संस्थाएँ इतनी विकृत हो चुकी है कि उनकी अहमियत छोटे राजनीतिक शक्ति केन्द्रों से अधिक नहीं बची है- 'उनका मुख्य कार्य कुछ मास्टरों तथा सरकारी अनुदानों का

शोषण करना था। ये कॉलेज सिर्फ जमाने के फैशन के हिसाब से बिना आगा-पीछा सोचे हुए चलाए जा रहे थे और यह निश्चय था कि वहाँ पढ़ने वाले छात्र अपनी प्रजा वाली हैसियत छोड़कर कभी ऊपर जाने की कोशिश नहीं करेंगे और ऊँची नौकरियों तथा व्यवसाय जिनके हाथ में हैं; उनके एकाधिकार का इन कॉलेजों की ओर से कोई खतरा नहीं होगा।' इंटर कॉलेज के प्रिंसीपल यह ठीक ही कहते हैं- 'और सच पूछो तो मुझे चूनिवर्सिटी में लेक्चर न होने का भी कोई गम नहीं है वहाँ तो और भी नरक है। पूरा कुंभीपाक नरक; दिनरात चापलूसी।' 'रागदरबारी' में व्यक्त यह डरावनी सूचनाएँ शिक्षा तंत्र के बदले हुए प्रतिगामी चरित्र को सूचित करती है।

श्रीलाल शुक्ल ने यथार्थ को रचा नहीं है। उसका दार्शनिक भाष्य भी नहीं किया, बस उसकी यथावत प्रस्तुति की है। इस सिलसिले में वे तीखे यथार्थ को उभारते हैं। कल्पनाशील रोमान के चिथड़े-चिथड़े कर देते हैं। भावुक हुए बिना अपने आलोचनात्मक विवेक से वे तीखे यथार्थ को भरसक व्यंग्यात्मक बनाते हैं। डॉ. कुसुम बाँठिया मानती हैं कि, 'यह उपन्यास गति का न होकर एक स्थिति का चरित्र है। इसमें जो घटनाएँ घटती भी है वे किसी नई स्थिति की ओर नहीं ले जाती वरन विभिन्न रूपों में यथास्थिति की ही व्यंजना करती हैं। इसमें न घटनाएँ गतिशील है, न व्यक्ति चरित्र। पात्रों के सन्दर्भ में उपन्यास का उद्देश्य कहीं भी व्यक्ति-चरित्र का विकास दिखलाना नहीं है। यहाँ पात्र देश में फैले विभिन्न चरित्रों के प्रतिनिधि हैं और व्यंग्य-चित्र के स्थिर टाइप के रूप में उभर हैं।' असल में 'स्थितियों, प्रसंगों और चरित्रों के अंकन में यह पूरा उपन्यास एक वृहत कार्टून शैली अपनाता है। हाँ, लेखक पूरे उपन्यास के स्तर पर इसका सही निर्वाह नहीं कर पाता है। वह कार्टूनकार की तटस्थ मुद्रा आद्यंत नहीं बना सका है और कहीं-कहीं वह गंभीर प्रतिक्रियाएँ देने के लोभ से नहीं बच पाया है- कहीं पात्रों के माध्यम से, कहीं स्वयं अपने कथन के रूप में। ऐसा उपन्यास में कई स्थलों पर हुआ है और इससे उपन्यास की आधारभूत शैली और वर्णन की एकसूत्रता को तो झटका लगा ही है, कथन के अपेक्षित कलात्मक प्रभाव की भी हानि हुई है।......जहाँ तक मूल कथा का प्रश्न है, उसकी प्रस्तुति में उपन्यास समर्थ रहा है और हिन्दी उपन्यास विधा को इसने एक नई-शैली-व्यंग्य-चित्र शैली दी है।' इस सिलसिले में वे पूर्वप्रचलित साहित्यिक कोमलकान्त अवधारणाओं को भी ध्वंस करते हैं। इस काम में उनकी मदद अद्‌भूत कथा-भाषा करती है जो सतही हास्य को भी व्यंग्य की ऊँचाईयाँ देती है और उससे भी आगे बढ़कर व्यंग्य को समकालीन विसंगत जीवन के विद्रूपित यथार्थ की पैरोड़ी बना देती है। कहना ना होगा के कॉमेडी अपने चरम रूप में करूणा में तब्दील हो जाता है और यथास्थितिवाद के खिलाफ स्थितियों की यथावत प्रस्तुति करते हुए पैरोडी को जन्म देती है। इस संदर्भ में श्रीलाल शुक्ल जिस व्यंग्य भाषा को रचते हैं उसके कई रूप हैं। कहीं वे वाचक के रूप में उपस्थिति होकर हँसी-दिल्लगी की लापरवाह शैली में टिप्पणी करते

हैं और दूसरे उपन्यास के कथा-केंद्र शिवपालगंज के निवासियों की वह भाषा जिसमें वे परस्पर सम्बम्ध करते है तथा अपने चरित्र और मानसिकता को उजागर कर देते हैं।

श्रीलाल शुक्ल ने 'रागदरबारी' में परिवेश को ऐसे चित्रि किया है कि वह वर्णनात्मक शैली में भी साकार हो जाता है। उन्होंने स्थितियों और मनोस्थितियों दोनों को चित्रात्मक बना दिया है। विद्यालय, थाना, बस अड्डा, अदालत जैसी जगह हो या ट्रक जैसी निर्जीव वस्तु को श्रीलाल शुक्ल उसे सजीव कर देते हैं- 'दो बड़े और छोटे कमरों का डाक बंगला.....उसके तीन ओर कच्ची दीवारों पर छप्पर डालकर कुछ अस्तबल बनाए गए थे।....पक्की ईंटों की दीवार पर टीन डालकर एक दुकान-सी खोली गई थी।....एक कमरे की गुमटी थी।....पिछवाड़े तीन-चार एकड़ का बंजर-ऊसर था जिसमें चरी बोई गई थी। चरी कहीं-कहीं सचमुच उग आई थी।' यहाँ परिस्थितिजन्य व्यंग्य विसंगत सच्चाईयों को उजागर कर देता हैं। उनके वर्णन में भी हास्य झलकता है क्योंकि उनका मुख्य कारक विसंगत यथार्थ है। कॉलेज का दृश्य कई सच्चाईयों को उजागर कर देता है। श्रीलाल शुक्ल पात्रों की बाहरी वेशभूषा, शक्ल-सूरत का चित्रांकन करते हुए भी सूक्ष्म हास्य उभारते हैं। उसी तरह वे उनके कार्य-व्यापार के आधार पर उनकी मनस्थिति उजागर कर देते हैं। रंगनाथ की आकृति पर टिप्पणी करते हुए श्रीलाल शुक्ल लिखते हैं- 'अहा! क्या हुलिया था? नवकंजलोचन कंजमुख करकज पद कंजारूणम! पैर खद्दर के पैजामे में , सिर, खद्दर की टोपी में, बदन खद्दर के कुर्ते में, कन्धे से लटकता हुआ भूदानी झोला। हाथ में चमड़े की अटैची।' इसी तरह रूप्पन के चाल-चलन से ही श्रीलाल शुक्ल ये सूचना देते है कि ये व्यक्ति छात्र नेता है- 'जननायकों के लिए उल-जलूल और नए ढंग की पोशाक अनिवार्य समझकर वे सफेद धोती और रंगीन बुशर्ट पहनते थे, और गले में रेशम का रूमाल लपेटते थे। धोती का कोंछ उनके कन्धे पर पड़ा रहता था।...... ताजा खाया हुआ पान, बालों में पड़ा हुआ कई लीटर तेल।' यहाँ पर हम देखते हैं कि भाषा मामूली लगते हुए विवरणों को भी विशिष्ट बना देती है।

'रागदरबारी' को श्रीलाल शुक्ल ने लिखा जरूर खड़ी बोली में है लेकिन इसे परिकल्पित या सोचा अवधी में है। श्रीलाल शुक्ल ने परिस्थितियों, व्यक्तियों और वस्तुओं के निहितार्थ को ऐसी शब्दावली में व्यक्त किया है जो हिन्दी व्यंग्य की उपलब्धि है- 'कुछ बेशर्म लड़के भी हैं जो कभी-कभी परीक्षा पास कर लेते हैं। 'रागदरबारी' की भाषिक संरचना लक्षणिक है लेकिन श्रीलाल शुक्ल उसे व्यंजित करते हैं जबकि सतह पर वह ऐसी सरल भाषा लगती है जिसमें उलझाव नहीं है। यानी सीधे-सरल वाक्यों में वे जीवन की जटिलताओं को वे उजागर कर देते हैं- 'एक अफसरनुमा चपरासी, और चपरासीनुमा अफसर उतरा। उन्होंने ऐसे व्यंग्य-रूपक भी बाँधे हैं जिनके अर्थ दूर तक जाते है- 'नैतिकता.....चौकी है एक कोने में पड़ी है। सभा सोसायटी के तकते पर उलटाकर एक चादर बिछा दी जाती है। इस पर चढ़ाकर

लेक्चर को फटकार दिया जाता है।' कहीं पर श्रीलाल शुक्ल गाड़ी के गेयर को देश की हुकूमत की उपमा देते हुए ऐसे विपर्यय उपस्थित करते है कि अर्थ बहुआयामी हो जाता है।

'रागदरबारी' की भाषा में एक टेड़ापन है ठीक वैसे ही जैसे इस उपन्यास के पात्रों के चरित्र में बाँकपन है। भाषिक वक्रता की बात करते हुए श्रीलाल शुक्ल अनुभूति को व्यंग्यार्थ में बदल देते हैं- 'गुटबंधी परात्मानुभूति की चरम दशा का एक नाम है। उसमें प्रत्येक 'तू', 'मैं' को और प्रत्येक 'मैं', 'तू' को अपने से ज्यादा अच्छी स्थिति में देखता है। यह उस स्थिति को पकड़ना चाहता है। 'मैं', 'तू' और 'तू', 'मैं' को मिटाकर 'मैं' की जगह 'तू' और 'तू' की जगह 'मैं' बन जाना चाहता है।' इस व्यंग्य-भाषा पर दार्शनिक और नीरस होने के आरोप भी लगाए जाते हैं लेकिन यह भाषा प्रसंगों और पात्रों के अनुकूल बदलती है। प्रसंग गर्भीत भाषा का इस्तेमाल करते हुए भाषा सरल वाक्यों में बदल जाती है। छोटे-छोटे वाक्य इसमें गति का संचार करते है- 'कल रात को बादल दिखाई दिए थे। वे अब तक छंट चुके थे। हवा तेज और ठंडी थी। पिछले दिनों गरज के साथ छींटे पड़े थे और इस घपले के खत्म हो जाने पर पूस का जाड़ा अब बाकायदा शुरू हो गया था।' सवाल उठता है कि वह भाषा लेखक ने कहाँ से अर्जित की है? इस मामले में श्रीलाल शुक्ल भाषिक उदारता प्रदर्शित करते हैं। हिन्दी की बोलियों के शब्द हो या अंग्रेजी या उर्दू की शब्दावली या फिर संस्कृत की उक्तियाँ। श्रीलाल शुक्ल भाषा को ऐसे इस्तेमाल करते हैं कि एक भी शब्द भर्ती का नहीं लगता। उनके पर्याय ढूँढ़ना मुश्किल हो जाता है क्योंकि प्रत्येक शब्द अर्थवान और अनिवार्य बन जाता है। पात्रों के चरित्र को उजागर करने वाली भाषिक-प्रणाली, मुहावरे-लोकोक्तियों के साथ श्रीलाल शुक्ल गालियों का भी इस्तेमाल करते हैं। इस धरातल पर भी श्रीलाल शुक्ल विशिष्ट नजर आते हैं।

मन्नू भंडारी : आपका बंटी (1971)

सामान्य वस्तु और असाधारण कथा

अपने स्वतंत्र अस्तित्त्व और अलग पहचान बनाने के लिए संरक्षणशील सामंती भारतीय समाज में स्त्री को कड़ा संघर्ष करना पड़ता है। इस सिलसिले में वह अक्सर अकेली पड़ जाती है। यह भी आधुनिक विसंगति है। मन्नू भंडारी ने सम्बन्धों के टूटने से जो पारिवारिक तनाव, हताशा और अकेलापन एक औरत को झेलना पड़ता है उसकी प्रामाणिक प्रस्तुति अपने चर्चित उपन्यास 'आपका बंटी' में की है।

मन्नू भंडारी एक सशक्त कथाकार हैं। उन्होंने स्त्रीवादी नारेबाजी के बिना औरत की मुश्किलों भरी जिन्दगी अपने कथा साहित्य में व्यक्त की है। आमतौर पर अतिआधुनिकतावादी स्त्री कथाकारों ने अपने लेखन को सनसनीखेज बनाने के लिए जो अतिरिक्त प्रयत्न किए हैं उनसे मन्नू भंडारी बची रही हैं। इसलिए उनके यहाँ स्त्री-पुरुष के विवाहेतर सम्बन्धों के चमकदार वर्णन नहीं हैं। उन्होंने इन सम्बन्धों से स्त्री के और संतान के जीवन पर क्या फर्क पड़ता है। इसका विश्वसनीय वर्णन अपने कथा साहित्य में किया है।

प्रेम प्राचीन विषय है। वैसे ही स्त्री-पुरुष का सम्बन्ध भी शाश्वत सच्चाई है लेकिन समय बदलने के साथ इन सम्बन्धों में बदलाव आया है। समाज-वैज्ञानिकों के अनुसार इन सम्बन्धों में मुश्किलें तब आनी शुरु हुई जब औरत अपना वैधानिक हक और वास्तविक भूमिका परिवार और समाज में माँगने लगी। पुरुष बुनियादी तौर पर बहुलतावादी होता है जबकि स्त्री वाजिव हकों के लिए संघर्ष करती है। जो कि आमतौर पर उसे सामंती रवैये से ग्रस्त भारतीय समाजों में नहीं मिलते। इस बीच सशक्त औरतों का ऐसा वर्ग भी तैयार हुआ जो पुरुषवादी भोगतंत्र का विरोध करता था और उसकी प्रतिक्रिया में विवाह संस्था को बेकार मानता था, साथ ही वह किसी एक पुरुष के साथ जिन्दगी भर बंधने में स्त्री की गुलामी देखता था। स्वाभाविक है ऐसे सामाजिक बदलावों और औरत के स्वभाव और उसकी सामाजिक आदतों में घटित परिवर्तनों के कारण उथल-पुथल मचती। हिन्दी में इसे सबसे पहले जैनेन्द्र

ने रेखांकित किया। उनके उपन्यासों के स्त्री पात्र आने वाले समय को समझ रहे थे। मन्नू भंडारी ने भी औरत की दुनिया में आते इन जटिल बदलावों को बखूबी समझा इसीलिए इस विषय के महत्त्वपूर्ण कथाकारों जैनेन्द्र, अज्ञेय, उषा प्रियंवदा और धर्मवीर भारती जैसे रचनाकारों के साथ उनका नाम लिया जाता है।

'आपका बंटी' उपन्यास तलाकशुदा स्त्री के जीवन की मर्मकथा है। सम्बन्धविच्छेद, घुटन-भरे सम्बन्धों से छुटकारे का परिणाम होते हैं लेकिन ऐसे स्त्री-पुरुष के बीच में छोटे बच्चों की उपस्थिति उलझे हुए यथार्थ को निर्मित करती है। इसका सबसे बुरा असर औरत पर ही पड़ता है। आधुनिकता ने सम्बन्धों के विघटन को तेज कर दिया और कई बार स्त्री और पुरुष अपने सम्बन्धों से बाहर जाकर नये सम्बन्ध बनाने लगे। यह ऐसी हकीकत थी जिसका सामना आधुनिक समाज को करना ही पड़ा लेकिन नयी दुनिया बनने के बाद या अपनी-अपनी नयी दुनिया बनाने के बाद बच्चों का विकास कैसे होगा यह सवाल बेहद तीखा और उलझा हुआ रहा। इस उपन्यास में केन्द्रीय पीड़ा बंटी की है। उसकी पीड़ा की आँच स्त्री तक भी पहुँचती है लेकिन यह जो तनाव मनुष्य को झेलने पड़ते है। वह बेहद मारक होते हैं। इस उपन्यास में मन्नू भंडारी ने स्त्री और बच्चे की गहरी मनोवैज्ञानिक पकड़ उजागर की है। वे दोनों जिस मनोव्यथा को झेल रहे है। उसे अद्‌भुत भाषा शैली के साथ उन्होंने व्यक्त किया है। उपन्यास से गुजरते हुए गहरा तनाव बार-बार घेरता है। उपन्यास में बंटी, शकुन और वाचक इन पात्रों के माध्यम से मन्नू भंडारी बंटी के मनोविज्ञान और उसके बदलते जीवन को साकार कर देती हैं। उनकी भाषा में सजीव दृश्य और अर्थ सम्पन्न प्रतीक हैं। भाषा में अर्थ व्यंजित होते हैं। गद्य भाषा में काव्यात्मक लयात्मकता का उदाहरण भी यह उपन्यास बनता है।

मन्नू भंडारी का कथा-लेखन पठनीयता तथा सहजता के कारण आकर्षित करता है। वे अपने आसपास के परिवेश से पात्र, घटनाएँ, कहानियाँ चुनकर दैनिक जीवन में इस्तेमाल होने वाली आम भाषा में लिखती हैं। इस मायने में मन्नू भंडारी भाव और भाषा के धरातल पर साधारण को असाधारण बना लेती हैं। जानी पहचानी कथावस्तु और सहज भाषा में उभरते जीवन प्रसंग जैसी विशेषताएँ उनके पहले उपन्यास 'आपका बंटी' में भी देखी जा सकती है। इसमें प्रयोगशीलता है लेकिन इसमें प्रयोगवादी अतिरेक नहीं हैं। मन्नू भंडारी स्वाधीन स्त्री के जीवन को प्रस्तावित करते हुए भी कथित नारी मुक्ति के अर्थहीन नारेबाजी से बचती है और आसानी से आधुनिक समय में संघर्ष कर रही आज की औरत के अस्तित्त्व और अस्मिता को व्यक्त कर देती है।

'आपका बंटी' समकालीन अनुभवों से युक्त उपन्यास है। स्त्री आर्थिक मोर्चे पर आजाद हुई। उसने अपनी इच्छाएँ व्यक्त करना सीख लिया। दूसरी तरफ परिवार में इस आजादी को लेकर कई मुश्किलें खड़ी हो गयी। इस सिलसिले में उसे

पुरुषवादी अहम् से टकराना पड़ा। आर्थिक धरातल पर उसने मकान बनाने में योगदान तो दिया लेकिन घर बनाने की बजाय बिखरता गया। इससे स्त्री-पुरुष सम्बन्ध सवालों के कठघरे में खड़े हो गये। इस संवेदना को कई उपन्यासों में उठाया गया लेकिन 'आपका बंटी' इसे अपने मौलिक या एक नये कोण से प्रस्तुत करता है। इसमें मन्नू भंडारी इस त्रासद सत्य को रेखांकित करने की कोशिश करती हैं कि टकरावों के बाद स्त्री और पुरुष तो अलग-अलग हो गये लेकिन दोनों में से किसी ने भी यह नहीं सोचा कि उनके बच्चे का क्या होगा?– इस बहुत बड़े सवाल को अक्सर अनदेखा किया जाता रहा। मन्नू भंडारी टूटते हुए परिवार में अकेले होते और टूटते बच्चे का मनोविज्ञान प्रस्तुत करती हैं।

उपन्यास का केन्द्रीय पात्र बंटी शकुन और अजय का बेटा है। माँ-बाप अपनी दुनिया को तोड़ते हैं और अलग होकर अपने-अपने नए संसार बना लेते हैं। बंटी एक बार नहीं दो-दो बार अकेला होता है, आहत होता है और टूट जाता है। यह एक बेहद कारुणिक यथार्थ है। बच्चे की भावनात्मक पीड़ा को उसके अभिभावक ही अनदेखा कर देते हैं। मन्नू भंडारी ने भावुक हुए बिना इतना भावुकतापूर्ण वृतान्त रचा है कि उनकी कथात्मक कला की गहराई का पता लगता है। उन्होंने मामूली लगती घटनाओं के सहारे बंटी की यातना को उपस्थित किया है। लेखिका का उद्देश्य माता-पिता के होते हुए भी अनाथ होते बच्चे के प्रति सतही सहानुभूति जगाना नहीं है। उनका लक्ष्य एक बड़ी पारिवारिक और सामाजिक दुर्घटना की पड़ताल करना है। उन्होंने इस परेशानी में डालने वाले सामाजिक यथार्थ को इस तरीके से प्रस्तुत किया है कि बंटी की समस्या निजी नहीं रहती बल्कि उसका दुख सामाजिक विचार बन जाता है। ऐसे बच्चे के सपनों का टूटना, मानसिक यातनाएँ झेलकर निराश होना और अपने दुख में नितांत अकेला होना। इन्हें लेखिका ने किताबी विषय नहीं बनाया है बल्कि उन्होंने सामाजिक प्रयोगशाला में इसे एक जीवित विषय की तरह व्यावहारिक तौर पर जाँचा है। इसलिए यह उपन्यास अपनी बुनावट में जटिल है क्योंकि इसमें एक कठिन विषय को उठाया गया है। इसे पढ़ते हुए पता चलता है कि भारतीय परिवार बदल रहे हैं। उनके पारम्परित मूल्य टूट रहे हैं। वहाँ एक बच्चा मानसिक तौर पर सुरक्षित नहीं है। परिवार में ही उसे पीड़ित करने वाले तत्त्व सक्रिय हैं जबकि परिवार को उसे एक सही माहौल में पालना-पोसना था और वही उस पर इतने दबाव बना रहा है कि कम उम्र में ही तनावग्रस्त होकर बंटी जैसे बच्चे कई प्रकार की कुंठाओं के शिकार हो गये हैं।

मन्नू भंडारी ने इस उपन्यास को एक बच्चे की आँख से देखा और परिपक्व दिमाग से सोचा है। उपन्यास की शुरुआत में बंटी अपने परिवार को ही अपना संसार मानता है। जिसमें उसकी ममी और उसका ध्यान रखने वाली दैय्या फूफी हैं। पिता दूर रहते हैं लेकिन जब घर आते हैं तो अलग ठहरने के बावजूद उसकी खुशियों के

बारे में सोचते हैं और उसकी इच्छाओं को महत्त्व देते हुए पूरा करने की भरपूर कोशिश करते है। उसकी माँ साधारण औरत नहीं है। वह शिक्षित है। आर्थिक धरातल पर काफी मजबूत है। लेखिका ने यह दिखाने की कोशिश की है कि आर्थिक आधार मजबूत होने या शिक्षित हो जाने से ही स्त्री की हैसियत सोच और दुनिया नहीं बदल जाती। बंटी की मॉ कॉलेज में प्राधानाचार्य हैं लेकिन बंटी के मन में यह ग्रंथि मजबूत होती जाती है कि पापा अलग क्यों रहते है? खासकर उसके मन में निराशा घिर आती है जब टीटू और उसकी अम्मा बंटी के पापा को लेकर उलझी हुई बातें कहते हैं। अबोध बंटी यह नहीं समझ पाता है कि इन बातों के पीछे ममी-पापा के उलझे हुए रिश्ते हैं जो उसके बालमन को उलझाते हैं– 'ममी-पापा की लड़ाई क्यों हुई... ऐसी लड़ाई कि जिसमें कभी दोस्ती ही ना हो।' उसे ऐसी अन्तहीन लड़ाई का कारण नहीं पता चल पाता। बच्चे लड़ते हैं तो फिर मिल जाते हैं। वह सोचता है कि यह कथित बड़े लोग एक बार लड़ाई होने पर फिर से दोस्त क्यों नहीं रह पाते। यहाँ पर लेखिका ने बाल भाषा में जो प्रश्न उठाये है उसे पूछने वाला एक बच्चा है लेकिन प्रश्न बचकाने नहीं हैं। वह गम्भीर और गहरे प्रश्न है। जो एक तरह से वह बच्चा पूरे समाज से करता है और लोगों को मुसीबत में डालता है। ऐसा नहीं है कि बंटी की मम्मी के मन में उसे लेकर ममत्व नहीं है लेकिन तमाम कोमलताओं के बावजूद उसका अपना कठोर यथार्थ है। पति-पत्नी की बजाय उसे केवल स्त्री-पुरुष के अहमग्रस्त सम्बन्ध मिले हैं। यहाँ पर पिता और माँ हैं ही नहीं। एक-दूसरे के सामने युद्ध की मुद्रा में खड़े स्त्री-पुरुष हैं जो एक-दूसरे को पूर्णता देने की बजाय परस्पर प्रतियोगी हैं। ऐसे में बच्चा उनके लिए दूसरे दर्जे का नागरिक है। स्त्री और पुरुष परिवार नहीं हैं। वे एक-दूसरे को हराना चाहते हैं। दोनों अपनी निजी स्वतंत्रता को प्राथमिकता देते हैं। एक माँ शकुन अपने बेटे को उसके पिता और अपने पति के खिलाफ एक हथियार की तरह इस्तेमाल करती है। बंटी ऐसे में कैसे उन दोनों के बीच दूर तक पसर गये अन्तराल के मध्य पुल बन सकता है!

'आपका बंटी' बुनियादी तौर पर बच्चों पर केन्द्रित उपन्यास है लेकिन मन्नू भंडारी ने इसमें बदलते हुए स्त्री-पुरुष सम्बन्धों के समीकरण भी विश्लेषित किए हैं। शकुन अजय से अलग होकर डॉ. जोशी से जुड़ती है तो इसके पीछे भी अजय और मीरा के सम्बन्धों का बनना है। मन्नू भंडारी ने इसे जीवन का व्यावहारिक यथार्थ के रूप में चित्रित किया है। आधुनिक समय में कुछ भी शाश्वत या सनातन नहीं है। सम्बन्ध बनते हैं। टूटते हैं। नये सम्बन्ध बनते हैं। यह सिलसिला चलता रहता है। इस उपन्यास में इस दृष्टिकोण को वकील चाचा के माध्यम से व्यक्त किया गया है। वह शकुन को सम्बन्धों से छूटने और फिर से जिन्दगी जीने की राह दिखाते हैं। मन्नू भंडारी ने यह दिखाने की कोशिश की है कि पारिवारिक सम्बन्ध टूटने से औरत की जिन्दगी समाप्त नहीं हो जाती। शकुन डॉ. जोशी से जुड़कर अपना नया वर्तमान

निर्मित करती है लेकिन बंटी इस बदलाव को स्वीकार नहीं कर पाता। तलाक के बाद अपने पापा अजय को लेकर उसके मन में गुस्सा बार-बार घिरता है और वह अपनी माँ के नजदीक जाता है लेकिन वह डॉ. जोशी को स्वीकार नहीं कर पाता। उसके व्यक्तित्त्व में क्षोभ और विद्वेष घिर आते हैं। यह सम्बन्ध बंटी में नकारात्मक बदलाव लाता है। उसे लगता है डॉ. जोशी ने शकुन के रूप में उसका सबसे प्यारा खिलौना 'उसकी ममी' को छीन लिया है। यानी वह फिर से एक गहरी रिक्तता से घिर जाता है। वह बार-बार अपना क्रोध व्यक्त करने के बहाने ढूँढ़ता है। मामूली बातों पर वह अपनी माँ से लड़ता है क्योंकि वह कहीं न कहीं उसे भी जिम्मेदार मानता है। कभी वह अभि से अपने खिलौने छीन लेता है और एक प्रकार से वह अपना अधिकार छीने जाने का विरोध करता है। खिलौने छीनना, अपने अधिकारों को फिर से पाने का प्रतीकार्थ देता है। बंटी अपने छोटे से जीवन काल में दो सम्बन्ध विच्छेदों का गवाह बनता है। स्पष्ट है कि यह एक दर्दनाक स्थिति है।

बंटी, शकुन और अजय को एक नहीं रख पाता तथा शकुन और डॉ. जोशी के साथ आने को स्वीकार नहीं कर पाता। ऐसी ही स्थिति देय्या फूफी की भी है। यह पात्र भी पुरानी परम्पराओं का प्रतीक है। मन्नू भंडारी उसे हरिद्वार भेज देती है यानी पुरानी परम्पराओं के लिए वर्तमान जीवनधारा में कोई जगह नहीं हैं लेकिन बंटी का विद्रोह बरकरार रहता है। वह बंटी जोशी नहीं बनता बल्कि बंटी बत्रा ही बना रहता है। यहाँ पर मन्नू भंडारी एक तरह से विद्रोह को जगाने वाले कारक दुख को रख रही हैं। कुछ न कर पाने का और उससे उपजे गुस्से को संभाल नहीं पाने के कारण बंटी विद्रोही हो गया है। वह अभि और ज्योत को अपने भाई-बहन नहीं मानता और अब घर भी उसके लिए पराया हो गया है। वह सब कुछ अस्वीकार करने लगता है। लेखिका ने परम्परा, आस्था, विश्वास, त्याग, समर्पण इन सब परम्परित मूल्यों को अपर्याप्त ठहराया है। उसके व्यक्तित्व में जैसी दरार है, वैसा अन्तराल अभि और ज्योत के व्यक्तित्व में नहीं है क्योंकि उन्होंने अपने माँ-बाप को झगड़ते हुए नहीं देखा और न उन्हें अलग होते हुए देखा है। माँ का न रहना एक अभाव जरूर है लेकिन उसकी पूर्ति शकुन कर देती है। जबकि बंटी के मन में सम्बन्धों के धरातल पर कटुता ही आती है। पहले जो लड़ाई शकुन और अजय के बीच में छिड़ती थी। वही अब बंटी और शकुन के बीच में होने लगती है। कभी अपने माँ के नजदीक रहने वाला बंटी अब बार-बार चाहता है कि ममी परेशान हो, दुखी हो। वह किसी को भी बर्दाश्त नहीं कर पाता है। एक समझ में न आने वाली जिद उसके व्यक्तित्त्व में पसरती जाती है। शकुन यहाँ भी उसका इस्तेमाल करना चाहती है। लेखिका ने स्त्री होने के नाते शकुन को छूट नहीं दी है। वे चाहती तो आसानी से केवल उसके नजरिए से इस समस्या को रख सकती थी लेकिन उन्होंने यथार्थ पर भरोसा किया और बताया कि सारा दोष केवल पुरुषों का नहीं होता क्योंकि परिस्थितियों के

अनुसार स्त्री समाज भी बदल गया है। शकुन के व्यक्तित्त्व में जो काली प्रवृतियाँ हैं उन्हें भी वह अनदेखा नहीं करती। इसलिए शकुन बार-बार सोचती है- 'बंटी को दरार ही बनना है तो मीरा और अजय के बीच में बने।' उसके मन में यहाँ भी ममत्व से ज्यादा दर्प है और यही अहम् उसके अलगाव का कारण भी बनता है।

मन्नू भंडारी ने उपन्यास में नाटकीय परिस्थितियाँ निर्मित नहीं की बल्कि जीवन के नाटक से उन्हें ज्यों का त्यों उठा लिया क्योंकि एक समर्थ रचनाकार होने के नाते वे बखूबी जानती हैं कि जीवन से बड़ा यथार्थ और नाटक कहीं भी नहीं है। एक घटना के तहत जब अजय बंटी को लेने आता है तो बंटी और शकुन दोनों के मन में फिर से साथ रहने की बात उठती है और वह दोनों ही अन्दर से अलग रहना चाहते हैं। यही स्थिति शकुन और अजय भी झेलते हैं। यह आधुनिक मनुष्य का अनचाहा साहचर्य है। उसे मनचाहा कभी नहीं मिलता क्योंकि पाने के लिए भी वह शर्ते लगाता है। अपनी गलती होने के बावजूद झुकना नहीं चाहता जबकि सम्बन्ध कभी शर्तो पर नहीं चलते। सम्बन्धों को बनाए रखने के लिए सबसे पहले अहम् को छोड़ना होता है लेकिन ऐसा हो नहीं पाता। बंटी के व्यक्तित्व में भी अपने अभिभावकों के लक्षण दिखाई देने लगते हैं। वह पापा के घर जाकर भी वहाँ जुड़ नहीं पाता। यह उसका तीसरा अलगाव है। वह मीरा को माँ और चीनू को भाई नहीं मान पाता। वह फिर से शगुन के पास वापिस जाना चाहता है। वह अपने आप से डरने लगता है। हर समय सक्रिय रहने वाला बंटी बिल्कुल मौन और सबसे कट जाता है। यहाँ तक कि पढ़ने में होशियार होने के बावजूद वह एडमिशन टेस्ट में फेल हो जाता है यानी जीवन में लगातार असफलताएँ उसका पीछा करती हैं। अजय भी उसके लिए अजनबी बन जाता है। घर से दूर बोर्डिंग स्कूल उसका शरण-स्थल बनता है।

एक प्रश्न यह खड़ा होता है कि बंटी की इस स्थिति के लिए जिम्मेदार कौन है– वह खुद, शकुन, अजय या परिस्थितियाँ। परम्परागत भारतीय समाज इस घटनाक्रम के लिए केवल और केवल शकुन को ही जिम्मेदार ठहराएगा क्योंकि उसकी मानसिक बनावट इस सोच से बनी है कि परिवार को बचाने के लिए सारी कुर्बानियाँ और सर्वस्व समर्पण औरत को ही करने पड़ते हैं। चाहे इस सिलसिले में उसकी निजी पहचान धूमिल हो जाए या उसका अस्तित्त्व ही नष्ट हो जाए। फिर भी सारी उँगलियाँ उसकी तरफ ही उठती है। शकुन को अपराधी ठहराना बड़ा आसान है क्योंकि उसाने अपनी सुख-सुविधाओं को प्राथमिकता दी है और बच्चे की उपेक्षा की है। मन्नू भंडारी यहाँ भी आधुनिक तर्क दृष्टि से काम लेती है। वह शकुन को कटघरे में खड़ा नहीं करती। यहाँ तक की मन्नू भंडारी एक सायास प्रसंग नियोजित करती हैं। वह है दैया फूफी को हरिद्वार भेजना! जैसा कि पहले कहा यह एक प्रकार से पुरानी सोच और परम्परा का हरिद्वार–गमन है यानी उसकी अन्तिम परिणति गंगा में विसर्जित होना है। फिर भी उस परम्परा यानी फूफी के तीखे सवाल उत्तररहित

रह जाते है 'बाप के रहते वह बिना बाप का हो रहा, अब माँ के रहते बिना माँ का न हो जाए।' इस सवाल का जवाब कोई नहीं देता। लेखिका ने इसका उत्तर पाठकों पर छोड़ दिया है। कुछ आलोचकों को लगता है कि औरत होने के नाते मन्नू भंडारी ने शकुन के प्रति सहानुभूति का रुख अपनाया है। वह शकुन की मनोदशा, उसकी शिकायतों, बहस और सफाई को महत्व देती है। शकुन जब यह पूछती है कि क्या वह केवल दूसरों की इच्छाओं को पूरा करने के लिए ही बनी है– 'ऐसा अनुचित असम्भव भी तो उसने कुछ नहीं कहा, एक सहज सीधी जिन्दगी, जिसमें रहकर कम से कम वह महसूस कर सके कि वह जिन्दा है।' दरअसल जीवनगत स्थितियों ने ऐसा किया या इसके लिए उसका स्त्री होना जिम्मेदार है? कई बार लगता है कि मन्नू भंडारी इस सारे घटनाक्रम के लिए परिस्थितियों को जिम्मेदार ठहरा रही हैं तो क्या उसका नजरिया नियतिवादी है या जानबूझकर वे कई अप्रिय सवालों से बचना चाहती हैं!

मन्नू भंडारी ने खुद को लगभग तटस्थ रचनाकार के रूप में रखा है। हालांकि कई बार वे शकुन के पक्ष में एक वकील की तरह जिरह करती दिखाई देती हैं लेकिन अच्छी बात यह है कि उन्होंने जज की मुद्रा नहीं अपनायी है। वे न तो किसी से अतिरिक्त लगाव दिखाती है और न किसी को नफरत की निगाह से देखती हैं और कोई भी पात्र उनके गुस्से का शिकार नहीं होता। जिसकी पूरी आशंका थी। वह अजय, बंटी इत्यादि को लेकर तटस्थ दृष्टिकोण रखती हैं। उसकी स्थिति को लेकर दुखी भी होती हैं लेकिन यह सवाल बिना जवाब के रह जाता है कि परिवार क्यों बिखरा, माँ-बाप के होते हुए बच्चा अनाथ क्यों हुआ? मन्नू भंडारी जो संकेत देती हैं वह हमें इस नतीजे तक ले जाते हैं कि इसका कारण कहीं न कहीं केवल अपने बारे में सोचना है। अपनी जिम्मेदारियों से पीछा छुड़ाकर अपनी सुविधाओं को प्राथमिकता देना है। इससे मशीनी बनते जा रहे मनुष्य का झूठा अहम कह सकते हैं क्योंकि वह सामाजिक होने की बजाय व्यक्तिवादी हो जाता है। इस उपन्यास का कथ्य इतना सशक्त है कि वह अपना मजबूत शिल्प स्वयं निर्मित कर देता है। इसमें लगभग सभी प्रमुख घटनाएँ बंटी के आसपास घटित होती हैं और दूसरे पात्रों की चारित्रिक रेखाएँ उसी के समानान्तर विकसित होती हैं। लेखिका ने पात्रों का चरित्र चित्रण काफी हद तक उनके आपसी संवादों और घटनाओं के परिप्रेक्ष्य में किया है। घटनाओं के बुनने के सिलसिले में कई जगह पात्रों से अधिक परिस्थितियाँ महत्त्वपूर्ण हो गयी हैं। ऐसे में आसानी से उपन्यास स्वच्छन्दतावादी किस्म का रोमानी आख्यान बन सकता था। मन्नू भंडारी यथार्थवादी रही हैं। इसलिए यह दुर्घटना नहीं हुई। लेखिका ने प्रखर यथार्थबोध प्रदर्शित करते हुए कथानक बिन्दुओं पर अपनी पकड़ बनाए रखी है।

उपन्यास के स्थापत्य में एक बड़ी भूमिका इसकी सहज-सरल प्रतीकात्मकता भी है। प्रतीकार्थ कथ्य को जटिल नहीं बनाते बल्कि अर्थ के धरातल पर उसे आसान

और बहुआयामी बना देते हैं। मन्नू भंडारी प्रतीकों को भी एक बच्चे के मनोविज्ञान को ध्यान में रखकर नियोजित करती है। यहाँ भी उनका कथा-कौशल झलकता हैं। जैसी फूफी की उस कहानी में बंटी अपनी माँ को देखने लगता है जहाँ एक सोनल रानी है जो दिन में बच्चों को प्यार करती है और रात को खा जाती है। यहाँ पर मन्नू भंडारी परीकथाओं से अपने पात्रों के आन्तरिक व्यक्तित्त्व को अनेक अर्थ देती हैं। मुख्य बात यह है कि शकुन के व्यक्तित्त्व में रात और दिन की फाँक है। यह दरार उसके व्यक्तित्त्व को दो परस्पर विरोधी हिस्सों में बाट देती है। बंटी को उसका प्रेम छलावा लगने लगता है। एक दूसरे प्रसंग में लेखिका एक जगह से उखाड़कर दूसरी जगह लगाये गये पौधों में प्रतीकार्थ देती है। ऐसे पौधों के पत्ते सूख जाते हैं। यह पौधा बंटी है और जड़ शकुन है। उपन्यास का सबसे मार्मिक प्रतीकार्थ वहाँ उभरता है जहाँ बंटी अपने पुराने रूप को मृत पाता है। वहाँ पृष्ठभूमि में 'बोलो हरि हरि बोल' की गूंज लगातार कई दिनों तक उसका पीछा करती है। यह किसी मृत्यु की सूचना है और यह मृत्युबोध एक बच्चे की चेतना को गहरे जकड़ लेता है। लेखिका ने पात्रों का बार-बार अतीत में या स्मृतिलोक में भेजकर उनके मनोविकारों, इच्छाओं और सपनों के अर्थ खोलने की कोशिश की है। यह सब उन्होंने एक स्त्री भाषा में सम्भव किया है जिसमें कोई बाहरी सजावट नहीं हैं। एक ऐसा शिल्प अर्जित किया है जो नैसर्गिक है। कथालोचक मधुरेश के अनुसार इसमें पात्रों के चरित्र ही सजहता में उद्‌घाटित नहीं होते बल्कि घटनाक्रम भी विकसित होता है। उपन्यास इस अन्तिम गूंज पर समाप्त होता है– सामने वाले को पराजित करने के लिए जैसा सायास और सन्नद जीवन उसे जीना पड़ा उसे उसने खुद ही पराजित कर दिया, सामने वाले व्यक्ति तो पता नहीं कब परिप्रेक्ष्य से हट भी गया और वह आजतक उसकी मुद्रा में उसी स्थिति में खड़ी हैं—साँस रोक, दम साधे, घटी-घुटी और कृत्रिम।' उपन्यास की शिल्पगत विशेषता यह है कि यह सब प्रदर्शित करने के लिए मन्नू भंडारी को सायास-प्रयास नहीं करना पड़ा। इसलिए उसमें कुछ भी कृत्रिम नहीं है। एक देखी हुई दुनिया की कटु सच्चाईयाँ हैं जो यह साबित करती हैं कि औरत की सोच बदल रही है। उसी के हिसाब से दुनिया को बदलना पड़ेगा या दुनिया बार-बार इसी तरह टूटकर खुद बनने का उपक्रम करेगी।

स्वातंत्रोत्तर हिन्दी कथा साहित्य की एक बड़ी उपलब्धि स्त्री-पुरुष सम्बन्धों को बड़ी गहराई और बड़ी बेबाकी से विश्लेषित करना रही है। यह काफी हद तक उसके पूर्ववर्ती रूप से उसे अलगाती भी है। सम्बन्धों के इस विश्लेषण में सम्बन्धों का विघटन भी शामिल रहा है और इसीलिए पति-पत्नी के बीच समय-विच्छेद को आधार बनाकर काफी कुछ लिखा गया है। बहुत-सी वर्जनाओं से मुक्त होकर अपनी जिन्दगी को अपने ढंग से जीने के आग्रह का स्वर इधर साहित्य में क्रमशः बढ़ता गया है। इस विषय पर जहाँ और चीजें या तो पति के कारण से लिखी गयी या पत्नी

के कारण सेः यानी इनमें से ही किसी एक जस्टिफिकेशन को आधार बनाकर, वहाँ मन्नू भंडारी का नया उपन्यास 'आपका बंटी' इन सबसे अलग और महत्त्वपूर्ण इसलिए है कि इन दोनों में से कोई न होकर इन दोनों से कटा और टूटा बंटी है। जिसके लिए अपने परिवेश और मिट्टी से उखड़कर, दूसार मिट्टी में जड़े जमा पाना हमेशा ही असम्भव रहा है'– मधुरेश के यह शब्द इस तरफ इशारा करते हैं कि पारिवारिक विघटन का एक सबसे महत्त्वपूर्ण पक्ष बच्चे भी हैं। जिसकी तरफ कथाकारों ने ध्यान नहीं दिया है।

बंटी एक विकट चरित्र है। उसे ऐसा बनाने में उसके माता-पिता के असामान्य सम्बन्ध रहे हैं। जैसा कि मधुरेश रेखांकित करते है–'उपेक्षित महसूस करके वह जिद्दी और चिड़चिड़ा हो गया है। यहाँ वह महसूस करता है कि उसकी मम्मी उसकी अकेली न रहकर बहुतों की हो गयी हैं और शायद सबसे कम उसकी अपनी। एक दिन अपने पहले घर में उसका छिपकर भाग जाना भी इस परिवेशगत दबाव से उसके मुक्ति के आग्रह को ही रेखांकित करता है लेकिन मुक्ति की वह राह अब उसके लिए नहीं रह गयी है।' स्पष्ट है कि इस असहनीय पीड़ा से बचने के सभी रास्ते बन्द हो गये हैं। बंटी की इस पीड़ा को एक स्त्री ही पहचान सकती थी। आँसू बहाए बिना मन्नू भंडारी ने यह किया है जैसा कि प्रसिद्ध कहानीकार विभांशु दिव्याल कहते हैं–'मन्नू जी से पहले किसी ने बंटी को इतने करीब से नहीं देखा था। कोई बंटी के मन में इतना गहरा नहीं पैठा था। किसी ने बंटी की अपनी बाल निजता को इतनी स्वायत्ता नहीं दी थी। किसी ने बंटी को बड़ो द्वारा संचालित विवाह परिवार व्यवस्था की छाती पर इतनी मार्मिक घमक के साथ नहीं बिठाया था। यह मन्नू जी ही कर सकी। देखो बंटी भी है, बंटी वह खिलौना नहीं कि उसे अपनी बड़ी चाहत के झोकों के साथ इस गोद से उस गोद स्थानान्तरित करते फिरो, बंटी को कौन-सी गोद चाहिए, कौन-सी नहीं। यह स्वयं बंटी जानता है। मगर उसकी त्रासदी यह है कि वह बड़ों की तरह उसे छीन झपट नहीं सकता।' यहाँ पहचाना गया है कि बच्चे भी अपनी अलग पहचान को लेकर बेहद सजग होते हैं लेकिन बहुत कम अभिभावक होते हैं जो उनके व्यक्तित्व के इस पक्ष को लेकर सजग होते है। बंटी उपन्यास की हर पंक्ति में प्रत्यक्ष-अप्रत्यक्ष रूप से मौजूद है। अगर इस उपन्यास पर कैमरे की आँख से देखा जाए तो बंटी हर फ्रेम में मौजूद है। वह बार-बार कथित बड़ों की दुनिया में खुद का, एक बच्चे का होना रेखांकित कर रहा है।

जगदीशचन्द्र : धरती धन न अपना (1972)

जातिगत दंश और महाकाव्यात्मक संघर्ष

साहित्य और विचारधारा के अन्त की वाचाल घोषणाओं के बावजूद दलित विचार-दर्शन और स्त्री विमर्श ऐसे नये दर्शन हैं जो अपने समय और समाज के चुभते हुए प्रश्न पाठक और सजग नागरिक के सामने उठाते हैं। यह प्रश्न बहुत तीखे हैं और संवेदनशील मनुष्य को अन्दर तक हिला देते हैं। इस धरातल पर जगदीशचन्द्र का बहुचर्चित उपन्यास "धरती धन न अपना" का एक ऐतिहासिक महत्व है। यह रचना हिन्दू जाति व्यवस्था की गहरी पड़ताल करती है और मुख्यधारा के जीवन से बहिष्कृत कर दिए गये दलितों की पीड़ा की परतें मार्मिकता से खोल देती हैं। इस उपन्यास के केन्द्र में पंजाब के किसी गाँव में स्थित "चमादड़ी' कही जाने वाली दलित बस्ती है। ऐसी बस्तियाँ भारत के हर कोने में आपको मिल जाएगी। जगदीशचन्द्र ने चमार जाति को दबंग चौधरियों द्वारा दी जाने वाली यातनाएँ, उत्पीड़न, दमन और शोषण का पर्दाफाश किया है। लेखक ने यथार्थवादी दृष्टि अपनाते हुए यह बताया है कि जातिगत भेदभाव और छुआछूत के दंश के कारण समूचा भारतीय समाज अपाहिज हो चला है। यहाँ लेखक ने शाब्दिक सहानुभूति की बजाय दलित जाति के संताप-विलाप और रूदन को भावुकतावादी हुए बिना ऐसे पेश किया है कि पाठक के अन्दर इस अमानवीय प्रथा के प्रतिरोध का विद्रोही स्वर मुखरित होने लगता है।

जगदीशचन्द्र की यह औपन्यासिक रचना कई मुद्‌दों को उठाती है। हिन्दू जातिवादी तंत्र बनाए रखने वाले स्वार्थी तत्त्वों की साजिशों और एक महत्त्वपूर्ण वर्ण को जाति के आधार पर प्रताड़ित करने तथा दूसरी ओर उसके खिलाफ सभी सवर्ण जातियों की एकजुटता को यह रचना कठघरे में खड़ा कर देती है। उपन्यास बताता है कि दलित कितना अमानवीय जीवन बिता रहे थे और आज भी उनके जीवन-स्तर में गुणवत्ता के धरातल पर कोई फर्क नहीं पड़ा है। इसे भी लेखक ने अनेक प्रसंगों में कई प्रश्नों में बदलकर उठाया है। दलित जीवन की दरिद्रता, और यातना की

गाथाएँ अनेक लेखकों ने रचने का प्रयास किया है लेकिन जगदीशचन्द्र ने उस अविकसित मनोरचना पर प्रहार किए हैं जो केवल जातिवादी दृष्टि से अपने स्वार्थ सिद्ध करती है। इसके पीछे छिपे हुए अंहकारवादी तंत्र को लेखक ने पहचाना है। समाज-व्यवस्था में ताकतवर लोग धर्म-संस्कृति की मनमानी व्याख्याएँ करते हैं अन्याय और अत्याचार को किस तरह दलितों और स्त्रियों ने सहा है, इसे जगदीशचन्द्र ने उजागर किया है।

जगदीशचन्द्र यथार्थवादी प्रगतिशील कथाकारों में आते हैं। "धरती धन न अपना" की रचना उन्होंने अपने लेखन के शुरुआती दौर में की थी लेकिन इसे अधूरा छोड़कर वे एक नया उपन्यास 'यादों के पहाड़' के लेखन में जुट गये। यह 1966 में प्रकाशित हुआ लेकिन अचर्चित रह गया। जगदीशचन्द्र ने "धरती धन न अपना" 1972 में प्रकाशित किया। इसके प्रकाशित होते ही वे एक महत्त्वपूर्ण उपन्यासकार के रूप में प्रतिष्ठित हो गये। यह उपन्यास एक ऐसी रचना सिद्ध हुई जिसने हिन्दी उपन्यास के मुहावरों को बदल दिया। हिन्दी के अलावा उर्दू, पंजाबी में लिखने वाले जगदीशचन्द्र ने अनेक रचनाएँ लिखी। अभी हाल ही में चार खंड़ों में उनकी रचनावली प्रकाशित हुई है। 'धरती धन न अपना" उनकी सबसे महत्त्वपूर्ण रचना हैं। यह रचना अनेक देशी-विदेशी भाषाओं में अनूदित हुई इसमें लेखक ने अपने बचपन में देखे गये उस अमानवीय यथार्थ की ऐसी जीवन्त प्रस्तुति की है यह कृति आज भी अपनी नैसर्गिक कलात्मकता और शक्तिशीली अन्तर्वस्तु के कारण एक चुनौती है।

"धरती धन न अपना" एक सशक्त कथा सूत्र का उपन्यास है। केन्द्रीय चरित्र काली के माध्यम से जगदीशचन्द्र ने इस उपन्यास की कहानी को प्रस्तावित किया है। उपन्यास की शुरुआत में ही हम देखते हैं कि काली कानपुर में मजदूर जीवन बिताने के ढाई साल के बाद अपने गाँव 'घोड़ेवाला' लौटता है और यह देखकर स्तब्ध रह जाता है कि उसके गाँव में कुछ भी परिवर्तन नहीं हुआ। दरअसल यह यथास्थितिवाद श्रमिक-दलित जीवन की त्रासदी है। वे दूसरों का जीवन तरक्की के रास्ते आगे बढ़ाते हैं जबकि हाशिए पर पड़े काली जैसे लोगों का जीवन हमेशा एक जगह पर ठहरा रहता है। काली वहाँ अपने दिवंगत माता-पिता की यादें और अकेली जीवित चाची प्रतापी को पाता है। यह चरित्र और अपने गाँव में पक्का घर बनवाने की अभिलाषा उसके लौटने का कारण बनते हैं। उसकी बस्ती में एक भी पक्का घर नहीं बना जबकि सवर्ण बस्ती से उसकी दूरी और भी बढ़ गयी है। यहाँ पर लेखक एक नए सूत्र को प्रस्तावित करता है। यह सूत्र है अर्थतंत्र का। काली मजदूरी करके कुछ पैसे इकट्ठे कर लेता है। इससे दूसरे लोगों के बीच उसका रूतबा बढ जाता है। अब उसे बाबू कालीदास पुकारा जाता है।

जगदीशचन्द्र क्योंकि अर्थशास्त्र के विद्यार्थी रहे हैं इसलिए वह पैसे की ताकत

को पहचानते हैं। थोड़े समय के लिए ही; पैसे के कारण काली को जातिगत दंश नहीं झेलना पड़ता लेकिन यह स्थिति देर तक नहीं रहती। उसका यह अर्जित व्यक्तित्त्व क्षरित होने लगता है। लेखक ने गाँव में मौजूद सामाजिक संरचना की अच्छी पड़ताल की है। गाँव की जमीन पर मालिकाना हक चौधरियों के पास है। सम्पति के हिसाब से इसके बाद सम्पन्न वर्ग दुकानदार बनियों का है और सबसे नीचे घरों और जमीनों पर मजदूरी करने वाले दलित हैं। दलितों में भी सबसे नीचे रह जाने वाली चमार जाति यहाँ संघर्ष करती दिखाई देती है। काली इसी वर्ग का है। गाँव में बाहुबली चौधरी लोग अपनी ताकत दिखाने के लिए दलितों को मारते-पीटते हैं और अपशब्द कहते हैं। उपन्यास के शुरुआती चरण में लेखक ने एक घटना के माध्यम से जटिल जातीय समीकरणों को समझाने का प्रयास किया है। चौ. हरनाम सिंह एक निर्दोष दलित व्यक्ति की पिटाई केवल इसलिए कर देता है क्योंकि उसे शक है कि उसके खेत की फसल उसने बर्बाद की है। इस कार्य में मंगू, जो कि स्वयं दलित है; हरनाम सिंह का साथ देता है। वह मामूली सुविधाओं का गुलाम है। उसकी बहन मंगू से अधिक सजग है। वह हर प्रकार के अन्याय का विरोध करती है। यहाँ हम दो जटिल समुच्चयों का घात-प्रतिघात देख सकते हैं। ज्ञानों स्त्री होने के बावजूद अपने और अपने वर्ग के अस्तित्त्व तथा पहचान के लिए लड़ती है जबकि मंगूदास दास मानसिकता वाला चरित्र है। वह बदलाव के लिए संघर्ष नहीं करता बल्कि दमन और अन्याय के लिए समर्पित रहता है। ज्ञानो के सतर्क व्यक्तित्त्व के कारण कथानायक काली उसके प्रति झुकाव महसूस करता है।

प्रेमचन्द ने 'गोदान' में गरीब किसानों की आर्थिक विफलता को व्यक्त किया था। होरी मरते दम तक गोदान का सपना देखता रह जाता है। 'धरती धन न अपना' के काली का भी एक सपना है कि वह एक पक्का मकान बना सके। यह उसके संघर्ष का नाभकिय बिन्दु है। इसमें कई पेंच हैं क्योंकि कई पीढियों से दलित जिस जगह पर रह रहे हैं वह गाँव की साँझी जमीन है और दलितों का उस पर 'मोरूसी' हक है। यानी वह दूसरों के रहमोकरम पर वहाँ रह रहे हैं। यह सूचना जब छज्जूशाह काली को देता है तो वह मौका देखकर काली से उसके चाचा को दिए गये उधार को सूद सहित झटक लेता है। वहाँ पर कोई भी असली हमदर्द नहीं है। यहाँ पर हम देखते हैं कि काली का पक्का घर एक रूपक है। जो शुरुआती चरण से ही कष्टों से घिरा है। उसकी यह विद्रोही सोच दमन और अन्याय के खिलाफ विरोध को व्यक्त करती है। काली आत्म-सम्मान से भरा हुआ है। उसे दलित-इतर जातियाँ चुनौती की तरह लेती हैं। इतना ही नहीं, काली के वर्ग के लोग भी उसके साथ नहीं हैं। कम-से-कम वह काली के मुखर समर्थक तो नहीं हैं। केवल ज्ञानों और जीत जैसे कुछ चेतना सम्पन्न दलित युवक-युवतियाँ काली की प्रशंसा करते हैं जबकि बाकी लोग उससे जलते हैं। ऐसे नकारात्मक चरित्रों, में मंगू, निक्कू जैसे लोग हैं। उनसे

जूझता हुआ काली अपने अन्तर-बाह्य व्यक्तित्त्व को विकसित करता है। वह आधुनिक पढ़े-लिखे लोगों के बीच प्रतिष्ठित होता है।

काली के द्वारा पक्का मकान बनाने के संकल्प का जागना इस बात का सूचक है कि दलितों में अब संघर्ष करने की सामर्थ्य और शक्ति आ गयी है लेकिन आर्थिक हैसियत ऊँचा करने या धन-सम्पति अर्जित कर लेने भर से दलितों के प्रति सवर्णों के रवैये में खास फर्क नहीं पड़ता क्योंकि मानसिकता नहीं बदलती। छज्जूशाह या दूसरे चौधरी उसके साथ पहले जैसा ही भेदभावपूर्ण व्यवहार करते हैं और उसे जातिगत संबोधन 'चमार' से पुकारते हैं। यहाँ लेखक ने आरक्षण और दूसरी व्यवस्थाओं के द्वारा दलितों का आर्थिक स्तर ऊँचा उठाने के तर्क को परोक्ष-अपरोक्ष तरीके से विश्लेषित किया है। लेखक यह कहना चाहता है कि जब तक दलितों के प्रति शेष भारतीय समाज की जर्जर मानसिकता नहीं बदल जाती तब तक कोई आमूलचूल सामाजिक परिवर्तन नहीं होने वाला! दलितों के प्रति भेदभाव से बचने के कई उपाय पहले से भी सोचे गये हैं। जिन्हें यहाँ भी लेखक ने विमर्श के लिए प्रस्तुत किया है। दलित नंद सिंह इसी भेदभाव के कारण पहले सिख धर्म अपनाता है लेकिन वहाँ भी इसी सिलसिले से तंग आकर ईसाई धर्म अपना लेता है। फिर भी छुआछूत का भूत उसका पीछा नहीं छोड़ता यानी लेखक इस बेरहम सच्चाई को बयान करता है कि ऊँच-नीच और भेदभाव जैसी समस्याओं का हल धर्मांतरण में नहीं है। दूसरी तरफ मंगू जैसे पूरी तरह से सवर्णों के गुलाम व्यक्ति भी जातिगत भेदभाव से नहीं बचते। चौधरी उसे उसके वर्ग के खिलाफ इस्तेमाल करते हैं और बार-बार उसे 'कुत्ता' और 'चमार' जैसी गालियाँ देते हैं। ईसाई पादरी और डॉ. बिशनदास जैसे दिखावटी समाजवादी भी इस समस्या के प्रति खामोश रहते हैं।

दलित वर्ग कई तरह के पिछड़ेपन से जूझता हुआ वर्ग है। काली की चाची का देहान्त झाड़फूक के कारण हो जाता है और काली का बनता हुआ मकान बीच में ही रूक जाता है। इस कथा-प्रसंग में लेखक ने जीवन की नाटकीयता को पकड़ा है। काली के द्वारा अर्जित धन और चाची के गहने इत्यादि मृत्यु पर शोक व्यक्त करने के लिए आयी हुई कोई औरत चुराकर ले जाती है। हालात इतने बेकाबू हो जाते हैं कि काली घास खोदने का काम करता है और लालू पहलवान के यहाँ मजदूर बन जाता है। इस आफत के बाद वह कुदरत के कहर का सामना करता है। चौधरियों के खेतों को बचाने के लिए दलित बेगार नहीं करना चाहते और तीन दिन बाद मजदूरी न मिलने के बाद चौधरी और चमार दोनों वर्ग एक संघर्षशील तनाव की मुद्रा में खुद को आमने-सामने पाते हैं। दलितों को बहिष्कारों की धमकी दी जाती हैं लेकिन वे मजदूरी पाने का संघर्ष नहीं छोड़ते। पादरी उनकी आर्थिक सहायता के बदले केवल जोशीला भाषण देते हैं। 15 दिनों तक दलित अपने बच्चों की भूख से जूझने के बाद चौधरियों की शर्त मान लेते हैं और उन्हें आधे दिन की मजदूरी दी

जाती है। यहाँ पर लेखक ने किताबी किस्म की क्रान्तिकारिता नहीं दिखाई बल्कि वह पाठक को जमीनी हकीकत से परिचित करवाता है। दलित और मजदूर आखिरकार समझौता क्यों करता है? इस बड़े सवाल की जड़े पूँजीवादी व्यवस्था में हैं जो पूँजी कमा लेता है वह कई अर्थो में समर्थ हो जाता है जबकि पूँजीहीन व्यक्ति लगातार संघर्ष करता है।

जगदीशचन्द्र ने ज्ञानों के माध्यम से दलित स्त्री जीवन के मार्मिक प्रसंगों को उजागर किया है। स्त्री किसी भी वर्ग की हो वह दलितों में भी दलित है क्योंकि उसकी पारिवारिक और सामाजिक हैसियत बिल्कुल नगण्य है। ज्ञानों एक ऐसा ही स्त्री चरित्र है जो दलित होते हुए भी आत्मसजग है और वह किसी थोपे हुए पुरुष को स्वीकार नहीं करती बल्कि अपने जीवन को अर्थ देने के लिए काली जैसे चेतना सम्पन्न जीवनसाथी को पाने का आजीवन संघर्ष करती है। उसके द्वारा हम एक आधुनिक औरत के स्त्री-प्रश्न और स्त्रीं-भाषा से परिचित होते हैं। यह प्रश्न और भाषा बेहद तीखी हैं और परम्परित मानसिकता पुरुष के लिए असुविधाजनक भी हैं। ज्ञानो काली का चुनाव करती है। पुरुषों की वर्चस्ववादी दुनिया में एक दलित औरत पुरुष का चुनाव कर रही है लेकिन इतना बड़ा साहस दिखाने के बावजूद उसकी समस्याएँ खत्म नहीं होती। समाज काली के साथ उसके विवाह को स्वीकार नहीं करता है। वह गर्भवती हो जाती है और काली के साथ-साथ समाज की बेरहम चक्की में पिसने लगती है। पूरा गाँव जो काली से पहले ही नाराज था, ज्ञानो का भी दुश्मन बन जाता है। काली की प्रतिष्ठा नष्ट करने का मौका उसके शत्रुओं को मिल जाता है। वह ज्ञानो को साथ लेकर किसी और जगह भाग जाना चाहता है। घर वालों के अमानवीय दबावों के बावजूद ज्ञानो उससे मिलना बन्द नहीं करती। उसका दुखद परिणाम यह होता है कि ज्ञानो को उसकी माँ और भाई जहर दे देते हैं और काली गाँव से बाहर जाने पर विवश हो जाता है। यहाँ लेखक काल्पनिक सुखद अन्त नहीं करता बल्कि त्रासदीय हकीकत दिखाकर पाठकीय और दलित चेतना को जगा देता है।

काली के अथाह संघर्ष द्वारा उपन्यास महाकाव्यात्मक स्पेस अर्जित करता है। जटिल परिस्थितियों के कारण उसे जीवन बचाकर गाँव से भागना पड़ता है। इतना ही नहीं, वह अपने सामने ज्ञानो का अन्त होते हुए देखता है। जगदीशचन्द्र ने प्रेमचन्द जैसे आदर्शवादी अन्त की कल्पना नहीं की है। जगदीशचन्द्र का यह उपन्यास 'धरती न धन अपना' कई चौकाने वाली सूचनाएँ देता है। विशेषकर दंबग चौधरी के द्वारा मजबूर दलित किस प्रकार प्रताड़ित शोषित होते हैं। इस सच की प्रस्तुति कई प्रकार से इस रचना में हुई है। दलित समाज सामाजिक ही नहीं आर्थिक धरातल पर भी चौधरियों के रहमोकरम पर जीवित है। दलित स्त्रियाँ उनके घरों में काम करती हैं और कोई घर ऐसा नहीं हैं जहाँ उनके साथ पशुओं जैसा बर्ताव न किया जाता हो। लगभग हर घर में उनका यौन-शोषण करने वाले लोग मिल जाते

हैं। यानी कोई दलित स्त्री ऐसी नहीं है जो यौन आक्रमण से बच सकी हो। सब कुछ झेलकर भी उन्हें चुप रहना पड़ता है क्योंकि उनके घर के पुरुष ही उनका साथ नहीं देते। यहाँ पर हमें इस यथार्थ से रूबरू होना पड़ता है कि ज्ञानो जैसी दलित स्त्री अपने इच्छित पुरुष काली को नहीं पा सकी क्योंकि उसी वर्ग के लोग और परिजन भी उसका विरोध करते हैं। एक स्त्री को अपनी वैध शारीरिक जरूरतों की पूर्ति करने के लिए अवैध रास्ता अपना पड़ता हैं जबकि दूसरी दलित औरतों को हर रोज दबंगों की शारीरिक जबर्दस्ती का शिकार होना पड़ता है। सब कुछ जानते हुए दलित पुरुष समाज अपनी वर्ग की दलित स्त्री के पक्ष में खड़ा नहीं होता। हरदेवा जैसा चरित्र और लच्छो जैसे पात्र दरअसल वर्गीय चरित्र हैं। वह सवर्ण पुरुष होने के कारण मनमाने ढंग से दलित स्त्री का शोषण करते है और लच्छो का साथ उसकी माँ प्रीतो भी नहीं देती। केवल चौधरी ही नहीं पं. संतराम जैसे पाखंडी दलितों के स्पर्श मात्र से बचते हैं पर दलित स्त्री का शरीर पाने को हमेशा तैयार रहते हैं। यह शायद पहला उपन्यास है जो जातिवादी व्यवस्था के इस जलते पक्ष को खोलता है।

यहाँ जगदीशचन्द्र क्या इस सच की तरफ इशारा कर रहे हैं कि अगर जातिगत-शोषण और भेदभाव का विरोध किया जाएगा तो विरोध में खड़े लोगों को मार दिया जाएगा? क्या लेखक नियतिवादी रवैया अपना रहा है? दरअसल जगदीशचन्द्र सच को बिना किसी ओट या परदे के रख रहे हैं। वह अपनी तरफ से कोई आदर्श भी नहीं दे रहे हैं और बहुत कुछ पाठक के विवेक पर छोड़ रहे हैं।

जगदीशचन्द्र ने दलित संघर्ष चेतना की असलियत भी उजागर की है। दलितों का इतना कठोर सामाजिक बहिष्कार होता है कि उन्हें शारीरिक दैनिक कर्म भी नहीं करने दिया जाता। इससे ज्यादा यथार्थ की प्रस्तुति और क्या होगी? तीन दिन में ही उनके सामने जीवन बचाने का संकट खड़ा हो जाता है। संघर्ष टूट जाता है। जगदीशचन्द्र ने धर्मान्तरण और दलित जीवन के समीकरण को भी विश्लेषित किया है। ईसाई पादरी दलितों को मदद के बदले ईसाई बनाने में दिलचस्पी रखता है तो किताबी कामरेड़ टहलसिंह 'शुद्ध क्रान्ति' के भाषण देते हैं और कोई ठोस मदद नहीं करते। ऐसे में फिर सवाल उठता है कि बचाव का रास्ता कहाँ है क्योंकि मुक्ति का सवाल तो बाद में उठेगा पहले जीवन को बचाया जाएगा!

यह दरअसल इस उपन्यास की कुंजी है। दलितों का संघर्ष अल्पकालिक भले हो उसके अर्थ बड़े हैं। इस सिलसिले में दलितों की आपसी फूट और स्वाभाविक एकता दोनों प्रकाशित हो जाते हैं। लेखक ने यह रास्ता सुझाया है कि लम्बे संघर्ष करने के लिए लम्बी तैयारी जरूरी है। इसके लिए ठोस कारगर योजनाएँ बनाना बेहद जरूरी है क्योंकि अगर सोची-समझी नीति के तहत काम किया जाए तो प्रतिपक्षी कितना भी मजबूत हो उसे झुकाया जा सकता है। दलितों को अगर चौधरियों की जरूरत है तो चौधरियों का काम भी दलितों के बिना नहीं चल सकता।

यही समस्या के समाधान की कुँजी हैं। दरअसल सामाजिक और साँस्कृतिक संघर्ष से आपसी संघर्ष भी कम नहीं होता। लेखक इसी चेतना का विकास दलितों में चाहता है।

लेखक ने काली और ज्ञानो के माध्यम से इस तरफ इशारा किया है क्योंकि काली दूसरे दलितों के मुकाबले आर्थिक धरातल पर ज्यादा मजबूत है तो उसके प्रतिरोध और संघर्ष की ताकत भी ज्यादा है लेकिन सबसे बड़ा दुश्मन उसके अपने ही वर्ग में छिपा है। इसी दुश्मन के कारण वह अपने प्रेम को नहीं पा सकता। ज्ञानो की हत्या सवर्ण नहीं करते, दलित ही कर देते हैं और काली को गाँव से भागना पड़ता है। यहाँ भी लेखक ने परोक्ष रूप से यह इशारा किया है कि दलितों के आपसी सम्बन्धों में भी कई प्रकार की ऊँच-नीच है। ज्ञानो का शारीरिक शोषण सवर्ण नहीं करते लेकिन अपने ही वर्ग के व्यक्ति से प्रेम करने के कारण उसे अपनी जान गवानी पड़ती है। इस प्रकार 'धरती धन न अपना' दलित स्त्री जीवन के प्रत्यक्ष-अप्रत्यक्ष, कहे-अनकहे, सवालों को खड़ा करता है और यह बताता है कि दलितों में सबसे दलित आखिरकार औरत ही है। जिसे दोहरा-तिहरा शोषण झेलना पड़ता है।

हिन्दी-गद्य में पंजाबी स्कूल अत्यंत सक्रिय रहा है। ऐसे कई महत्त्वपूर्ण रचनाकार हैं जो मातृभाषा पंजाबी होने के बावजूद हिन्दी के बड़े लेखक रहे हैं। आधुनिक दौर की बात करे तो गुलेरी, यशपाल, कृष्णा सोबती, अज्ञेय, निर्मल वर्मा, महेन्द्र भल्ला, कृष्ण बलदेव वैद जैसे महत्त्वपूर्ण कथा-लेखक इसी स्कूल से संबद्ध रहे हैं। जगदीरशचन्द्र भी इनमें से एक हैं। इस उपन्यास की विषय वस्तु संयोग से पंजाब से जुड़ी है तो स्वाभाविक तौर पर भाषा-शैली और समूचे वस्तु विन्यास पर इस मुहावरे की छाप है। स्थानीय दृष्टि से देखें तो दोआबां क्षेत्र की भाषा का असर इस उपन्यास में देखा जा सकता हैं। इसकी एक सीमा हिमाचल प्रदेश को छूती है। इसलिए वहाँ की पंजाबी भाषा पर हिमाचली पहाड़ी का असर है। इसीलिए कई स्थलों पर भाषा बच्चों की तरह खेलती-कूदती शरारत करती है। विशेषकर जहाँ उपन्यास के कुछ सुखद दृश्य वर्णित किये गये हैं, वहाँ इसे देखा जा सकता है। जगदीशचन्द्र ने कथा भाषा की एक ऐसी हिन्दुस्तानी शैली इजाद की है जिसमें उर्दू की रवानगी और हिन्दी की सहजता तथा पंजाबी की प्रत्यक्षता और चपलता मिलती है। यह औपन्यासिक भाषा का एक भिन्न स्वाभाविक रूप है। लेखक ने पंजाबी से कई मुहावरें ज्यों के त्यों ले लिए हैं और कुछ को नए रूप में भी प्रस्तुत किया है। समूची भाषा-शैली पर पंजाबी की जीवन्तता और खुलापन देखा जा सकता है। जो यह सूचित करता है कि यहाँ के लोग सबकुछ कह देने में यकीन करते हैं और छिपाने से प्रायः बचते हैं।

कृष्णा सोबती : जिन्दगीनामा (1979)

जिन्दादिल कौम का जिन्दगीनामा

आजादी के बाद हिन्दी कथा साहित्य में बहुत कम स्त्री कथाकारों ने अपनी त्वरित और स्थायी पहचान दर्ज कराई है। ऐसे में कृष्णा सोबती का रचनाक्रम आश्वस्त करता है। 70 के दशक के अन्त में उन्होंने 'जिन्दगीनामा' के माध्यम से हिन्दी कथा-साहित्य में जबरदस्त हलचल मचा दी थी। उनका 'जिन्दगीनामा', प्रेमचन्द का 'गोदान', यशपाल का 'झूठा-सच', अज्ञेय का 'शेखर एक जीवनी', जैनेन्द्र का 'त्यागपत्र', अमृतलाल नागर का 'बूँद और समुद्र', रेणु का 'मैला आँचल', श्रीलाल शुक्ल का 'रागदरबारी', जैसे महान उपन्यासों के साथ गिना जाने लगा। यह उपन्यास इतना लोकप्रिय हुआ कि कई भारतीय भाषाओं सहित विदेशी भाषाओं में भी अनूदित किया गया।

18, फरवरी, 1950 को पंजाब के जिला गुजरात (अब पाकिस्तान) में कृष्णा सोबती का जन्म हुआ। उन्होंने लाहौर, शिमला और दिल्ली से अपनी शिक्षा पूरी की। 19 वर्ष की आयु में ही उन्होंने अपनी रचनात्मक प्रतिभा दिखानी शुरू कर दी थी। उस दौर की कई कहानियाँ उनके पहले कहानी संग्रह 'बादलों के घेरे' में संकलित हैं। इस लिहाज से कृष्णा सोबती हिन्दी की वरिष्ठत्तम नागरिक हैं। उन्होंने अपने लगभग 8 दशकों के जीवनकाल में 5 दशकों का जीवन काल रचना को समर्पित किया है। 'जिन्दगीनामा' उपन्यास के लिए उन्हें भारत का सर्वोच्च साहित्यिक पुरस्कार साहित्य अकादमी 1980 में मिला। इसके अलावा उनकी ख्याति कई पुरस्कार साहसपूर्वक ठुकराने वाले लेखक की रही है। उन्होंने अपनी शर्तो पर जीवन जीया है। आन्तरिक रचनात्मक जरूरतों को पूरा करने के लिए लेखन किया है। इसलिए हर परिस्थिति में कृष्णा सोबती लेखकीय गरिमा के लिए बड़ी-बड़ी संस्थाओं से टकराती रही हैं। इस मायने भी में उन्हें एक बड़ा आदर्श माना जाता है।

अपनी बात को बेझिझक अपनी तरह से कहने की शैली कृष्णा सोबती की रचनाओं में भी झलकती है। बड़े बेबाक तरीके से कृष्णा सोबती ने अपने कथात्मक

निहितार्थ को प्रस्तावित किया हैं। 'डार से बिछुड़ी', 'मित्रों मरजानी', सूरजमुखी अँधेरे के', 'जिन्दगीनामा', ' ऐ लड़की', 'दिलोदानिश', 'समय सरगम' जैसे उपन्यास इस तथ्य की गवाही देते हैं कि उनकी तरह लिखना मुश्किल और हिम्मत का काम है। उन्होंने अपने रेखाचित्र और संस्मरणों को भी औपन्यासिक आस्वाद प्रदान किया है। बुनियादी तौर संस्मरणात्मक उपन्यास लिखने में माहिर कृष्णा सोबती के उपन्यास दरअसल संस्मरणों का कोलॉज हैं। कृष्णा सोबती कहानी लिखती नहीं हैं, कहती हैं। उनके तमाम पात्र हमें बेगाने नहीं लगते बल्कि लगता है कि लेखिका ने उन्हें हमारे आसपास से चुन लिया है। दैनिक इस्तेमाल में आने वाली आमफहम भाषा में कृष्णा सोबती अपने परिचित पात्रों के माध्यम से घटनाओं को ऐसे व्यक्त करती हैं कि लगता है वे हमारे सामने घटित हो रही हैं। पात्रों के चरित्र, उनकी भाषा और घटनाक्रम सभी में एक ऐसी गति रहती है जो पाठक को अपने आकर्षण में लपेट लेती है। पात्रों के गुंजलक, उनके मन की गुत्थियाँ; इन सबको दूसरे पात्रों के द्वारा उलझाती-सुलझाती, लेखिका की शैली शुरु से आखिर तक अपनी गिरत में बाँधे रखती हैं। किस्सागोई की यह शैली अमृतलाल नागर की याद दिलाती है। यह हुनर कृष्णा सोबती के समकालीन, जादुई यथार्थवाद के बड़े लेखक मनोहरश्याम जोशी और शून्य से कहानी रचने के उस्ताद उदय प्रकाश जैसे कुछ ही कथाकारों के यहाँ दिखाई देता है।

कृष्णा सोबती के यहाँ जो रचनात्मक अन्तर्द्वन्द्व खुलता हुआ दिखाई देता है, उसपर उनके निजी जीवन का असर हैं। इसके केन्द्र में देश के बँटवारे की पीड़ा मौजूद है। वह एक मार्मिक और बेहद मर्मान्तक त्रासदी थी लेकिन कृष्णा सोबती ने अपनी रचनाओं में उसे हँसी-मजाक के खिलंदडे अन्दाज में पेश किया है। जीवन की छोटी से छोटी खुशी को बड़े उत्सव की तरह मनाना और विकराल दुर्घटनाओं को बेफिक्र होकर उडा देना पंजाबियत की पहचान है। इसे हम कुछ हद तक उपेन्द्रनाथ अश्क, कृष्ण बलदेव वेद, महेन्द्र भल्ला जैसे पंजाबी पृष्ठभूमि के कथाकारों और मुख्य रूप से कृष्णा सोबती के यहाँ देख सकते हैं। इसी जीवट के कारण वे मामूली लगते जीवन प्रसंगों को गैर-मामूली कथात्मक सन्दर्भो में बदल देती हैं। 'जिंगीनामा' उपन्यास की अन्तर्वस्तु में भी इस तथ्य को देख सकते हैं।

कृष्णा सोबती का जीवन और उनके रचनाक्रम में कोई अन्तराल नहीं दिखाई देता। वे हिन्दी की सबसे जीवंत लेखिका हैं। उनके मुकाबले में बहुत कम लेखिकाएँ याद आती हैं। इस सन्दर्भ में उर्दू की बड़ी रचनाकार इस्मत चुगताई का नाम लिया जा सकता है। कृष्णा सोबती का यह बड़ा उपन्यास 'जिन्दगीनामा' आकार में ही बड़ा नहीं हैं बल्कि अपनी विषयवस्तु में भी एक बड़े कैनवस की रचना है। इसलिए इसे बीसवीं सदी की साहित्यिक उपलब्धि कहा जाता है। इस उपन्यास में लेखिका ने विभाजन के तत्काल बाद उपजे विषाद से छुटकारे के लिए विभाजन पूर्व पंजाब

के जनजीवन और संस्कृति को फिर से रचा है। यह बेहतरीन सृजन है। जो उस अमानवीय पीड़ा से गुजरे होंगे उनके साथ-साथ दूसरे पाठकों को भी 'जिन्दगीनामा' रचनात्मक राहत देता है।

उपन्यास का नामकरण आत्मकथा के साँचे की तरफ इशारा करता है लेकिन यह एक निजी कहानी न होकर या एक पीड़ित लेकिन जूझारू कौम की कथा न होकर महादेश की पीड़ा में बदल जाती है। इस मायने में यह बड़े देश की आत्मकथा हैं। उपन्यास का समर्पण कृष्णा सोबती ने दसवें और अन्तिम सिक्ख गुरु गोविंद सिंह के इस कथन को समर्पित किया है कि जब दूसरे सब रास्ते कारगर न हो सके तो जुर्म के खिलाफ तलवार उठा लेना जायज है। यह देखना दिलचस्प है कि उपन्यास का अन्त भी इसके केन्द्रीय चरित्र शाहजी के द्वारा इन्हीं पंक्तियों से होता है। उपन्यास के आरम्भ और अन्त में जो सायास कर्म दिखाई देता है उससे केवल रचनाकार की अपनी संस्कृति के प्रति लगाव नहीं झलकता बल्कि यह मानसिकता भी उजागर होती है कि 'पहले गल नाल, फिर गन नाल' यानी पहले बातों से फिर बन्दूक या हाथों से काम लेना चाहिए। जब बातचीत से समस्या हल नहीं होती तो उसका दूसरा रास्ता भी सोचा जा सकता है। यह बड़ी आक्रामक मानसिकता दिखाई देती है लेकिन यह नहीं भूलना चाहिए कि यह जूझारूपन या लडाकू तेवर उन परिस्थितियों की देन है जिन्हें सदियों से पंजाबियों ने झेला है। पंजाबी एक मार्शल कौम है। इसकी वजह यही है कि इस देश की सबसे पहली लड़ाईयों का सामना उन्होंने ही किया है। यह तेवर 'जिन्दगीनामा' में बार-बार महसूस होता है। विपरीत परिस्थिति में भी उपन्यास के पात्र कमजोर नहीं पड़ते, हार नहीं मानते। अपनी कर्मठता से फर्श से शुरु कर अर्श तक पहुँचते हैं।

उपन्यास के केन्द्र में डेरा जट्टा गाँव है। वहाँ के जीवन और संस्कृति को उजागर करते हुए कृष्णा सोबती गाँव को जीवंत पात्र में बदल देती हैं। यह शैली निश्चय ही आँचलिक उपन्यास की है। रेणु अपने उपन्यास 'मैला आँचल' में जिस तरह से मैथिल संस्कृति का बखान करते हैं, वैसा ही जुड़ाव पंजाबी संस्कृति के साथ इस उपन्यास में नजर आता हैं।

कृष्णा सोबती ने आजादी से पहले की सच्चाईयों और आजादी के तत्काल बाद के यथार्थ को आमने-सामने खड़ा कर दिया हैं। इससे 'जिन्दगीनामा' की अन्तर्कथा में अद्भुत कथात्मक तनाव पैदा हुआ है। इस प्रक्रिया में उन्होंने पंजाब के सांस्कृतिक अतीत को पुनःसृजित करने का काम किया है। पंजाब यहाँ पर कई जगह एक मेटाफर की तरह उभरता है। ठीक वैसे ही जैसे श्रीकांत वर्मा की कविता में मगध, राजकमल चौधरी की कविता में कलकत्ता, विद्यासागर नौटियाल के उपन्यासों में उत्तराखंड, ऐसे रूपक में परिवर्तित होकर उभरता है जिसके बहाने लेखक अपने समय के विद्रूपित यथार्थ पर टिप्पणी करता है। कृष्णा सोबती ने इस उपन्यास में

पंजाबी समाज के जिस इतिहास को रचा है। वह सरकारी आँकड़ों और दस्तावेजों से भरा नीरस ब्यौरा नहीं हैं। बल्कि उसमें सामान्य जन की धडकने हैं। जनता से जुड़कर ही किसी समय और समाज की असली हकीकत को जाना जा सकता है, यह कथ्य 'जिन्दगीनामा' में प्रस्तुत हुआ हैं। लेखिका ने डूबकर ठेठ कविता की भाषा में ऐसा किया है। यह उपन्यास कई जगह नोस्टेलेजिक है। पीछे छूटा हुआ अतीत बार-बार रचनाकार का पीछा करता है। डेरा जट्टा गाँव की यादें संश्लिष्ट बिम्बों के रूप में अवचेतन में बसे हुए गाँव के दृश्यों में बार-बार व्यक्त होती हैं। शुरु में ही शरद पूर्णिमा की रात का चित्रण हमें बता देता है कि लेखिका शोकगाथा को विलाप में नहीं बदलेगी बल्कि सहज उत्सवधर्मिता के साथ व्यक्त करेगी। बँटवारे की दहशत के दौर से पहले का पंजाब लेखिका को बार-बार याद आता है। जिसमें हिन्दू, मुस्लमान और सिक्ख आपस में ऐसे घुलेमिले थे कि उन्हें अलगाया नहीं जा सकता था। पंजाब में मनाये जाने वाले लोहड़ी और बैसाखी जैसे जमीन से जुडे त्यौहारों के साथ-साथ उस पाँच नदियों वाली उर्वर जमीन में उपजने वाली प्रेम कथायें और उनकी वर्तमान प्रासंगिकता को ऐसे नियोजित किया है कि अन्तर्मन में गहरे धँसी टीस की पीड़ा और भी शिद्दत के साथ महसूस होती है। यह व्यंग्य भाव की व्यंजित शैली है। व्यंग्य में करूणा छिपी होती है। इसलिए उपन्यास में जो शाब्दिक धरातल पर नहीं कहा गया, उस आंतरिक अर्थ को प्रतीकात्मक पदावली कह देती है।

'जिन्दगीनामा' का केन्द्रीय कथ्य हैं बँटवारे से पहले के पंजाबी समाज का सांस्कृतिक चित्रण, वहाँ की साँझा संस्कृति, स्वाधीनता आन्दोलन की आवाजें, सामंतवर्ग के जीवन में आते उत्थान-पतन, गाँव डेरा जट्टा के लोगों की दैनिक दिनचर्या; यह सब मिलकर इस उपन्यास की अन्तर्कथा को निर्मित और विकसित करते हैं। एक उलझे हुए कथानक में जटिल विषय का इतना तार्किक और स्पष्ट निर्वाह कृष्णा सोबती के अभिव्यंजना कौशल का सबूत है। उन्होंने विसंगत परिवेश की जटिलताओं को जितनी आसानी से समझाया है वैसा करना केवल प्रतिभाशाली रचनाकार के बूते की बात हैं। 'जिन्दगीनामा' के दूसरे खंड़ का शुरुआती हिस्सा अभी हाल ही में 'बहुवचन' पत्रिका में छपा। पहले खंड का उपशीर्षक कृष्णा सोबती ने 'जिन्दारूख' रखा है। 'जिन्दगीनामा' और 'जिन्दारूख' दोनों को साथ में रखने पर एक गहरी प्रतीकात्मकता अनुभव होती है। इस महाकथात्मक उपन्यास को समझने के लिए इसके परिवेश को पहले समझना होगा। जो हमें यह सूचना देता है कि बँटवारे से पहले पंजाब की लोकसंस्कृति साँझी मिट्टी से बनी थी। इसी पर्यावरण का एक हिस्सा 'आजादी की लड़ाई' कहता है। उस खास वक्त का विशिष्ट इस्तेमाल लेखिका ने किया है। एक गाँव की महागथा जिसमें बेहद मामूली लेकिन जोखिम भरे कारनामों से परहेज न करने वाले चरित्र मौजूद हैं। इन्हीं पात्रों के समानान्तर ऐश्वर्य का जीवन जी रहा शाह समुदाय है। जिसकी जिन्दगी एक सामंत की सुखचैन

से भरी जिन्दगी है। यह कथासूत्र अपने आप में सम्पूर्ण आख्यान हैं। इनसे मिलकर कहानी की अन्तर्कथा आगे बढ़ती है।

इस उपन्यास में स्थानीयता की केन्द्रीय भूमिका है और क्योंकि यह उपन्यास आत्मकथात्मक है इसलिए रचनाकार ने जिस स्थानीयता को जीया हैं, उसके तनावों और त्रासदियों को झेला हैं; वह सब इस उपन्यास में व्यवत हुए हैं। इस अभिव्यक्ति का नाभिकीय बिन्दू बँटवारे से पहले का पंजाब और उसकी साँझी संस्कृति का सच है। जब हम स्थानीयता की बात करते हैं तो जड़ों की और लौटते हुए एक नोस्टलेजिक मोह में बँधने का डर अक्सर रहता है। इसलिए कई बार वैज्ञानिक सोच वाले लेखकों के यहाँ भी भावुकता देखने को मिलती है। इस उपन्यास में रचनाकार ने इस हादसे से बचने का भरसक प्रयास किया है। पंजाबी संस्कृति संघर्षशील रही है लेकिन इसके साथ ही वहाँ दूसरे को सम्मानित जगह देने का सामाजिक रवैया भी दिखाई देता है। यह मानवीय सरोकार उपन्यास की कथा को धार देता है। एक तरफ जुल्म के खिलाफ तलवार उठाना और दूसरी तरफ प्रेम के लिए मर-मिटना तथा सबसे अधिक प्रेमगाथाओं को जन्म देना शायद इसी मिट्टी में मुमकिन था। कृष्णा सोबती ऐसी ही भावनाओं का रचनात्मक इतिहास दर्ज कर रही हैं।

इस उपन्यास में पंजाबी लोक-मानस अपनी साँस्कृतिक विरासत सहित उभरा है। उपन्यास में व्यक्त पाँच नदियों की धरती के मेहनतकश लोगों के त्यौहार और आखिर तक हार न मानने का वीरभाव सम्मोहित करता है। उपन्यास के शुरु में कृष्णा सोबती ने 7-8 पृष्ठों में बिल्कुल कविता के शिल्प में जो सूत्र दिये है, उपन्यास का गद्य उसका नया पाठ बनता है। 'जिंदारूख' सन् 47 के उस निमर्म बँटवारे का साक्षी बनता है जिसमें हरे-भरे रूख यानी मनुष्य निर्ममता से काट डाले गये लेकिन यह पंजाबियों की जिंदादिली है कि उन्होंने फिर से अपना कर्मठ जज्बा दिखाते हुए वह मुकाम हासिल कर लिया जो पहले से बेहतर था। इस उपन्यास में 1907 से लेकर 1947 के आसपास का लम्बा कालखंड़ समेटा गया है। इसमें बार-बार नदियाँ और पेड़ आते हैं। नदी जीवन की गति और कभी भी रूके बिना अविरल बहते जीवन के बिम्बों को यादगार रूपकों में बदल देती है। कृष्णा सोबती ने जनमानस में व्याप्त मिथक कथाओं के उन प्रसंगों का फिर से आविष्कार किया है जिनमें उत्सवधर्मिता है। ऐसा करके वे बता रही हैं कि जीवन के दो ही विकल्प होते हैं–; पहला– उसे बोझ, पीड़ा या त्रासदी मानकर रोते रहना और दूसरा– उसे एक अन्तहीन लड़ाई मानकर बेखौफ होकर जूझना। उन्होंने जाहिर है कि दूसरे सकारात्मक रास्ते को चुना है। इस उपन्यास को एक पेचीदा कथावस्तु में भी बदला जा सकता था लेकिन कृष्णा सोबती ने उसे आसान बनाते हुए दिलचस्प अन्तर्वस्तु में बदल दिया है।

उपन्यास का प्रत्येक चरित्र, घटनाएँ और यहाँ तक कि संवाद भी सक्रिय और

जीवंत दृश्यों के रूप में प्रस्तावित हुए हैं। ऐसा नहीं है कि कृष्णा सोबती ने केवल पर्व-त्यौहारों के आपसी हँसी-मजाक यहाँ प्रस्तुत किए हैं; उन्होंने तत्कालीन विषम यथार्थ को भी उतनी ही कुशलता से प्रस्तुत किया है। लोगों के आपसी कुचक्र, डकैती, पुलिस का निमर्म रवैया, शोषक शाहों द्वारा गरीब किसानों का शोषण; यह सब कृष्णा सोबती ने अनदेखा नहीं किया है। इसलिए कहा जा सकता है कि एक कल्पित गाँव डेरा जट्टा के आख्यान के माध्यम से उन्होंने उस काल के अधिकांश गाँवों की व्यथा-कथा प्रस्तुत की है। इस दृश्यात्मक जीवन कथा में लेखिका ने प्रतीकों को बिम्बों में घुलाया-मिलाया है। कई जगह बिम्ब मिथकों में मिल गये हैं। उन्होंने जिस गाँव की रचना की है उसके गहरे प्रतीकार्थ है। ऐसा करना मुश्किल रचनाकर्म है क्योंकि स्वाभाविक रूप से अपनी जन्मभूमि के प्रति भावात्मक लगाव के कारण अक्सर उसके नकारात्मक पक्षों को छुपाया जाता है। कृष्णा सोबती ने इन काले पक्षों की वैज्ञानिक व्याख्या की है। उन्होंने गाँव के जीवन का अर्थशास्त्रीय तथ्यात्मक विवेचन या ऐतिहासिक डिटेल्स नहीं दिए हैं बल्कि गाँव के माध्यम से वहाँ आपस में टकराते वर्ण और वर्ग की टकराहट को शब्दबद्ध किया है। 'जिन्दगीनामा' में जाट, किसान, कारीगर और किसान, फौजी, हिन्दू शाह, हिन्दू-मुस्लिम और सिक्ख इत्यादि समुदायों के सबसे निचली पायदान पर खड़े लोग इत्यादि कई वर्ण और जातियाँ हैं। गाँव के चरित्र के हिसाब से ये एक दूसरे के काम भी आते हैं और आपस में लड़ते भी हैं। लेखिका ने बड़ी बारीकी से यह बताया है कि जातिगत आधार पर जिसे सबसे नीचे रखा गया है वो चाहे किसी भी धर्म का हो, सभी उसका शोषण करते हैं। एक तरह से कृष्णा सोबती जातिगत भेदभाव को आर्थिक सन्दर्भों में भी देख रही हैं। गरीब किसी भी धर्म का हो उसके अपने ही धर्म-मजहब वाले उससे बराबरी का व्यवहार नहीं करते। इसलिए 'जिन्दगीनामा' हमारे वर्ण-विभाजित समाज का क्रिटीक भी बनता है। डेरा जट्टा गाँव या प्रेमचन्द के 'गोदान' में प्रस्तुत उत्तरप्रदेश का सिबरी गाँव या जगदीशचन्द्र के 'धरती धन न अपना' में व्यक्त दलित गाँव; सब कहीं न कहीं पर हमारे समाज की दो बुराईयों-जातिगत ऊँच-नीच और आर्थिक शोषण को उजागर करते हैं। रेणु ने भी 'मैला आँचल' में बिहार के उस गाँव की लगभग ऐसी ही बुराईयों को उजागर किया था जो आज भी नहीं बदला। प्रेमचन्द और रेणु का नजरिया थोड़ा रोमानी है। रेणु तो कई जगह अतिभावुकता के कारण समस्याओं के मूल कारणों की पड़ताल करने से कतरा जाते हैं। प्रेमचन्द भी अपने आदर्शवाद के चलते कई जगह सच्चाई को केवल छूकर गुजर जाते हैं। कृष्णा सोबती, जगदीशचन्द्र और यशपाल के यहाँ इस धरातल पर ज्यादा यथार्थवादी दृष्टिकोण मिलता है।

'जिन्दगीनामा' बताता है कि ताकतवर लोग वर्ग-शोषण पर आधारित व्यवस्था के लाभ कितनी चतुराई से उठाते हैं। पूँजी-नियन्त्रित अर्थतन्त्र, सामाजिक वर्ग-विषमता पैदा करता है। शाहों का परिवार इसलिए प्रभुत्वशाली है कि उनकी अर्थतंत्र पर

मजबूत पकड़ है। उनका व्यक्तित्त्व इसलिए वर्चस्व… है। लगभग सारा गाँव उन पर आर्थिक रूप से निर्भर है। उनके कर्जे के बोझ तले पिस… जा रहा है। इसलिए नैसर्गिक तौर पर वे शोषण करते हैं। उनके व्यवहार में जो सद्भावना मौजूद है, वह एक प्रकार से विद्रोह की धार को कुंद करती है यानी शाह सहानुभूति सरीखे मानवीय मूल्यों का भी अमानवीय इस्तेमाल करते हैं। वे अच्छी तरह जानते हैं कि सहानुभूति और मामूली-सी मदद के बहाने किस प्रकार शोषितों के विद्रोह से बचा जा सकता है। वे कर्जो की मामूली रकम माफ कर विद्रोह करने वाले को अपना गुलाम बना लेते हैं। उपन्यास इस विडम्बना को आसानी से प्रस्तुत कर देता है कि किस प्रकार केवल 100 रुपये लेकर गाँव में आने वाले शाह इस समय गाँव की लगभग सारी जमीन के साथ-साथ आसपास के अनेक गाँवों की जमीनों के भी स्वामी बन चुके हैं। किसानों की जमीन एक बार शाहों की बही में दर्ज होने के बाद कभी मुक्त नहीं होती। किसान अपनी ही जमीन पर बेगार करने वाले बंधुआ मजदूर जैसे बनकर रह जाते हैं। इस उपन्यास में एक पात्र काशी शाह है। इसका चरित्र बड़ा दिलचस्प है। वह शोषक परिवार में सद्प्रवृति वाला मनुष्य है। खास बात यह है कि उसकी गरीबों के प्रति करूणा, सहानुभूति, दया इत्यादि का इस्तेमाल बड़े शाहजी चालाकी से अपने पक्ष में करते हैं। वह काशीशाह को आगे कर किसानों के विरोध और विद्रोह को शान्त कर देते हैं। इस उपन्यास की मुख्य अन्तर्कथा में शोषण एवं प्रतिकार या उस समय जारी आजादी की लड़ाई का बयान केन्द्र में नहीं है। उपन्यास की केन्द्रीय कथा एक गाँव की साँस्कृतिक विरासत के बहाने सामाजिक और साँस्कृतिक धरातल पर होने वाले बदलाव को व्यक्त करती है। फिर भी स्वतंत्रता संग्राम और देश प्रेम के कथा तत्त्व यहाँ मौजूद हैं क्योंकि हर किसान परिवार का एक व्यक्ति फौज में रहा है या उसने अपना बलिदान दिया है।

'जिन्दगीनामा' कई कथाओं का समुच्चय है। आजादी की लड़ाई का वृतांत या देश प्रेम का बखान; इस उपन्यास की मुख्य अन्तर्कथा की एक उपकथा है। उपकथा होते हुए भी यह इसलिए अनिवार्य कथा बन जाती है कि इससे मुख्य कथा को गहराई और व्यापकता मिलती है। उपन्यास का समर्पण और समापन, दोनों में गुरु गोविंद सिंह का संदेश इस तथ्य की ताकीद करता है कि समुदाय और समाज से देश बड़ा है। पंजाब देश का भौगोलिक और सामाजिक दृष्टि से हमेशा महत्त्वपूर्ण और नाजुक हिस्सा रहा है। सन् 47 के स्वतंत्रता संग्राम में भी पंजाब का अहम रोल रहा है। इस उपन्यास में 1907 से लेकर 1914 के बीच घटित ऐसी घटनाओं को कृष्णा सोबती ने उपन्यास का कथ्य बनाया जिनमें पंजाबी मानस मौजूद था और प्रत्यक्ष रूप से उसका दूरगामी असर आजादी की लड़ाई पर पड़ा। 1905 का बंग-भंग और 1911 का कथित बंग ऐक्य, 1907 में लाला लाजपत राय और शहीद भगत सिंह के चाचा अजित सिंह का देश निष्कासन, 1909 में मदन लाल ढींगरा को इंग्लैंड़

में फाँसी दिया जाना, 1914 में गदर से जुड़े इंकलाबियों के बहादुरी के किस्से, पंजाबी कवि लालचन्द्र फलक को अंग्रेजों द्वारा दी गयी प्रताड़ना और उनके गीत 'पगड़ी संभाल जट्टा' का अमर हो जाना, देशी सिपाहियों का अंग्रेज सिपाहियों की तरह तरक्की की माँग पर फौज से निष्कासन किया जाना और बाद में महात्मा की तरह प्रतिष्ठित होने वाले गुजराती वकील गाँधी द्वारा दक्षिण अमेरिका में रंगभेदी नीतियों का अहिंसक प्रतिरोध करना ऐसे कई प्रसंग 'जिन्दगीनामा' में आकर घटनाओं और उपघटनाओं को जन्म देते हैं। इनके माध्यम से कृष्णा सोबती यह स्पष्ट कर देती हैं कि उस समय के जनमानस में देश का क्या अर्थ था। देश की दयनीय दशा को सुधारने के लिए क्रान्तिकारियों द्वारा हथियारबंध आन्दोलन को रचनाकार ने ठीक माना है। एक प्रकार से वह उस समय चल रहे हिंसा बनाम अहिंसा के विमर्श में अपनी पक्षधरता क्रान्तिकारियों के प्रति जतलाते हुए कृष्णा सोबती यह साफ कर देती है कि अत्याचार के खिलाफ हथियार उठाना अपराध या पाप नहीं है और इसे कहीं से भी अमानवतावादी या जनतंत्र-विरोधी नहीं कहा जा सकता। कृष्णा सोबती इस विचार का विस्तार करती हैं। वे यह संदेश देती हैं कि लोकतांत्रिक विरोध का तरीका केवल और केवल अहिंसक ही नहीं हो सकता। उपन्यास के त्वरित घटनाक्रम में इस तरह के आख्यान कम जगह घेरने पर भी महत्त्वपूर्ण भूमिका निभाते हैं।

उपन्यास के केन्द्र में पंजाब है। इसलिए बार-बार सारी घटनाएँ उसके आसपास घटित होती हैं। जिस गाँव के बहाने कृष्णा सोबती ने इस आख्यान की रचना की है। उस गाँव के काले-सफेद सभी पक्षों को उन्होंने बेबाक तरीके से उठाया है। यह उपन्यास हमें बताता है कि देश पर मर-मिटने के लिए तत्पर लोगों की तरह वहाँ लोगों से जबरन धन छीनने वाले बुरे लोग भी हैं। इसी तरह दूसरों की मदद करने के लिए बुरे लोगों का कत्ल करने वाले भी हैं और प्रेम पाने के लिए दूसरों का ही नहीं, अपने प्राण देने वाले लोग भी वहाँ हैं। स्पष्ट है कि कृष्णा सोबती ने यहाँ भी सिक्के के दोनों पहलू सामने रखे हैं। उन्होंने साहस और दुस्साहस दोनों में फर्क सिखाते हुए यह साफ किया है कि लड़ाकू तेवर वाली इस मार्शल कौम में सभी लोग एक जैसे नहीं हैं। इसी समाज में तारेशाह जैसा धूर्त व्यक्ति मौजूद है और उसके प्रतिपक्ष के रूप में काशी शाह का चरित्र है। इस उपन्यास में बड़ेशाह, शाहनी राबिया और लाली केन्द्रीय चरित्र हैं। कृष्णा सोबती ने इनके माध्यम से उनके समाज की जिन्दगी को प्रामाणिक तौर पर सामने रखा है। यह सब करते हुए उन्होंने मामूली उपकथाओं और समानान्तर गौण चरित्रों को भी महत्त्वपूर्ण और विश्वसनीय बना दिया है।

इस उपन्यास में कहानी कहने का शिल्प पुरानी किस्सागोई शिल्प का ही विस्तार है। यह विवरणों में कथ्यों को प्रस्तावित करता है। कृष्णा सोबती ने इस शिल्प पर अपनी गजब पकड़ बनाते हुए कहीं भी नीरस सपाटबयानी नहीं आने दी है।

उपन्यास के ऐतिहासिक प्रसंग हो या समसामयिक जीवन, इनकी प्रस्तुति के लिए कृष्णा सोबती ने उपन्यास की घटनाओं को छोटे-छोटे कथा-प्रसंगों से युक्त दृश्यों में व्यक्त किया है। इसलिए विवरण होते हुए भी उनमें कथारस मौजूद रहता है। वर्णन को रूचिकर बनाने के लिए उन्होंने चौपाल में होने वाली चर्चाओं का भी रचनात्मक इस्तेमाल किया हैं। रचनाकार खुद बहुत कम जगहों पर सामने आता है लेकिन पात्रों के आपसी बातचीत के शिल्प में वह अपनी बात कह देता हैं। इस शैली-शिल्प की विशेषता यह भी हैं कि कृष्णा सोबती ने पंजाबी का अच्छा इस्तेमाल किया है। खास बात यह है कि उन्होंने अपने लोक से जुड़ाव के दिखावे के तौर पर ऐसा नहीं किया बल्कि कथानक की अन्दरूनी माँग के कारण यह युक्ति अपनाई है। परोक्ष कविता की शैली में उन्होंने चित्रात्मकता का ऐसा इस्तेमाल किया है। जिसके कारण पूरा उपन्यास शुरु से लेकर आखिर तक अद्भुत तरीके से पठनीय बन गया है। यही कारण है कि 'जिन्दगीनामा' हिन्दी ही नहीं भारतीय भाषाओं में अब तक लिखे गये श्रेष्ठ उपन्यासों में से एक है।

मंज़ूर एहतेशाम : सूखा बरगद (1986)

संस्कृति की सूखती हुई जड़ें

मुस्लिम समाज की आर्थिक बदहाली के बहाने अल्पसंख्यक लोगों की समस्याएँ उजागर करने वाली रचनाओं से अलग मंज़ूर एहतेशाम का 'सूखा बरगद' मुस्लिम समाज खासकर मध्यमवर्गीय मुस्लिम समाज की सोच और उनकी जीवनगत समस्याओं का व्यापक प्रामाणिक और प्रभावशाली चित्रण करता है। लेखक ने सम्प्रदाय-निरपेक्ष रचनात्मक दृष्टि अपनाते हुए अपने समाज की मानसिक बनावट को उजागर किया है। यह उपन्यास बताता है कि मुस्लिम समाज अपने अर्थहीन हो चुके अतीत-गौरव के कारण ऐसी रूढ़ियों से अभी तक छुटकारा नहीं पा सका है जो कि उसकी तरक्की में बाधक हैं। भारतीय हिन्दू समाज के मध्यवर्ग की तरह यह समाज भी दिखावे के फेर में आकर खोखला समाज बनता जा रहा है। ऐसा समाज जो शिक्षा और समाज से सम्बन्धित नई सोच से तालमेल बिठाने में असमर्थ हो रहा है। अपनी अभिजातीय दृष्टि के कारण यह समाज अपने से नीचे जीवन गुजारने वाले अपनी ही बिरादरी के लोगों के साथ बराबरी का व्यावहार नहीं करता और स्वयं को वह अन्धविश्वास, अशिक्षा और अज्ञानता के ऐसे जाल में जकड़ता जा रहा है, जहाँ से बाहर निकलने को कोई रास्ता दिखाई नहीं देता है।

मंज़ूर एहतेशाम ने 'सूखा बरगद' में हिन्दू-मुस्लिम भेदभाव और टकराव की वजह बनने वाली राजनीति का भी चित्रण किया है। यह ऐसी राजनीति है जिसके कारण केवल राजनीति करने वालों का भला होता है और आम आदमी वह हिन्दू हो या मुसलमान नुकसान दोनों को ही उठाना पड़ता है। ऐसा ही कथ्य अपनी-अपनी शैली में राही मासूम रज़ा, गुलशेर खाँ शानी, अब्दुल बिस्मिलाह, असग़र वजाहत, नासिरा शर्मा जैसे हिन्दी के बेहतरीन कथाकारों ने व्यक्त किया है। यह लेखक क्योंकि इसी समाज से जुड़े हैं। इसलिए इनके अनुभव प्रामाणिक और निष्कर्ष विश्वसनीय हैं। 'सूखा बरगद' में भी मंज़ूर एहतेशाम इसी विश्वसनीयता को बनाये रखते हैं। आजादी के बाद देश के बँटवारे के बावजूद मुस्लिम समाज ने भारत को

ही अपना देश माना है। उस समाज का मध्यवर्ग क्या सोचता है? उसके सपने क्या हैं? और उसके अस्तित्व का अन्तर्विरोध उसे कैसा इंसान बनाते हैं? इन तथ्यों की परख यह उपन्यास करता है। उपन्यास में मंज़ूर एहतेशाम अब्बू और अम्मी के बहाने शिक्षित मध्यवर्गीय मुस्लिम समाज की द्वन्द्वात्मक व्यथा-कथा को प्रस्तावित करते हैं। अब्बू का व्यक्तित्व बहुत उदार है और अम्मी रूढ़ परम्पराओं से मुक्त नहीं हो सकी हैं। यह समीकरण उपन्यास में वैचारिक द्वन्द्व और व्यावहारिक मुश्किलें खड़ी करता है। इसी संघर्षशील परिवेश में रशीदा और सुहैल का पालन-पोषण होता है। अब्बू का व्यक्तित्व उनके बच्चों को नये जमाने की उदार सोच सौंपता है। यह उनकी बौद्धिकता को ऊँचा उठाती है। जबकि अम्मी से मिले संस्कार उन्हें अपने समाज की रूढ़ियों का पता देते हैं।

यह उपन्यास एक स्त्री-चरित्र रशीदा के माध्यम से कहानी कहता है। रशीदा एक बेहद मजबूत पात्र है। वह पेचीदा और अनदेखे रास्ते के बीच अपने लिए नई राह का चुनाव करती है। वह जिस रूढ़िग्रस्त समाज में आँखें खोलती है; उसे हर मोड़ पर खुली आँखों से देखती है। उसकी पड़ताल करती है और अपने निष्कर्ष देती है। वह आत्मनिर्भर और अपना कैरियर स्वयं चुनने वाली आधुनिक स्त्री है। जाहिर है कि उसका रास्ता मुश्किलों से भरा है। एक जकड़े हुए समाज में ऐसी प्रखर सोच वाली औरत के लिए अपना रास्ता चुनना और अपनी बात पर कायम रहना कठिन काम है। तमाम मुश्किलों से जूझते हुए भी रशीदा उच्च शिक्षा पाने के बाद आकाशवाणी में नौकरी करती है और अपने समय और समाज की तार्किक आलोचना करने के साथ-साथ तरक्की के सूत्र भी प्रस्तुत करती है। ऐसे में यह भी कहानी कहने की एक खास जुगत है।

मंज़ूर एहतेशाम ने 'सूखा बरगद' में मुस्लिम समाज में व्याप्त गौरवशाली लेकिन आज निरर्थक साबित हो चुके अतीत के मोह को निशाना बनाते हैं। यह समाज अपनी खानदानी कुलीनता की दुहाई देते हुए वह अक्सर भूल जाता है कि वह सब अतीत की बात थी और आज जमाना बदल चुका है। यह खोखला दंभ उन्हें आगे बढ़ने से रोकता है। उच्चवर्गीय रक्त की शुद्धता की बात करना यह दर्शाता है कि जमाने के साथ उनकी सोच नहीं बदली है। जबकि यह सब आज अर्थहीन हो चुका है। इससे व्यक्ति का व्यक्तित्व खंडित होता है और उसका आचरण शक के दायरे में आ जाता है। अम्मी अपने पिता के बारे में बड़े गर्व से बताती है। उन्हें बताते हुए बड़ा अभिमान होता है कि उनके पिता नवाब के बावर्चीखाने में काम करते थे। सुहैल इस पर व्यंग्य करते हुए कहता है– 'साफ-साफ कहिए ना कि महल पर बावर्ची थे। खाना बनाते थे। यह वास्तविकता है कि अम्मी के परिवार का अतीत भी इतना खुशहाल नहीं रहा है फिर भी उन्हें उस पर गर्व हैं। जबकि अब्बू यथार्थवादी है। वह आसानी से कह देते हैं कि वे मामूली सिपाही के बेटे हैं। यही आधुनिक

दृष्टि है। अतीत का कथित गौरव कुलीनता के माध्यम से उभरता है और व्यक्ति के हीनता भाव में वृद्धि करता है। सुहैल और रशीदा इस सच्चाई से वाकिफ है। रशीदा साफ-साफ सवाल उठाती हैं- 'क्या सभी को उसी का कशीदाँ पढ़ते रहना है? तुम नहीं समझते कि यह संस्कृति जैसे शब्द शब्दकोश से निकाल दिया जाए तो देश के लिए अच्छा होगा।' दरअसल रशीदा, सुहैल और विजय इस तथ्य को मानते हैं कि कथित संस्कृति व्यक्तित्व को बाधित करती है। वह व्यक्ति को अतीत-जीवी बनाती है–'सारे लोग पास्ट से नाता तोड़कर किसी ऐसी चीज को अपनायेंगे जो आज के इंसान के दिमाग के ज्यादा करीब हो।'' अतीत के स्थान पर वर्तमान पर भरोसा करने पर साम्प्रदायिक भेदभाव और व्यक्तित्व विघटन जैसी सामाजिक एवं निजी समस्याएँ उत्पन्न नहीं होंगी या कम हो जायेंगी।

रशीदा प्रगतिशील सोच की ऐसी आधुनिक स्त्री है जो वर्तमान को मनुष्य के जीवन का केन्द्र मानती है। वह इसे बखूबी समझती है कि आज अतीत की कई मान्यताएँ ऐसी जंजीरों में बदल चुकी हैं जिनको तोड़कर ही आगे बढ़ा जा सकता है। वह मध्यवर्ग के उस दोहरे चरित्र को भी निशाना बनाती है जिसकी करनी और कथनी अलग-अलग है। वह साफ तौर पर समझती है कि, 'देखा जाए तो हमें पाला पोसा ही इस तरह जाता है कि हम सोचे एक ढंग से तथा उसको जिए और बोलें अलग ढंग से।' यह एक ऐसा पक्ष है जिससे शिक्षित मुस्लिम वर्ग छुटकारा पाना चाह रहा है। यह उपन्यास बताता है कि व्यक्ति के दिमाग पर परम्पराओं का दबाव बढ़ता जा रहा है जो उसके समूचे व्यक्तित्व को बाधित करता है। व्यक्ति अपने जीवन को ही अपनी शर्तो पर नहीं जी पाता है और कई प्रकार के अन्तर्विरोधों का शिकार हो जाता है। रशीदा और सुहैल पढ़े-लिखे मुस्लिम मध्यमवर्गीय चरित्र जैसे इनसे छूटने के लिए लगातार संघर्ष कर रहे हैं। यही प्रगतिशील सोच है। इसी से जीवन के रास्ते खुलते हैं।

'सूखा बरगद' मुस्लिम मध्यमवर्गीय अतीत-जीवन के सन्दर्भ में सामाजिक, आर्थिक बदलाव के वर्तमान परिप्रेक्ष में इस समाज की समीक्षा करता है। देश के बँटवारे के वक्त गाँव से शहरों की ओर पलायन बढ़ने लगा। देश के बँटवारे के साथ-साथ परिवारों के भी बँटवारे हुए हैं। जिससे व्यक्ति विघटित होने लगा है। नगरीय औद्योगिकीकरण ने मुस्लिम मध्यमवर्ग को भी प्रभावित किया और उसकी सोच और व्यवहार में भी बदलाव आया है। यह वर्ग धार्मिक और सामाजिक रूढ़िवाद से टकरा रहा था। उसे नए आर्थिक बदलाव से भी टकराना पड़ा है। इस बदले हुए परिवेश ने कुछ हद तक पुरानी सोच को झटका दिया है। हज यात्रा के समय फोटो खिंचवाने को जहाँ पहले मुस्लिम समाज अच्छा नहीं मानता था या नमाज और रोजों को लेकर बड़ा कट्टर रवैया रखता था और औरतों का मस्जिद में जाने की भी मनाही थी। अब उसमें शिथिलता आने लगी है यह सब अब्बू जैसे लोगों के कारण मुमकिन

बेमेल रिश्ते निभाने में रशीदा की कोई दिलचस्पी नहीं है। इसलिए वह किसी अपराध बोध से ग्रस्त नहीं होती है। उसका आचरण यह प्रदर्शित करता है कि मध्यवर्गीय मुस्लिम स्त्री की छवि लगातार बदल रही है। वह अपना समाज अपने हिसाब से बनाना चाहती है। 'सूखा बरगद' उसकी समस्याओं की पड़ताल इस तरीके से करता है कि उसके समय और समाज के अर्थपूर्ण प्रसंग प्रस्तावित होने लगते हैं।

भारतीय मध्यवर्गीय मुस्लिम समाज तीसरी दुनिया के अन्य समाजों की तरह अनेकमुखी संघर्षो से गुजर रहा है। एक संघर्ष वह अपने समाज के शैक्षणिक पिछड़ेपन से कर रहा है और एक लड़ाई उसे आर्थिक मोर्चे पर लड़नी पड़ रही है। उसके आर्थिक संघर्ष के पीछे भी कहीं-ना-कहीं नई शिक्षा के सन्दर्भ में उसका पिछड़ जाना है। मंजूर एहतेशाम रशीदा के बहाने कई स्थलों पर इस तथ्य को रेखांकित करते हैं कि व्यक्ति और उसका परिवार उसकी आर्थिक हैसियत से पहचाने जाते हैं।

'सूखा बरगद' साफ करता है कि हिन्दू या मुस्लिम होना मायने नहीं रखता। वहाँ केवल अमीर और गरीब होने से ही व्यक्ति की पहचान बनती है। रशीदा ठीक से जानती है कि गरीबी के कारण व्यक्ति के जीवन में सुख कम हो जाते हैं और दुखों का अम्बार लग जाता है। यह व्यक्ति के चरित्र को भी प्रभावित करता है। यह सोच साबित करती है कि कुछ लोग केवल हिन्दू या मुसलमान होने को अमीरी-गरीबी का कारण मानते हैं। रशीदा देखती है कि गरीब हिन्दू भी हैं और उनके जीवन में भी सुखों का अभाव हैं। धर्म के आधार पर कोई अमीर-गरीब नहीं होता है लेकिन निहित स्वार्थ ऐसा प्रचार करते हैं। जैसे उनके पिछड़ेपन का कारण उनका अल्पसंख्यक होना है। यह घृणित राजनीति है। उससे साम्प्रदायिक तनाव ही बढ़ता है। राष्ट्रवाद और भाईचारे की भावना नष्ट हो जाती है। अब्बू जब यह कहते हैं कि 'बेगिनती मस्जिद और मन्दिर बनवा दो जहाँ यह आदमी पूजा के साथ-साथ हाक़िमों? की भी इबादत करता रहे ताकि बुनियादी जरूरतों से लोगों का ध्यान हटाया जा सके।'—वह ठीक से समझते हैं कि मध्यवर्गीय व्यक्ति के सामने यह मन्दिर-मस्जिद से बड़ा संकट आर्थिक अभाव है। मन्दिर और मस्जिद से किसी के पेट नहीं भरते। इसलिए अब्बू इंसान की इंसानियत पर भरोसा जतलाते हैं। खुदा में विश्वास नहीं रखते हैं। यह विचार धर्म और मज़हब की राजनीति का विरोध है क्योंकि धर्म उन लोगों की राजनीति का माध्यम बन जाता है जो साम्प्रदायिक कड़वाहट फैलाते हैं। जिसकी आग में कमजोर वर्ग तबाह हो जाता है। उसके शोषण और उत्पीड़न की मात्रा बढ़ जाती है। वह चाहे हिन्दू हो या मुस्लिम, यह भेद मिट जाता है और वह केवल शिकार बनकर रह जाता है। अर्थतन्त्र स्वार्थी सत्ता के कब्जें में रहता है। सत्ता कुछ चालाक लोगों के हाथों में रहती है। जो बिल्कुल नहीं चाहते हैं कि समाज में आर्थिक और सामाजिक समानता स्थापित हो सकें क्योंकि इससे वह और उनकी चौधराहट खतरे में पड़ जाते हैं। 'सूखा बरगद' यह साबित करता

है कि आर्थिक खुशहाली व्यक्ति को तमाम मुश्किलों से बचाती है। जैसा कि मार्क्स ने कहा था—दुनिया में दो ही जातियाँ और मजहब हैं—अमीर या गरीब, इस उपन्यास में भी इसी तथ्य की तरफ संकेत किया गया है कि एक ही धर्म का होने से यह सुनिश्चित नहीं होता है कि आपके धर्म या जाति का व्यक्ति आपका शोषण नहीं करेगा!

हिन्दी में मुस्लिम समुदाय को केन्द्र में रखकर कई उपन्यास लिखे गये है लेकिन मंज़ूर एहतेशाम 'सूखा बरगद' पर इस विषय पर अलग तरीके से विचार करते हैं। यह पहला उपन्यास है जो बँटवारे के बाद हिन्दुस्तान में रह गये शिक्षित मुस्लिमों की समस्या को उठाता है। उनके मन में अपने भविष्य को लेकर कई तरह के डर हैं। सबसे बड़ा डर यह है कि शिक्षित और योग्य होने के बावजूद नौकरी और व्यवसाय में कहीं उसके साथ भेदभावपूर्ण सलूक नहीं किया जाए क्योंकि वे दूसरे मजहब के हैं। असुरक्षित भविष्य का भय और धर्म-मजहब के नाम पर होने वाले दंगे-फसाद उनकी यातना को गहराते हैं। उस पर कट्टरतावादी वर्ग उनके डर को और मजबूत करता है। यह उपन्यास दिखाता है कि धर्म-मजहब के नाम पर कट्टरपन्थी तत्व पढ़े-लिखे लोगों को भी बहका देते हैं। नकारात्मकता और भी बढ़ जाती है जब अशिक्षा और अज्ञानता की जकड़ में जकड़ा हुआ मुस्लिम अधिसंख्य वर्ग उनकी बातों में आ जाता है। सुहैल और अब्बू तथा रशीदा जैसे शिक्षित संवेदनशील लोगों के सामने असगर साहब और रजब अली जैसे कट्टरपंथी लोग समस्या को सुलझाने के बजाय और भी उलझा देते हैं। फिर भी उनके बीच से परवेज जैसे लोग उभरते हैं जो सद्भाव और बातचीत से समस्याओं को हल करना चाहते हैं। इनका संघर्ष बड़ा संघर्ष है क्योंकि इन्हें मजहब के नाम पर फैलाई जा रही तंग-नजरी और फिरकापरस्ती के साथ-साथ अपने लोगों से लड़ना पड़ता है। अब्बू एक सुलझे हुए इंसान और वकील हैं। वे धर्म के आधार पर अफीम के तस्कर रहीम का मुकदमा लड़ने से इंकार कर देते हैं। उनका मानना है कि 'मजहब नामी मिट्टी में अब नए पौधों की जड़ों को भी पकड़ने की ताकत नहीं रही।' नई सोच वाले लोग केवल मजहब के नाम पर बुरे लोगों का साथ नहीं देंगे। उनकी नफरत का खेल ज्यादा समय तक चलने वाला नहीं है। वे इसी मिट्टी में दफन होना चाहते है क्योंकि उनके पुरखे इसी मिट्टी से उपजे और इसी में फना हो गये। यह शिक्षित मुस्लिम वर्ग की परिवर्तित मानसिकता का परिचय देता है। वे मजहबी संकीर्णता का हर सम्भव विरोध करते हैं। 'सूखा बरगद' बताता है कि शिक्षा के कारण अज्ञानता का अँधेरा हटेगा। प्रगतिशील विचारों के कारण सोच में फर्क आयेगा। इससे दोनों वर्गो का आपसी अलगावपन दूर होगा।

यह उपन्यास व्यक्तिगत और समुदायगत दोनों धरातलों पर धीरे-धीरे आने वाले परिवर्तनों की धीमी आहटों को भी दर्ज करता है। यही कारण है कि उपन्यास भारतीय